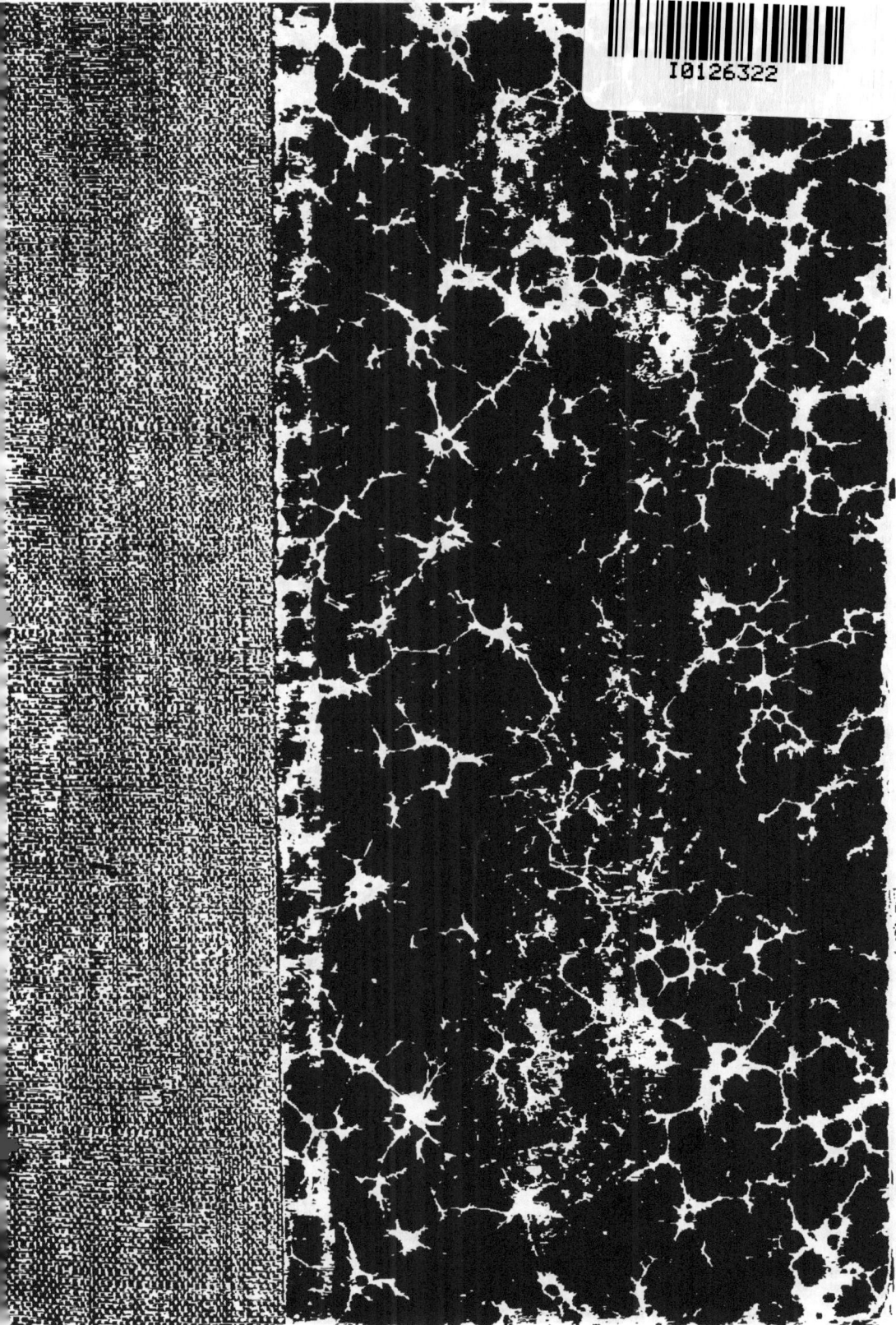

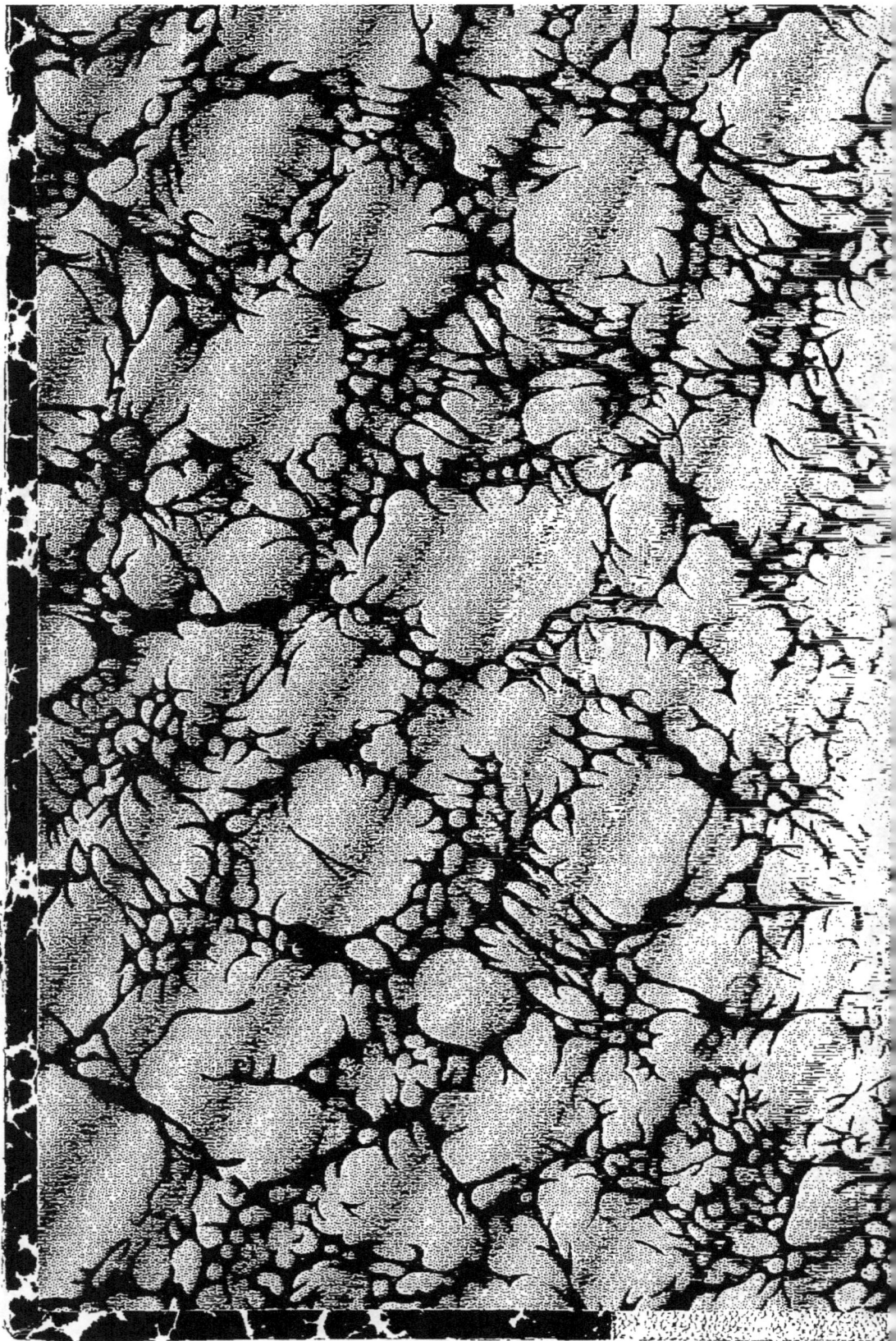

CÉSARISME

ET

CHRISTIANISME

(DE L'AN 45 AVANT J.-C. A L'AN 476 APRÈS)

PAR

P.-J. PROUDHON

PRÉCÉDÉ D'UNE PRÉFACE

PAR J.-A. LANGLOIS

Deuxième Édition

PARIS

C. MARPON ET E. FLAMMARION

ÉDITEURS

26, RUE RACINE, PRÈS L'ODÉON.

CÉSARISME

ET

CHRISTIANISME

—

TOME I

IMPRIMERIE C. MARPON ET E. FLAMMARION
RUE RACINE, 26, A PARIS.

CÉSARISME

ET

CHRISTIANISME

(DE L'AN 45 AVANT J.-C. A L'AN 476 APRÈS)

PAR

P.-J. PROUDHON

PRÉCÉDÉ D'UNE PRÉFACE

PAR J.-A. LANGLOIS

———

TOME PREMIER

———

PARIS

C. MARPON ET E. FLAMMARION

ÉDITEURS

26, RUE RACINE, PRÈS L'ODÉON.

—

1883

PRÉFACE

Vers la fin de 1852, alors que la proclamation du second Empire semblait imminente, Proudhon, sachant de bonne source que le gouvernement dictatorial issu du 2 Décembre lui interdirait pour longtemps la publication en France d'ouvrages de politique ou d'économie sociale, prit la résolution de se faire historien.

Il venait justement d'écrire, dans *la Révolution sociale démontrée par le coup d'État*, une histoire abrégée du Consulat et de l'Empire ; et cette vigoureuse esquisse lui avait valu de tels compliments, que le projet de faire servir l'histoire à la démonstration de ses idées dut naturellement lui venir. Cette démonstration, ce n'est plus lui-même qui allait la faire : c'était l'histoire.

Incessante révélation de l'humanité, — c'est ainsi qu'il la définissait, — l'histoire, en tant que série des faits, suggère à l'humanité toutes ses idées ; et ces idées sont d'autant plus justes, d'autant plus vraies, qu'elle a été mieux comprise. Au point de départ, alors qu'elle n'existe pas encore pour un peuple ; que celui-ci, ne s'étant pas encore élevé à la conscience ou à la révélation de lui-

même, n'a pas de tradition historique, le mouvement
social des idées est nul. Et réciproquement, tant que
chez un peuple ce mouvement social n'a pas commencé,
l'histoire ne commence pas pour lui.

L'histoire, telle que la comprenait Proudhon, était
donc tout aussi bien une succession d'idées qu'une succession de faits. C'était pour lui le double mouvement
de l'idée et du fait. Mais ce qu'il entendait exprimer
ainsi, ce n'étaient pas deux mouvements séparables;
c'était un seul et même mouvement *à double foyer :* le
foyer du fait qui suggère l'idée, le foyer de l'idée qui engendre le fait.

Toute idée, au moment où elle se manifeste dans l'histoire, est pour Proudhon un fait qui engendrera d'autres
faits. Tout fait, non tel que l'histoire le comprend, mais
tel qu'il a été compris d'après l'état mental du moment,
est une idée qui fera surgir d'autres idées.

C'est cette identité du fait et de l'idée qui donne à
l'histoire son haut caractère d'intelligibilité et de positivisme. Mais si, comme il le dit en propres termes dans
une note malheureusement trop concise, l'histoire est,
sous ce rapport, une science unique et incomparable,
Proudhon a soin d'ajouter tout aussitôt : « De la philosophie de l'histoire : — Bossuet, Vico, etc. — Pas de
système. » Dans sa pensée, l'histoire ne peut donc pas
être reconstruite *a priori*, c'est-à-dire systématiquement.
Que si, en effet, elle présente toujours, par le foyer de
l'idée, un développement logique; par le foyer du fait,
sans lequel l'idée ne naîtrait pas, elle est essentiellement
illogique. Elle échappe donc fatalement aux systèmes

dans lesquels, après Bossuet, Vico et tant d'autres, on prétendait l'emprisonner.

Ce qui seulement est possible aux philosophes de l'histoire, c'est l'affirmation de quelques lois 'générales que l'aperception de certaines séries de faits leur aura d'abord suggérées, qu'une étude approfondie d'autres séries n'aura cessé de leur confirmer, et dont la conception est justement ce qui rend ces faits intelligibles. Cette conception permettra sans doute à l'historien de rendre *a priori* raison des séries ou des mouvements de même genre qu'il pourra rencontrer ultérieurement; elle pourra même, d'après l'intelligence plus ou moins grande qu'il aura acquise d'une situation, lui permettre d'indiquer, comme conséquence possible de cette situation, le développement d'une série semblable. Mais il lui sera toujours impossible d'affirmer *a priori* en toute certitude jusqu'où se poursuivra ce développement.

Tout ce que, par exemple, le philosophe pourra dire afin d'expliquer la multiplicité des mouvements qui se sont produits simultanément dans l'histoire, c'est que cette multiplicité a son origine première dans la diversité des races et dans celle des milieux où elles ont vécu, qu'elle résulte ensuite de la diversité des idées qui engendrent des faits divers, de celle des faits qui suggèrent des idées diverses, et enfin de l'opposition naturelle des idées diverses dès que l'isolement des peuples a cessé. Quant aux faits, aux idées et aux mouvements eux-mêmes, l'histoire seule peut lui apprendre ce qu'ils ont été.

L'histoire est fatalement une psychomachie, c'est-à-dire

un combat d'idées ; et c'est ainsi qu'elle a été définie par Augustin Thierry. — De classe à classe, et plus tard de parti à parti, de secte à secte, comme de peuple à peuple, l'antagonisme des idées est fatal ; et, par la multiplicité croissante des idées nouvelles, l'antagonisme irait toujours en augmentant, si le mélange ou la combinaison des idées en lutte, leur équilibre ou leur conciliation, n'étaient également fatals.

Est-ce que, dans la nature, deux mouvements agissant l'un sur l'autre ne s'altèrent pas réciproquement ? Est-ce que, dans les corps vivants ou organisés, les tendances ou principes de mouvement ne s'altèrent pas de la même manière ? Pourquoi donc le mouvement ou la tendance des idées ne suivrait-il pas la même loi ?

Cette loi, qu'une étude de plus en plus approfondie de l'histoire n'avait cessé de lui confirmer, Proudhon l'a formulée dans une note que les lecteurs retrouveront à sa place dans ce volume, et sur laquelle nous jugeons nécessaire d'appeler toute leur attention. Voici cette note, que Proudhon a évidemment écrite à la hâte et pour lui seul :

« *Important.* C'est le fait le plus considérable de l'histoire de l'Église et de l'Empire. A bien marquer.

« Il est de LOI, dans la nature et dans la société, que deux principes agissant l'un sur l'autre s'altèrent réciproquement.

« De là, à mesure que le Christianisme agit et se propage, pénètre le monde romain, l'espèce de décadence continue qu'il subit jusqu'à ce que les deux éléments soient complètement mélangés et en équilibre.

« Ce mouvement rend *a priori* raison de la transformation chrétienne, tant dans les mœurs que dans les
idées et l'organisation, qui se manifeste aussitôt depuis
les apôtres jusqu'à Augustin, dernier terme de la décadence chétienne.

« Augustin, adversaire de la liberté, ennemi des dona-
tistes et des circoncellions, théoricien de la papauté. »

Ainsi, étant données à un certain moment deux idées
agissant l'une sur l'autre dans un même milieu, Proudhon pourra fort bien prévoir qu'elles s'altèreront réciproquement. Il pourra même conjecturer par avance,
d'après la valeur de chaque idée relativement au milieu
social, le nombre de ses partisans au moment donné et
la puissance d'organisation du parti qui en est alors le
champion, laquelle des deux idées en lutte doit subir la
plus grande transformation. Mais, comme il ignore, ou
est censé ignorer, les idées nouvelles qui, dans le cours
de la lutte, surgiront des travaux individuels des penseurs,
et dont la valeur propre pourra exercer une grande influence sur une des idées belligérantes ; comme il ne
connaît pas davantage les faits étrangers à la lutte qui,
faisant échec à l'une des idées, pourront incliner la
balance de l'autre côté ; Proudhon se gardera bien de
donner ses conjectures comme des prédictions certaines.
Nous pouvons même ajouter que s'il en fait part aux lecteurs, c'est parce qu'elles lui paraissent nécessaires pour
faciliter l'intelligence de la période qui commence.

La question du moment, c'est-à-dire de la *date*, où les
faits se sont produits, où les idées se sont manifestées,
était, dans la pensée de Proudhon, capitale pour l'intel-

ligence de l'histoire. Aussi, dans la *Révolution sociale démontrée par le coup d'État*, avait-il adopté, comme historien, la méthode chronologique, ou méthode d'exposition par un système d'annales.

Il s'interdisait ainsi de parler d'un fait et d'en tirer des conséquences, avant d'avoir rappelé, dans l'ordre même de leurs dates, ceux qui l'ont précédé et dont la *série réelle* peut seule donner à ce fait sa véritable signification. — Toute anticipation de ce genre, même étant faite de bonne foi, a nécessairement pour effet, en substituant une série subjective, arbitraire, à la série objective ou réelle des faits, d'en modifier la signification. Elle commence par tromper l'historien en lui donnant une fausse intelligence de l'histoire, et finit par lui enlever la certitude historique lorsque la série des faits ultérieurs vient infirmer sa conception arbitraire.

Le système d'annales adopté par Proudhon ne devait pas seulement lui donner, par la série réelle des faits antérieurs, la véritable signification des faits; elle devait encore, par la série réelle des faits subséquents, confirmer cette signification, et lui donner ainsi ce qu'il appelait la certitude historique.

Tous ceux qui ont lu *la Création de l'ordre dans l'humanité* ne manqueront pas de remarquer qu'en adoptant comme historien la méthode chronologique, Proudhon ne faisait, en définitive qu'appliquer la méthode sérielle exposée par lui en 1843.

Si c'était ici le lieu, nous n'aurions pas de peine à démontrer qu'en dépit de toutes les contradictions qu'on a pu y signaler, et dont la plupart sont purement apparentes, les œuvres de Proudhon présentent, dans leur série réelle, une véritable unité : — non pas l'unité stationnaire et stérile des corps inorganisés ; mais l'unité vivante et féconde du corps organique, du germe qui se transforme sans cesse en tendant toujours au même but, et ne réussit à l'atteindre qu'en se transformant.

Une fois décidé à se faire historien, Proudhon est-il arrivé de prime saut au projet d'une Histoire universelle remontant aux plus anciens souvenirs de l'humanité ; ou bien s'est-il borné tout d'abord à choisir, parmi les·périodes du passé, celle qu'il connaissait le mieux, qu'il avait le plus étudiée, et qui, dans sa pensée, se trouvait justement présenter le plus d'analogies et de points de ressemblance avec la période contemporaine?

Nous n'avons sur ce point aucun renseignement positif. Tout ce que nous savons, c'est qu'il écrivit spécialement pour la période qui commence avec la formation chrétienne une Introduction qui ne concorde guère avec le projet préconçu d'une Histoire universelle.

Mais pour tous ceux qui connaissent les habitudes de Proudhon, cette introduction ne saurait être une preuve.

Si, pour rendre plus intelligible une de ses idées, il cherchait naturellement à la sérier avec d'autres ; si, par la même, il était porté à embrasser un cadre de plus en plus large ; si, — la *Justice dans la Révolution et dans l'Église* en est le plus mémorable exemple, — ses projets de lettre ou d'article se sont souvent transformés en brochures, les brochures en volumes, et les volumes en œuvres de 1800 pages ; bien des fois aussi, il est arrivé à

Proudhon de détacher tel chapitre d'une œuvre en voie d'élaboration, pour en faire un ouvrage à part; bien des fois la publication de ce nouveau livre précédait celle de l'œuvre-mère restée inachevée.

Pourquoi donc, nous trouvant après la mort de l'auteur en face d'un travail dont la fin manque complètement, dont le commencement est à peine ébauché, et dont la partie la plus achevée, la mieux rédigée, est précédée d'une Introduction spéciale qui, toute incomplète soit-elle, en donne suffisamment la clef, ne ferions-nous pas sur ce travail l'opération que Proudhon a faite si souvent sur d'autres? Pourquoi ne détacherions-nous pas, et ne publierions-nous pas à part, ce fragment d'histoire qui forme en définitive un tout, et dont Proudhon a certainement commencé la rédaction avant d'aborder celle des périodes antérieures?

Le jour où Proudhon fut décidé à écrire une histoire universelle, il chargea deux de ses amis, non de la rédiger avec lui, mais de lui fournir des matériaux, en rangeant dans leur ordre chronologique les principaux faits de l'âge antique et de l'âge moderne. Quant à l'âge moyen ou âge chrétien, qu'il faisait remonter à César afin d'y comprendre, avec les premières années du Christianisme, l'histoire entière du Césarisme romain, Proudhon, fort de ses études antérieures, se chargeait d'en recueillir lui-même les matériaux.

Aussi, tandis que, sur les feuillets rédigés par lui et relatifs aux périodes successives de l'âge antique se trouvent collées, soit en marge, soit dans le corps même de sa propre rédaction, des lignes écrites par une autre

main ; le manuscrit que nous publions aujourd'hui est-il
tout entier de l'écriture de Proudhon.

Au verso des feuillets de ce manuscrit, et le plus souvent au recto en marge, sont écrites, toutes de sa propre
main, des notes dont nous avons été plus d'une fois em-
barrassé de trouver la vraie place. Elles ont, en général,
une telle importance que nous n'avons pu nous décider
à les laisser mettre au bas des pages, où elles n'auraient
été presque jamais lues au moment convenable. Aussi
avons-nous pris le parti de les intercaler dans le texte.

Nous espérons que les lecteurs ne nous reprocheront
pas cette innovation.

D'après les traditions reçues, le Moyen âge finit à l'an
1454, date de la prise de Constantinople par les Turcs.
Proudhon, qui avait d'abord accepté cette date comme
point initial de l'âge moderne, n'a pas tardé à lui substituer celle de 1789. C'est ce qu'indique très nettement
une note des plus intéressante que l'on trouvera à la fin
du présent ouvrage sous ce titre significatif : « Aperçu
de la période féodale (800 à 1789) pour la plus complète
intelligence de la période messianique (an 45 avant J.-C.
— 800 après). »

Pourquoi, après avoir eu l'idée de continuer son travail jusqu'à l'an 800, Proudhon a-t-il fini par s'arrêter à
l'an 476, c'est-à-dire à la mort de l'empire romain?...
Ayant une fois renoncé à la publication d'une histoire
universelle, aurait-il donc eu la pensée de publier à part
une histoire du Césarisme et du Christianisme?...

Il y a environ trois ans, l'éditeur nous ayant demandé la liste des œuvres posthumes de Proudhon que

leur état d'avancement lui permettrait de publier, nous
avions indiqué parmi ces œuvres une histoire de la *Lutte
du Christianisme et du Césarisme*. Il nous semblait alors
qu'au delà de l'an 313, date de l'édit de Constantin, le
travail historique de Proudhon n'était qu'un simple recueil de matériaux. Une étude plus complète de ce travail nous a démontré que s'il en est malheureusement
ainsi de l'an 381 à l'an 476, c'est-à-dire pour la période
embrassant la lutte si intéressante du pélagianisme et
de l'augustianisme, il n'en est pas de même pour la période antérieure, où, sous le nom d'arianisme, le vieux
Christianisme a si énergiquement lutté contre le nouveau.

En nous décidant à publier en entier le manuscrit de
Proudhon, nous devions donc lui donner un autre titre.
Nous le devions d'autant plus que si la lutte du Christianisme et du Césarisme, qui caractérise incontestablement la période de l'an 193 à l'an 313, se manifeste déjà
dans les périodes antérieures, elle est loin d'en exprimer
tout le contenu.

Le titre auquel nous nous sommes arrêté, moins at-
trayant sans doute que celui sous lequel l'éditeur a,
pendant longtemps, annoncé la présente publication,
nous a paru mieux convenir au travail historique de
Proudhon.

Ce travail, primitivement divisé en cinq parties (une
introduction et quatre périodes), l'auteur l'a résumé lui-
même dans les notes suivantes :

a. INTRODUCTION. — « Parallélisme des faits qui, en
Orient, suggèrent l'idée messianique et y précipitent les

masses ; en même temps qu'à Rome, ils poussent la plèbe au Césarisme. — Nécessité d'une révolution intégrale au moment où commence cette histoire. »

b. PREMIÈRE PÉRIODE (de l'an 45 avant J.-C. à l'an 71 après). — « Premiers temps de l'Empire ; — Duel entre le Césarisme romain et le messianisme oriental ; — Formation chrétienne. »

c. DEUXIÈME PÉRIODE (de l'an 71 à l'an 193). — « Apogée du Césarisme ; — Naissance de la théologie par la Gnose, et de la hiérarchie épiscopale. »

d. TROISIÈME PÉRIODE (de l'an 193 à l'an 313). — « Despotisme militaire, dernier mot du Césarisme ; — Réaction et lutte du Césarisme contre l'idée chrétienne ; — Défaite du Césarisme et son alliance avec l'Église ; — Concessions de cette dernière et corruption. »

e. QUATRIÈME PÉRIODE (de l'an 313 à l'an 476). — « De la paix rendue à l'Église à la chute de l'Empire romain en Occident : — 1° Réaction chrétienne ; — 2° Revanche et réaction du polythéisme ; — 3° Divisions, plus furieuses encore, entre les chrétiens ; — 4° Incompatibilité d'humeur des nouveaux alliés, l'Empire et l'Église ou plutôt l'épiscopat ; tendance mutuelle à s'absorber ; impossibilité d'une fusion ; — 5° Abolition du prétorianisme ; — 6° Épuisement des provinces par le fisc ; — 7° Introduction des Barbares dans les armées et dans les emplois. »

En lisant attentivement les 160 feuillets qui composent le manuscrit, nous avons remarqué plusieurs fois des signes qui nous ont paru indiquer chez Proudhon la volonté de multiplier et même de modifier les divisions

premières de son travail. Une note, incontestablement
postérieure à la rédaction des 145 premiers feuillets,
nous a prouvé que nous avions deviné juste. Voici cette
note :

« Introduction. — Folios 1 à 12.

« Livre ou chapitre 1ᵉʳ. — De la dictature de César à
« la Passion (an 45 av. — 29); folios 13 à 33.

« Chapitre 2ᵉ. — De la mort de Jésus à la chute de
« Jérusalem (an 30-70). — L'Apostolat; fol. 33 à 54.

« Chapitre 3ᵉ. — De la prise de Jérusalem à la fin du
« Principat (an 71-192). — La Gnose et les Antonins;
« fol. 54 à 85.

« Chapitre 4ᵉ. — De la mort de Commode à Dioclé-
« tien, édit de Galérius (193-302). — Le prétorianisme;
« fol. 86 à 121.

« Chapitre 5ᵉ. — De l'édit de Galérius à Nicée (302-325).
« — Révolution; fol. 121 à 134.

« Chapitre 6ᵉ. — Du concile de Nicée au concile de
« Constantinople (325-381).— L'arianisme; fol. 134 à 145.

« Chapitre 7ᵉ. — Du concile de Constantinople à Au-
« gustule (382-476). — Mort de l'Empire; fol. 145 à la
« fin... ?

« Ces sept divisions embrassent tout, et suffisent à tout
« éclaircir. »

Si, vers la fin de 1854, Proudhon n'avait pas délaissé
ses études historiques pour se livrer à des travaux dont
la publication lui paraissait plus urgente, il aurait certainement remanié son manuscrit d'après les indications
de cette note; et les explications dans lesquelles il serait
entré au commencement de chaque période, pour en fa-

ciliter l'intelligence aux lecteurs, nous dispenseraient de rien ajouter.

Toutes les fois que Proudhon croit devoir introduire une division dans la série réelle et toujours ininterrompue des faits, c'est qu'il a une raison sérieuse.

Si ce n'est pas, comme nous l'avons expliqué plus haut, parce qu'il prévoit l'altération progressive d'une idée nouvelle dans la société qu'elle va essayer de conquérir; ce sera parce qu'un fait lui ayant paru devoir modifier profondément la situation antérieure, une étude approfondie des faits ultérieurs aura confirmé son appréciation.

Pourquoi, par exemple, l'Introduction, qui est avant tout une histoire de l'idée messianique en Orient, s'arrête-t-elle à la dictature de César, au lieu de se continuer jusqu'à la prédication de Jésus ?

Parce que, Césarisme et Messianisme étant pour Proudhon *la même chose*, l'avènement du Césarisme ou Messianisme occidental constituait, dans sa pensée, un grave échec au progrès de l'idée messianique orientale; parce qu'il faisait remonter à cet échec l'origine de la formation chrétienne. En même temps qu'elle allait exciter et pousser à l'insurrection les fanatiques de l'idée messianique en Orient, la marche ascendante du Césarisme romain ne pouvait manquer de faire rétrograder cette idée chez les esprits plus réfléchis, et préparer ainsi la naissance de l'idée anti-messianique dont la prédication morale et sociale, anti-sacerdotale, anti-hiérarchique de Jésus devait être la plus haute expression.

Pourquoi, après avoir fait durer la première période

de son histoire jusqu'à la chute de Jérusalem, c'est-à-
dire jusqu'à l'écrasement du messianisme oriental,
Proudhon a-t-il eu l'intention de la diviser en deux périodes dont la première se terminerait à la mort de
Jésus? Parce que, s'il avait constaté jusqu'à Jésus le
progrès de l'idée anti-messianique, il en avait constaté
ensuite la rétrogradation pendant la période de l'Apostolat. Au fur et à mesure que l'idée morale et sociale de
Jésus pénètre le monde juif et agit sur lui, elle n'a pu
manquer, en vertu de la loi formulée par Proudhon, de
subir progressivement une série d'altérations dans le
sens de l'idée messianique ; altérations telles que les
Nazaréens finiront par prendre le nom de chrétiens,
c'est-à-dire de messianistes.

Pourquoi, après avoir maintenu les années 71 et 193
comme marquant le commencement de nouvelles périodes : — la première pendant laquelle le monde oriental, gréco-syriaque, de plus en plus pénétré par l'idée
chrétienne, lui imprime de plus en plus, par la Gnose,
un caractère théologique ; la seconde où, agissant sur le
monde occidental et le transformant de plus en plus,
l'idée chrétienne subit la réaction violente du Césarisme ;
— Proudhon cesse-t-il de reconnaître le même caractère
à l'année 313, alors que cette année, date de l'édit de
Constantin, est considérée par tous les historiens comme
le commencement d'une ère nouvelle ?

Parce que la méthode chronologique ne lui a pas
permis de laisser dans l'ombre l'édit de tolérance rendu
en 311 par l'empereur Galérius, celui-là même qui,
César en 302, avait rédigé l'édit de persécution contre

les chrétiens et forcé l'empereur Dioclétien à le signer
après lui. — Si le même homme avait pu rendre deux
ordonnances aussi contraires, c'est qu'il y avait eu une
révolution. Cette révolution, c'était justement l'édit de
persécution de février 303 qui l'avait produite. *Volentem
ducunt fata, nolentem trahunt.* Galérius est le conserva-
tiste aveugle qui, ne voulant pas céder au mouvement,
réagit violemment contre lui, ne réussit qu'à le précipi-
ter, et finit lui-même par être entraîné. Constantin est le
conservateur avisé, qui consent à marcher avec le mouvement, et est porté par lui.

Une fois mis à sa place dans la série chronologique,
l'édit de tolérance et de réparation de Licinius et de Constantin ne pouvait plus servir à marquer le commencement d'une période nouvelle. Pouvait-il au moins marquer le point culminant de la révolution provoquée par
l'édit de persécution de Galérius? Pas davantage. Car, en
325, il y a bien autre chose qu'un simple édit de tolérance
et de réparation en faveur des chrétiens; il y a la con-
vocation, par l'empereur, d'un concile aux décisions
duquel il prêtera main forte en exilant ceux qui refu-
seront d'y souscrire et en saisissant leurs écrits.

C'est seulement en 325 que la révolution politique est
accomplie. Au lieu de chercher sa force dans l'armée
dont il a trop longtemps subi les caprices, le Césarisme
va désormais s'appuyer sur l'épiscopat. Le prétorianisme
est mort; mais l'empereur est devenu le bras séculier de
l'Église.

L'Empire réussira-t-il à se sauver par cette alliance?...
Tout ce que sait Proudhon au moment où s'ouvre le

concile de Nicée, c'est que le triomphe des chrétiens n'avait fait qu'accentuer leurs divisions.

Convoqué pour les faire cesser, le concile, en se prononçant contre Arius, ne fait que rendre ces divisions plus furieuses encore. Les empereurs, absorbés par l'idée de rendre la paix à l'Église, engagés bon gré, mal gré, dans le dédale inextricable des questions théologiques, semblent oublier les Barbares qui envahissent de plus en plus l'Empire. Ils convoquent conciles sur conciles, sans que les évêques réussissent à s'entendre. — Voilà pour le Césarisme le résultat de l'alliance jusqu'au moment où l'arianisme, qui proteste pendant cinquante-six ans contre la chose jugée en 325, étant définitivement exclu de l'Empire, se réfugie parmi les Barbares.

A ce moment, c'est-à-dire en 381, date du concile de Constantinople, le catholicisme est né. Il y a une orthodoxie officielle hors de laquelle l'idée chrétienne n'aura plus la liberté de se mouvoir et de s'affirmer. Que devenait alors l'idée anti-sacerdotale, anti-hiérarchique de Jésus?...

En adoptant l'année 381 comme point de départ d'une période nouvelle, Proudhon ne la signale pas, ainsi que nous venons de le faire, comme ouvrant l'ère du Christianisme officiel, en un seul mot, du catholicisme. Mais il lui donne une bien autre signification.

« Cette nouvelle date, dit-il, marque la chute de l'arianisme, c'est-à-dire l'exclusion donnée au vieux Christianisme et l'introduction d'une idolâtrie nouvelle. »

Ainsi, dans la pensée de Proudhon, ce n'est pas seulement le Césarisme romain que l'alliance de l'Empire et de l'épiscopat vient de frapper à mort, c'est également le vieux Christianisme.

Quand nous avons lu pour la première fois la note que nous venons de citer, nous nous sommes demandé si le manuscrit de Proudhon n'embrassait pas l'histoire entière du Christianisme et du Césarisme; et nous avons eu l'idée de supprimer dans le titre de cet ouvrage les mots : « de l'an 45 avant J.-C. à l'an 476 après. »

Qu'importe, en effet, la conservation des mots si les choses sont profondément modifiées?... Parce que le mot *Christ* est la traduction grecque du mot *Messie*, irons-nous jusqu'à identifier le Christianisme et le messianisme?

Si donc, comme l'affirme explicitement Proudhon, c'est une idolâtrie nouvelle qui vient en 381 donner l'exclusion au vieux Christianisme, l'histoire du catholicisme ne peut pas plus être considérée comme celle du Christianisme, que celle-ci comme l'histoire du messianisme.

Il est vrai, — et c'est cela qui nous a fait reculer, — qu'à partir de Luther, au nom même de l'idée chrétienne, la réaction contre l'idée catholique s'accentue de plus en plus, et que, par le fait même des variations de l'Église protestante, il s'est produit dans l'âge moderne un retour de plus en plus prononcé vers le Christianisme.

Les deutéroses ou secondes éditions ne sont pas rares dans l'histoire.

Qu'attestent-elles en définitive? La persistance d'une idée que les événements ont pu écarter, mais qu'ils n'ont pas détruite. Proudhon exprimait peut-être une loi fondamentale de l'histoire, en disant : « Tout principe, vrai ou faux, passé à l'état d'institution, ne peut se détruire qu'en s'épuisant. »

Qu'est-ce que l'empire de Charlemagne, sinon la réalisation nouvelle au profit de la papauté de l'idée caressée par l'épiscopat au temps de Constantin et réalisée par lui au temps de Théodose? Est-ce qu'au siècle de Luther, alors qu'elle allait être définitivement vaincue, cette idée d'un empereur au service d'une Église orthodoxe ne jetait pas encore un vif éclat dans la personne de Charles-Quint?

Ne confondons point le Saint-Empire romain, qui a duré sept à huit siècles, avec l'empire deux fois éphémère des Napoléon. Celui-ci n'a été que le dernier effort d'une idée désormais épuisée : la vieille idée messianique ou césarienne. Celui-là était en l'an 800 la réalisation même de l'idée catholique, c'est-à-dire d'une idée à laquelle l'invasion des Barbares n'avait pas laissé le temps de donner ses fruits.

Héritier du vieux Christianisme, condamné par conséquent à en réaliser les promesses dès qu'il serait le maître, le catholicisme a eu les coudées franches pendant le moyen âge. Qu'a-t-il produit en fait de réformes politiques ou sociales? Rien autre chose que le système féodal. Est-ce que les maîtrises et les jurandes n'en sont pas parties intégrantes comme le servage et la corvée? Est-ce que sans elles et sans le compagnonnage, il n'y aurait pas lacune dans l'inféodation générale?

« Idée catholique ou système féodal » : c'est ainsi que Proudhon caractérise le moyen âge.

Dès que l'idée catholique se fut réalisée dans l'organisation politique et sociale comme dans l'organisation

cléricale, dès qu'elle eut dit son dernier mot, le monde
a réagi contre elle. Les protestations, jusqu'alors partielles
et isolées, ont éclaté de toutes parts. Elles ont pris de
plus en plus un caractère systématique, et l'âge moderne
a commencé.

Proudhon n'a malheureusement rien laissé sur l'histoire du moyen âge. Détourné par d'autres travaux de
ses études historiques, il n'a pas même eu le temps, pour
la période qui commence en 381 et finit en 476, d'exposer avec quelques détails l'antagonisme des idées de Pélage et d'Augustin.

Qui sait? C'est peut-être au moment où il se disposait
à expliquer cet antagonisme, qu'il a conçu le plan de *la
Justice dans la Révolution et dans l'Église*. Ce que, sous
le nom de *liberté*, Pélage opposait à la grâce d'Augustin,
n'était-ce pas l'humanité tout aussi capable de chercher
et de trouver elle-même la loi de ses mœurs que de s'y
conformer; n'était-ce pas en définitive la morale se po-
sant en face du dogme et s'en déclarant indépendante?...

Nous n'oserions certes pas affirmer la réalité de notre
hypothèse. Mais ce qui est indéniable, c'est l'influence
des études historiques de Proudhon sur le plan du livre
de *la Justice*.

Qu'on prenne dans ce livre telle question que l'on
voudra, on la trouvera toujours traitée par la méthode
chronologique : solution donnée par l'âge antique, solution par l'âge chrétien, c'est-à-dire par l'Église, solution
par l'âge moderne, c'est-à-dire par la Révolution : telle est
toujours la série réelle qui sert de point de départ au
dialecticien.

En travaillant au livre de *la Justice*, Proudhon avait tellement présente à la mémoire son histoire du Christianisme et du Césarisme qu'il lui a emprunté, pour sa belle étude sur la Décadence et le Progrès, les admirables portraits d'Éliogabale, d'Alexandre Sévère, de Maximin et de Probus. Il aurait pu lui faire bien d'autres emprunts du même genre. Car, il importe de le remarquer, ce n'est pas seulement le mouvement des idées que Proudhon aimait à étudier dans l'histoire, c'était aussi la nature humaine avec ses grandeurs et ses misères. Les grandeurs et les vertus, il sait aussi bien les reconnaître et les admirer chez les représentants de l'idée césarienne que chez les chrétiens. Les misères et les vices, il n'hésite pas plus à les signaler et à les flétrir chez les seconds que chez les premiers.

J.-A. LANGLOIS.

CÉSARISME

ET

CHRISTIANISME

(DE L'AN 45 AVANT J.-C. A L'AN 476 APRÈS)

INTRODUCTION

[Dans cette Introduction, le parallélisme des faits qui, en Orient, suggèrent l'idée messianique et y précipitent les masses, en même temps qu'à Rome ils poussent le peuple au Césarisme, est trop négligé : il devra être repris et exposé avec plus de méthode et de rigoureuse précision.

La complète unité de l'histoire universelle depuis César dépend de là.

Cf. *infra*, année 43, ce qui est dit sur la *nécessité d'une révolution intégrale* pour sortir de l'impasse où la lutte du patriciat et de la plèbe avait jeté le monde romain.]

Si le Christianisme s'est établi sans miracles, disent les apologistes de cette religion, *il est le plus grand des miracles !*

[Hélas! on commence à ne plus raisonner ainsi dans l'Église; et l'on serait heureux de pouvoir prouver le Christianisme autrement que par des miracles. Les miracles embarrassent plus l'Église que les incrédules.]

La piété peut se payer de ces exagérations de la foi, qui ne tendent à rien moins qu'à destituer la raison de son autorité interprétative et critique et, par suite, à ruiner la foi elle-même. Mais ni la philosophie ni l'histoire ne sauraient être satisfaites d'une pareille conclusion : elles nient *a priori* tout fait qui ne trouve pas sa raison dans la série des faits antérieurs, son explication dans la série des faits subséquents, tout fait, par conséquent, qui ne peut se résoudre dans l'évolution naturelle de l'humanité.

[Gibbon n'a vu dans le Christianisme qu'un phénomène religieux ; il ne s'est occupé de l'expliquer qu'à ce point de vue. Aussi insiste-t-il sur la dépopularité du polythéisme ; il prétend qu'avant Jésus c'en était fait du culte des dieux ; que Cicéron, Lucien, etc., avaient devancé les Pères, etc.; bref que tout le monde attendait un nouveau culte.

Absurde. La libre pensée n'avait pas pénétré les masses ; le peuple était sous les Césars le même que du temps des rois.

Le Christianisme est un phénomène *social* devenu insensiblement religieux par les causes qui seront relatées.

Phénomène unique de l'exploitation pendant cinq cents ans d'une masse de nations par une autre. — Double raison de la durée de l'empire et de la formation du Christianisme.

On prend toujours le Christianisme pour *cause en soi :* ce n'est qu'un effet : l'effet de réaction produit directement par le régime impérial.

On distingue ensuite le Christianisme de ses propres effets, tels que l'abolition de l'esclavage, la réhabilitation du travail, etc. — De là dispute sur la question de savoir si le travail a été affranchi par le Christianisme, ou par le polythéisme, etc., etc.

Distinction, et dispute frivole.

La réhabilitation du travail et l'abolition de l'esclavage, la formation des jurandes, etc., sont, à proprement parler, le Christianisme même, dans son corps et dans son âme : le reste, la théologie, la hiérarchie ecclésiastique et tout ce qui tient au culte, n'en est que l'habillement.

Ainsi, quand César et Auguste, les deux grands fondateurs du Césarisme, faisaient acte de réforme, soit dans les mœurs, soit dans l'impôt, soit dans le commerce ou l'industrie, *réa-*

gissant ainsi contre la tendance de leur propre principe, ils faisaient acte révolutionnaire, acte chrétien.

Tout le monde ainsi a contribué à cette grande révolution, dont l'Église s'est attribué l'honneur et les profits, tandis qu'elle n'y figure, comme on verra, qu'en qualité d'*expression religieuse*, incertaine, variable, antagonique, intolérante et funeste.]

Dans ce volume, nous aurons donc à rendre compte, par les seules lumières de la philosophie et les nécessités de l'histoire, de l'origine, de la formation et de l'établissement du Christianisme, le mouvement le plus capital jusqu'à ce jour, le plus curieux, et, malgré les aberrations inévitables, le fanatisme, les vices et les crimes qu'il portait en son sein, l'un des plus décisifs de l'humanité.

Et nous arriverons à cette proposition bien autrement sérieuse : c'est que non seulement le Christianisme n'est pas un miracle, qu'il s'est établi sans miracle ; mais qu'il y aurait eu miracle et subversion de l'esprit humain, s'il ne se fût pas établi, et que c'est ce caractère de rationalisme et de positivisme qui fait seul sa moralité et sa grandeur, et le place au-dessus du mahométisme, dont la formation et le développement présentent incomparablement plus de merveilleux.

Dans l'introduction du premier volume, il a été dit que l'histoire de l'humanité, dans son passé et son avenir, peut se diviser dès à présent en quatre âges :

1° Age de formation du langage, ou philosophique (ou hylique, ou animal, etc.), — complètement inconnu, et qui embrasse, selon les conjectures les plus plausibles, un laps d'au moins trente mille ans ;

2° Age d'invention et de propagation des signes (hiéroglyphes, alphabets, monuments, rites, etc.), ou âge psychique, passionnel : il commence à l'aurore même de l'histoire, et se prolonge jusqu'à l'ère julienne, pendant environ dix mille ans ;

3° Age messianique ou chrétien, ou âge révolutionnaire : c'est celui où le genre humain, dominé de plus en plus par l'idée morale et sociale qui fait son essence, et acquérant ainsi la conscience de son unité, cherche la théorie de ses lois morales et économiques, et s'efforce de réaliser, par la politique et la religion, cette unité.

L'âge messianique et chrétien n'est au fond qu'une longue *transition*, d'environ dix-neuf siècles, pendant laquelle la société nie de plus en plus et abjure sa condition psychique ou passionnelle (immorale) de l'âge précédent, mais sans pouvoir trouver les conditions organiques et matérielles de la moralité qu'elle affirme : ce qui lui donne un caractère faux et hypocrite, supérieur comme tendance à l'état anté- rieur, mais certainement moindre comme vérité et bonne foi.

L'âge chrétien, en raison de son caractère investigateur et transitoire, hautement négatif, mais non encore affirmatif, est l'âge des grandes douleurs de l'humanité, l'âge par excel- lence révolutionnaire. Il embrasse tout le mouvement de l'empire romain, latin et grec; la formation et le dévelop- pement des idées chrétiennes, la théocratie papale et mu- sulmane.

La féodalité et l'islamisme ne sont que des épisodes de cette grande révolution.

Ce que nous aurons surtout à noter dans la partie appelée *moyen âge*, outre le pacte entre la papauté et le nouvel em- pire, c'est qu'elle est une sorte de répétition de la période passionnelle qui avait pris part à l'avènement des Césars, et qu'elle forme ainsi une sorte de deutérose historique, qui peut servir à éclairer les parties obscures de la deuxième période, comme elle en reçoit elle-même la lumière.

Ainsi l'antagonisme, qui devait peu à peu s'affaiblir par la religion chrétienne, se manifeste de nouveau entre les États et les religions : la lutte recommence comme devant entre les races, les cités et les princes : sous des noms diffé- rents et dans des conditions supérieures, toute l'histoire an- cienne se recommence.

Cette période ne finit réellement qu'à la Révolution fran- çaise;

4° Age social (humanitaire, industriel, harmonique, etc.), ou prépondérance du principe économique sur les deux grands principes antérieurs, maintenant subalternisés et éliminés, de religion et de gouvernement.

Le principe économique s'est posé dès le milieu du moyen âge, dans la Hanse germanique, la république de Venise, Florence, etc., les communes flamandes et françaises. Il avait été représenté déjà, dans la période passionnelle, par les républiques commerçantes et maritimes de Phénicie, de Grèce, d'Afrique, des Gaules. Car tous les principes sont contemporains dans l'histoire comme dans la raison, et absolument indestructibles : ils ne se distinguent, aux différentes périodes, que par leur puissance relative.

C'est le principe économique, bien plus que l'Encyclopédie, Voltaire et Rousseau, qui a déterminé, en 1789, l'élimination décisive du régime féodal. C'est lui qui, sous le nom de *socialisme*, travaille l'Europe d'une nouvelle révolution; qui, après avoir constitué la république fédérative des États civilisés, doit organiser l'unité et la solidarité de l'espèce humaine sur toute la face du globe.

Ce volume est consacré au premier tiers de l'âge révolutionnaire ou chrétien, depuis l'avènement du Césarisme jusqu'au pacte de Charlemagne, 45 avant J.-C. — 800 après.

A l'époque où nous sommes parvenus, 45 avant J.-C., l'humanité, par ses affirmations, ses thèses, ses luttes, a préludé à ses grande destinées. Elle s'est reconnue, à travers un antagonisme de cent siècles. Elle sent l'infériorité de sa condition politiqne, morale, économique; elle a acquis la conscience de sa constitution unitaire. Elle cherche sa loi, la pure loi de moralité, de justice et d'union, et elle va en poursuivre la réalisation sans relâche.

Le *messianisme*, éclos dans l'âme des nations de leur tendance organique et fatale à l'unité, rendu plus manifeste, et posé en quelque sorte empiriquement dans les conquêtes des Nabuchodonosor, des Cyrus, des Alexandre et des César, n'est autre chose que l'affirmation, plus ou moins mystique, de la réforme intégrale des conditions de la société et de la réunion de tous les peuples en un seul culte, un seul gouvernement, une seule loi, une seule langue, assurant à tous

la jouissance des mêmes droits, des mêmes biens, de la
même liberté.

[Les Occidentaux, avec leur langue plus précise, leur génie
plus correct, leur esprit moins contemplatif et plus positif,
posaient mieux la question de la liberté, de l'égalité, de l'u-
nité et du bien-être : mais les préoccupations politiques devaient les conduire au même résultat. Ce qui est messianisme en Orient est empire et Césarisme en Italie : c'est
toujours la même chose.]

Cette conception de la morale universelle et de l'unité humanitaire, fausse dans les termes du messianisme, mais
fatalement amenée dans la série de l'histoire, est la clef de
toute la période historique que nous allons parcourir : son
influence s'étend encore fort au delà. Elle fait d'abord, pendant plus de huit siècles, le fonds même de l'histoire. Elle
se rencontre plus tard dans les velléités omniarchales des
Gengiskhan, des Tamerlan, des Mahomet II, des Charles-
Quint et des Napoléon.

La papauté, qui crut un moment la réaliser pour son
profit, n'y a pas même encore renoncé; et jusqu'en plein
XIXᵉ siècle, le messianisme, plus ou moins philosophique-
ment interprété, a retrouvé des prophètes, des apôtres, des
thaumaturges, chez les Towianski, les Mickievikz, les
Wronski, les Fourier, les Enfantin, etc. Le socialisme communautaire, renouvelé des nicolaïtes, carpocratiens, ada-
mites, etc.; — le jacobinisme, théorie du peuple-roi, mêlé
de théisme; et jusqu'à l'antithèse du *tsarisme* et du *napoléo-
nisme*, ressuscité par une hallucination populaire, en sont
autant de caricatures.

Le messianisme, en grec *Christianisme*, a donné son nom
au plus grand mouvement qui se soit produit dans l'humanité. Les temps chrétiens, à eux seuls, valent cent fois plus
que les quarante siècles de vie organique et passionnelle qui
les ont précedés. Toutefois, on peut juger dès à présent que
cette période, si médiocre quant à la mesure astronomique,
si longue quant à l'évolution des faits humains, ne présente,
comme nous l'avons dit, qu'une transition, une marche à la

loi qu'elle se propose d'exprimer : la science morale, l'unité et la solidarité des nations, l'exploitation centralisée et unitaire du globe.

La première révélation du messianisme remonte haut dans l'histoire. Un oracle qui courait à Rome, à ce qu'on assure, dès le temps des rois, avait promis la souveraineté de l'univers au Capitole...

[Chez les juifs, avant la captivité, l'institut prophétique, et la société des rhéchabites, comme expression pure de la morale réformée...

— Les démêlés entre les patriciens et les plébéiens, pour l'égalité politique et la propriété, depuis la première retraite sur l'Aventin jusqu'à la victoire décisive de César, sont une affirmation de la pensée messianique, dans ses résultats les plus effectifs : *La vigne et le figuier !* (rappeler la description de l'Écriture)...,]

Mais c'est surtout en Orient qu'il faut placer le berceau de l'idée. On la trouve exprimée, en termes vagues, dans le Pseudo-Isaïe, contemporain de la captivité de Babylone, vers la fin du VIIᵉ et au commencement du VIᵉ siècle avant l'ère chrétienne. — Plus tard, elle s'accuse de nouveau, à l'apparition d'Alexandre; — enfin elle se pose dogmatiquement dans les prophéties attribuées à Daniel, et dont la composition date des derniers temps des Macchabées.

Sous Auguste, elle se relève avec une ardeur de fanatisme extraordinaire, comme si l'exemple des Césars devait lui servir partout de justification ; elle s'empare des esprits en Palestine, en Syrie, en Égypte, en Asie-Mineure, en Perse, et produit cette fermentation générale, cause première et déterminante de ce grand mouvement religeux et social, connu sous le nom de Christianisme.

Avant de reprendre la série des événements au point où nous les avons laissés à la fin du premier volume, il est indispensable de rappeler ici, par quelques dates, la marche de l'idée messianique.

Cette revue rétrospective servira d'ailleurs à faire mieux comprendre l'engrenage des causes et des effets dans l'histoire, en mettant plus en relief l'éclosion et l'accroissement, en pleine période passionnelle, du principe qui doit gouverner la grande évolution chrétienne.

[Compléter cette revue rétrospective des faits généraux et spéciaux servant le mieux à établir qu'en Orient, en Grèce, en Italie, partout, la civilisation engagée dans une *impasse* ne pouvait se poursuivre avec les institutions établies, monarchies absolues, républiques démocratiques ou oligarchiques; avec le patriciat, la dictature élective ou héréditaire, en un mot, avec rien. Il fallait une rénovation intégrale des *idées*, des *croyances* et des *mœurs*.

[— Élever les générations de la vie psychique ou passionnelle à une intelligence supérieure de l'humanité et du droit.

[Ainsi, à mesure qu'on s'approche de l'ère vulgaire, tout *faiblit* dans les institutions des peuples : ce qui ne trahit point une *décadence dans les nations;* mais une insuffisance dans les institutions.

Or, une *rénovation intégrale* d'idées est chose révolutionnaire, c'est-à-dire négative tour à tour et affirmative, et dans les deux cas, antagonique aux formes et aux intérêts existants, partant impossible à déduire de ces formes et de ces intérêts.]

[Il y a un mot de Tacite qui, s'il est historiquement vrai, expliquerait justement pourquoi le Christianisme a dû naître en Judée.

Dum Assyrios penes Medosque et Persas Oriens fuit despertissima *pars servientium* (Judæi).

[Il n'y a pas rien que du judaïsme, comme l'a cru Gibbon, ou du platonisme, ou du magisme, ou de l'égyptianisme dans la formation chrétienne : il y a par-dessus tout de LA RÉVOLTE; et cette révolte grecque, romaine et barbare fermente dans cet égout de la Syrie.]

610. La guerre est générale en Asie, pour la suzeraineté politique. Les deux principaux compétiteurs sont les rois de Memphis et de Babylone. Le premier, Nechao, s'avance du côté de l'Euphrate, écrase en passant le roi de Judée, Josias, qui lui refuse le passage, lui donne un successeur, et réorganise, au point de vue de l'intérêt égyptien, le gouvernement du pays.

607. Nabuchonosor II, associé à l'empire par son père, marche contre Nechao, et le détruit.

606. La Judée est reprise par l'Assyrien, incorporée à l'empire, et la dynastie enlevée. Commencement de la captivité de Babylone et des prophéties messianiques. L'horizon des écrivains hébreux s'étend par la défaite même : plus leur peuple est abattu, plus grandes sont les destinées qu'ils rêvent pour lui. « Ne crains rien, ô Jacob, mon serviteur; Israël, mon bien-aimé, que j'ai choisi! Je verserai des torrents de pluie sur la terre desséchée ; je soufflerai sur ta semence, et elle germera comme un bourgeon dans le désert..., et tu seras mon témoin devant les nations; tu leur serviras de guide et de maître. Des peuples que tu n'as jamais connus, courront à toi à cause de Jéhovah, qui t'aura glorifié... » (Isaïe, chap. XLIV, L. III et L. V.)

605-562. Règne de Nabuchonosor le Grand. — Le second empire d'Assyrie est le premier de la série de Daniel, figuré par la *tête d'or*. Dans la pensée du continuateur d'Isaïe, le rôle messiaque n'appartient point à un homme, mais à un peuple, le peuple de Jéhovah. La gloire du roi de Babylone corrompt la donnée prophétique : bientôt les juifs voudront avoir leur messie, incarné, fils de Dieu et de David. C'est en Nabuchodonosor que les juifs prennent leur premier motif et leur type du messie.

Le Messie, suivant ces esprits indociles, ne peut être qu'un individu de race divine, comme les héros d'Homère; victorieux, triomphant, riche, immortel, soumettant, par son invincible cimeterre, toute la terre au culte de Jéhovah, et apportant à Jérusalem les tributs de l'univers.

588. Le roi Sédécias, que Nabuchonosor avait laissé à

Jérusalem pour gouverner, comme vassal, le pays, se révolte : premier effet des prédications messianiques. — Jérusalem est prise de nouveau par Nabuchodonosor; l'élite de la nation transportée en Babylonie; la ville ruinée, le temple démoli! De Jérusalem, Nabuchodonosor va à Tyr, à Damas, etc. Ses armes sont partout victorieuses.

Le prophétisme ne se ralentit pas: Jérémie, Sophonie, Ezéchiel.

538. La gloire assyrienne ne sera pas de longue durée. — L'agglomération incohérente des nations subjuguées par Nabuchodonosor se dissout bientôt. — Cyrus s'empare de Babylone, et les prophètes chantent cette nouvelle figure du Messie : « Voici ce que dit Jéhovah à Cyrus son oint : je t'ai pris par la main, et j'ai soumis les nations devant ta face, je marcherai devant toi; j'humilierai les puissants de la terre; je briserai Bel et Nabo : mais c'est à condition que tu renverras mon peuple, et que tu rétabliras ma cité et mon temple!... » (Isaïe, L, v, vi.)

Avec Cyrus commence le second empire de Daniel figuré par la *poitrine d'argent*.

536. Fin de la transportation des Hébreux et première restauration de l'état juif sous Zorobabel, prince du sang royal. — L'idéal du Messie fut certainement à cette époque, malgré la faiblesse de la nation et la puissance colossale des Perses, le principal motif qui amena le retour des Hébreux, déjà pour la plupart acclimatés, et qui commençaient à oublier leur chère Sion.

« O Sion, dit un de leurs chantres à cette occasion, si jamais je t'oublie, que ma main se sèche, et que ma langue me serve de cordon!.. »

L'autorisation donnée par Cyrus de relever les murs de la ville, et de rebâtir le temple, rendit aux juifs la nationalité, et avec la nationalité, le territoire, la patrie, l'existence politique. Mais la dispersion ne finit point tout à fait : elle se maintint, au contraire, et, chose étrange, elle devint, pour cette race transformée à l'école du malheur, un moyen de prosélytisme et de conquête, qui dut singulièrement fortifier

ses espérances. C'est à cette époque que commence cette
espèce de mission religieuse de la race judaïque, et qui, tout
en satisfaisant leur penchant au mercantilisme, prépare de
loin l'avènement du grand personnage que désormais ils ne
cesseront d'attendre.

[Réforme morale d'Esdras et Néhémias, élévation de la
conscience judaïque.]

533. Le deuxième temple est fondé. L'opposition des peu-
plades voisines de l'Idumée, de Moab, etc., prouve suffisamment quelle signification les juifs donnaient à cet édifice.
Ils sont dénoncés au grand roi qui, sur les explications
d'Esdras, s'apaise, et donne un *exequatur*.

519. Nouvelle opposition des Samaritains à la restauration judaïque. Les Samaritains, restes de l'ancien royaume
d'Israël, étaient les frères des juifs. Eux aussi, ils rêvaient
du Messie, et en revendiquaient la propriété, que la construction du temple de Jérusalem leur faisait perdre.

Aggée et Zacharie, prophètes messianiques.

442. Néhémie ou Malachie, dernier des prophètes. —
L'idée du Messie s'affirme de plus en plus, et marque la
différence de la foi juive, au ve siècle, d'avec celle que cherchaient à répandre les anciens oracles. L'un d'eux, Mi-
chée, iv, 5, avait dit qu'aux jours de félicité universelle
tous les peuples vivraient en paix, ayant *chacun son dieu et
son roi*. C'était le système de la liberté et de la tolérance, en
politique et en religion. — A cette heure, Jéhovah, par la
bouche de Néhémie parle un langage bien différent. Il menace d'exterminer et Juda et tout le genre humain, pour la
moindre infraction à son culte réformé tout récemment par
Esdras. — « Je vais vous envoyer Élie, dit-il, avant que
vienne ce jour de terreur : il prêchera et convertira la terre,
de peur qu'elle ne soit faite anathème, *chérem*, et que je ne
la frappe et qu'elle périsse ! »

C'est à cette époque que s'accomplit chez les juifs un fait
grave, et demeuré presque inaperçu : nous voulons parler
de la cessation du prophétisme, puissance rivale du sacerdoce et de la disparition de la famille royale, ou du moins

de son exclusion définitive des affaires. Tous les pouvoirs se
concentrent dans le pontificat. Le caractère plus théologique
que moral de la restauration juive, l'ambition des prêtres, le
souvenir des luttes dynastiques, l'appréhension du grand
roi, amenèrent ce changement, et introduisent ainsi dans la
tradition messianique un élément de contradition et de trouble, dont on verra plus tard les effets.

Secte juive des pharisiens. — Aucune date précise ne peut
être assignée à l'origine de cette secte, pas plus qu'à celle
des Sadducéens qui la suivit de près. Nous croyons seulement, d'après la loi générale de la propagation des idées et
de leur manifestation, que le pharisaïsme qui fut chez les
juifs l'expression des idées chaldéennes et persanes, dut
apparaître et être nommé, à l'époque où la nation elle-même
commençait, par l'œuvre de sa restauration, à se séparer de
la société persane et aspirait à se développer en vertu de
son génie propre, et en dehors de son influence. Nous n'oserions dériver, avec Volney, le nom de pharisien du mot פרסי,
parse, ou *persan*, bien que l'astrologie, l'angélologie, le dualisme, la métempsycose, etc., des pharisiens soient toutes
d'origine zoroastrienne. Peut-être le nom de pharisiens,
phéroschim, פרשים, interprètes ou docteurs, que se donnait cette secte de plagiaires, donna-t-il lieu plus d'une fois
à un calembourg qui rappelait leur origine étrangère. La
question étymologique disparaît ici à côté du fait même.

Les pharisiens admettaient donc, en sus de traditions mo-
saïques, et d'après les idées orientales, une *providence* ou
destin, réglant *a priori* toutes choses ; l'immortalité des
âmes ; la résurrection ou métempsycose, le paradis et l'enfer, l'existence des anges et des démons ; l'influence des
astres, toutes choses inconnues aux anciens hébreux, et que
ne justifient nullement les codes sacrés des juifs. Aussi, pour
concilier leurs idées avec la lettre de ces codes, les pharisiens, à qui l'on n'aurait pas permis de se réclamer d'une
sagesse étrangère, supposaient une tradition orale, en vertu
de laquelle ils rapportaient à Moïse leurs nouvelles croyances, et justifiaient, en outre, une foule d'opinions et de pra-

tiques que le temps et la servitude avaient fait entrer dans les mœurs de la nation.

Bien loin d'être des *séparés*, comme quelques-uns l'ont cru d'après une autre étymologie du nom, les pharisiens étaient en réalité des fusionnistes, des conciliateurs. Leur robe traînante, à la persane, attestait aux yeux l'esprit et l'origine de l'école.

330. Bataille d'Arbelles ; fin de la domination persane. Le troisième empire de Daniel, figuré par les *cuisses d'airain*, commence en la personne d'Alexandre.

De même que le pseudo-Isaïe avait annoncé le messie Cyrus, le grand-prêtre Jaddus proclame le messie Alexandre. L'idée messiaque passe des Orientaux chez les Grecs. Le pontife samaritain de Garizim ne voulut pas rester en arrière, et fait au héros macédonien les mêmes promesses, bien entendu sous réserve des espérances de sa nation.

[Il y aura à faire ressortir, dans la chronologie du premier âge, le progrès positiviste des trois grandes races sémitique (Juifs, Cyriens, Carthaginois), grecque et romaine, progrès qui, excitant la réflexion, arrache les sociétés à leur tempérament passionnel.

Ce progrès, pour la race phénico-judaïco-punique, est amené par la pratique mercantile, par les *affaires;* pour la race grecque, par la philosophie et les arts; pour la race latine, par la politique et la vie domestique.

Rappeler ici cette transformation, qui devra être exposée plus au long.]

323 Mort d'Alexandre. A peine formé, le troisième empire entre en decadence; les guerres civiles le poussent à sa ruine.

Fort pour la destruction, le génie grec est impuissant pour l'organisation; il n'obtient un instant la souveraineté que pour la perdre; lui-même, dès que Rome l'aura touché, il s'arrêtera. Toutefois, si l'unité périt quant à l'individu-messie, il est juste de reconnaître qu'elle se soutient longtemps quant à l'influence ethnique. Les royaumes grecs de Syrie, d'Égypte, de Pergame, de Macédoine, etc., sont les bras d'un corps dont la tête est invisible. Cette puissance ne cédera pas même sous la domination de Rome. L'empire de cuivre subsistera mille ans encore après l'empire de fer.

321. Les juifs essaient, à travers la lutte qui suit la mort d'Alexandre, de recouvrer leur autonomie. Ils succombent : Jérusalem est prise par Ptolémée un jour de sabbat : cent mille juifs sont transportés en Égypte.

Il est écrit que cette nation ne fera rien que par ses défaites et ses malheurs. La transportation en Égypte devient pour elle le corollaire de la transportation en Babylonie ; c'est de ce moment que cette race de courtiers et de disputeurs semble prendre possession de la terre. Appelés en Égypte par les Alexandre et les Ptolémée, les juifs se multiplient sur le Nil comme sur l'Euphrate. On eût dit qu'ils retrouvaient, dans l'un et l'autre pays, une ancienne patrie. — « Comme partout, ils prennent leur part des lumières et des richesses du pays, exploitant toutes les positions avec cette adresse et cette avidité qui les caractérisent encore. Avant tout, ils sont juifs ; et, tandis qu'ils captent la faveur des princes, et mettent à contribution la curiosité des sujets, leur cœur ne cesse de battre pour la Judée et le Saint des des Saints de Jérusalem. » (MATTER, *Hist. eclés.*, t. X.)

[Consulter sur le prosélytisme juif, BASNAGE, *Hist. des juifs*, l. VI].

Mais pour agir ainsi sur les nations, il faut que les juifs, les premiers, en subissent l'influence. A Babylone, ils chaldaïsaient ; sous Cyrus, ils ont parsisé ou *pharisaïsé ;* tout à l'heure, nous les verrons en Égypte, mêler les idées grecques aux idées égyptiennes, et créer au milieu d'eux un nouveau parti d'hellénistes. Hérode et César auront aussi parmi eux leurs partisans.

301. Bataille d'Ipsus. Nouveau partage entre les généraux d'Alexandre.

A dater de cette époque, il se fait dans toute l'Asie occidentale, y compris l'Égypte, un travail de fusion entre les idées religieuses et philosophiques de l'Inde, de la Bactriane, de la Perse, de la Chaldée, de la Syrie, de l'Egypte, de la Pa-

lestine, de l'Arabie et de la Grèce; travail qu'a suffisamment
reconnu et développé la critique moderne, et qu'atteste
l'histoire de toutes les sectes. L'Orient fournit son dualisme,
ses incarnations, ses hypostases; la Grèce, son *logos* et sa
théorie des idées; l'Égypte sa métempsycose et son système
de triades; la Judée, son monothéisme; Rome concourra
bientôt au mouvement par sa concentration politique et sa
haute tolérance.

235. Règne de Ptolémée Philadelphe. — Les livres juifs
commencent à être traduits en grec. Cette traduction qu'une
légende raconte avoir été terminée en soixante-dix jours par
soixante-dix interprètes, ne fut terminée qu'en plus d'un
siècle
Jéhovah grécise; la transformation des croyances s'opère
sourdement, par le mélange des races et des mœurs, à
l'insu des théologiens les plus jaloux de leur orthodoxie, et
souvent sous leur impulsion puissante. Quand, un peu plus
tard, l'hébraïsme intolérant essaiera de réagir, il ne sera
plus temps.

240. Antigone de Socho, docteur juif, dit à ses disciples :
« *Ne soyez point comme des esclaves qui obéissent à leur
maître par la vue du châtiment et de la récompense ; obéissez
sans espérer aucun fruit de vos travaux, et que la crainte de
Dieu soit sur vous !* » — C'est la pure morale des sages de
tous les pays et de tous les temps; morale qui se passe du
rituel ecclésiastique et de toute sanction ultrà-mondaine.

Ce fut un des disciples d'Antigone de Socho, nommé
Sadoc, qui devint, à ce qu'on prétend, le chef de la secte
sadducéenne, dont le principal dogme était: que la vertu
doit être pratiquée pour elle-même, et qui, en conséquence,
rejetait toute peine et récompense.

Quoi qu'il en soit, les *sadducéens* sont les partisans du
Jéhovisme primitif, par conséquent de vrais conservateurs,
qui parurent aussitôt que les nouveautés pharisaïques susci-
tèrent une opposition. On a donc tout dit d'eux, quand on a
rappelé qu'ils rejetaient tous les dogmes introduits depuis la
première captivité, s'en tenaient au pur mosaïsme, tel qu'il

résulte des écritures, et niaient l'existence d'une tradition
orale. Leur morale puritaine, précisément parce qu'elle était
plus élevée, allait moins aux masses que celle des pharisiens, qui offraient aux malheureux l'appât d'un bonheur
sans fin dans une autre vie, en compensation des déceptions
de celle-ci.

Ainsi, la religion antique de Jéhovah, conservée seulement par les puritains, les rétrogrades et les riches, semblait comme étrangère à son propre peuple, et se dépopula-
risait de jour en jour davantage !...

199-175. Pontificat d'Onias le Pieux. C'est sous lui
qu'arrive l'aventure d'Héliodore, racontée au deuxième livre
des Maccabées.

Pendant le pontificat, le parti grec ou helléniste commence à devenir puissant et à soulever la jalousie des pharisiens et sadducéens, en possession, aux yeux du peuple,
depuis un temps immémorial, de représenter l'orthodoxie
judaïque. A la tête des Grecs sont les frères mêmes du souverain pontife, Jason et Ménélaüs.

La race d'Abraham tend à se débaptiser; on affecte les
mœurs et les noms grecs, au grand scandale des puritains,
qui crient à l'idolâtrie. De là, une nouvelle et troisième exégèse, qui laissera loin derrière elle celle des sadducéens et
pharisiens; de là aussi, quant au dogme messiaque, une tendance à l'allégorie, pour ne pas dire la négation pure. Le fait
est, ainsi qu'on l'a vu, qu'on pouvait trouver dans les prophètes des arguments pour et contre l'hypothèse d'une messianité ou monarchie universelle des juifs : l'esprit national ne manque pas de s'attacher à ce qui flattait son orgueil,
et de considérer comme traîtres et apostats ceux qui, niant
la réalité du messie à venir, l'entendaient d'une pacification
générale, et inclinaient par conséquent à une transaction avec
les Grecs.

184. Aristobule, juif d'Alexandrie, étudie la philosophie
grecque, et mérite d'être appelé le *péripatéticien*. (V. *Eusèbe*
qui a fait un extrait de ce docteur.)

170. La résistance des juifs à la discipline grecque, leurs séditions perpétuelles ont irrité Antiochus, roi de Syrie, leur souverain. Il entre dans Jérusalem, le temple est pillé, le peuple massacré. Les malheurs de la patrie ne suspendent point la compétition furieuse des frères d'Onias : le scandale est immense parmi les juifs. Les deux partis s'imputent réciproquement les calamités publiques ; les Hébreux accusent les Hellénistes d'apostasie, qui de leur côté accusent les Hébreux de fanatisme. De quel côté étaient les torts? les Hébreux défendant la cause de la nationalité étaient à coup sûr meilleurs citoyens ; mais leur zèle était imprudent et étroit, et si les Grecs péchaient peut-être par tiédeur, ils avaient incontestablement raison quant aux idées et à la politique.

167. Antiochus étant parti pour la Perse, les juifs se soulèvent à la voix du prêtre Mathathias, proclament leur indépendance et se séparent de la Syrie.

Quelle est en ce moment la question posée devant l'histoire? En apparence, et à la superficie des choses, c'est la liberté de la nation juive, et l'inviolabilité de son culte et de ses lois. Au fond, il s'agit de savoir si l'idée messianique aura son expression dans le culte de Jéhovah et la dynastie davidique ; ou bien dans une synthèse générale des idées religieuses, et un protectorat ou une confédération générale des peuples. C'est ce que l'histoire des Maccabées démontrera avec la dernière évidence.

Suivons les faits. Le temple de Garizim venait d'être converti par Antiochus en temple de Jupiter. L'idée monothéiste et messiaque de Samarie était absorbée par la gentilité ; le même sort menaçait Judas et Jérusalem. La révolte des Maccabées est donc une réaction du particularisme jéhovique contre l'universalisme hellénien.

166-161. Succès de Judas le Maccabée : nouveau Josué, il porte haut l'espoir des juifs. Mais, jusque dans la victoire, la faiblesse du petit État et l'impossibilité de la cause se font sentir : Judas sollicite successivement l'alliance des Lacédémoniens et des Romains. L'hellénisme chassé par une porte revient par l'autre.

152. Antiochus a succombé dans son expédition contre

les Perses. Après sa mort, la Syrie est en proie à l'anarchie. Jonathas, frère et successeur du Macchabée, profite des circonstances pour se faire conférer, par le prétendant Bala, le souverain pontificat, à l'exclusion de la famille d'Onias. C'était un pas, il est vrai, vers l'indépendance; mais c'était encore un aveu d'impuissance et un acte de vasselage.

Commencement de la domination asmonéenne.

150. Construction de l'*Onion*, à Héliopolis en Égypte, par Onias IV, fils d'Onias III, réfugié en Egypte sous Ptolémée Philométor, à la suite de l'usurpation de ses oncles, Jason et Ménélas.

Ainsi l'hébraïsme et l'hellénisme marchent de front : Jéhovah est adoré sur le Nil comme sur le Jourdain : l'unité est brisée. Aussi ceux de Jérusalem maudissent cet édifice rival, qui scinde le judaïsme, et apporte une modification profonde dans la Synagogue et par suite dans les espérances messiaques.

145. Chute de Corinthe et de Carthage. Avènement du quatrième empire de Daniel, figuré par les *jambes de fer*. Suivant cette prophétie fameuse, et sur laquelle Bossuet, à l'instar des juifs qu'il combattait, a fondé le roman de son *Histoire universelle*, les juifs, les adorateurs du *vrai Dieu*, doivent, immédiatement après les Romains, continuer la série, sous un messie qui, par la grandeur de ses conquêtes, doit absorber et surpasser tous les règnes antérieurs. Suivant Bossuet, ce cinquième règne est celui du Christ, ou plutôt de l'Eglise chrétienne, qui doit vaincre partout l'idolâtrie, la philosophie et l'hérésie, et s'établir par toute la terre.

Nous allons voir !

145. La race sémitique est vaincue par celle de Japhet. En Carthage succombe le messianisme oriental. Si Jérusalem pouvait comprendre ce profond événement, elle renoncerait à ses chimères, et se ferait de plus en plus amie des Romains. Il ne peut pas y avoir deux messies sur la terre...

143. Simon, frère de Jonathas, prince (nasi) et pontife tout à la fois, image vivante du messie attendu, réunit en sa personne les deux puissances. Son gouvernement marque, après celui de Salomon, l'époque la plus florissante du peuple juif.

Ce fut un malheur de plus, par l'exaltation qu'il fit naître, et l'impossibilité d'y satisfaire.

Qui donc empêchait Simon de se déclarer roi, ce qui voulait dire alors messie? C'est que, d'après la tradition messiaque, le messie devait être *issu de David*, et conséquemment prouver par une généalogie authentique, ou par des signes, sa filiation. Les Macchabées étaient de la race d'Aaron; leur pouvoir, cher au peuple, ne pouvait donc être que provisoire, *jusqu'à ce que vînt le prophète*, est-il dit formellement dans la Chronique des Macchabées (1, *Macc.* XIV, 41), d'après l'ancien oracle de Jacob!..

— L'hébraïsme triomphant par la main des Macchabées, les deux sectes des sadducéens et pharisiens deviennent prépondérantes. — L'hellénisme se cache et paraît fini. On verra bientôt qu'il n'est qu'éclipsé.

139-133. Guerre des esclaves en Italie. La question messianique est posée dans ses véritables termes; mais elle est prématurée...

Ce n'est plus seulement en Orient que circule l'idée d'une révolution nécessaire, c'est dans toute l'Europe, depuis les Pyrénées jusqu'à l'Archipel. Le langage est différent : au fond l'idée est absolument la même. Le juif qui attend son messie imaginaire; le plébéien qui demande la propriété; l'esclave qui veut être libre; l'allié de Rome, qui réclame le droit de bourgeoisie; tous ces hommes n'ont réellement qu'une idée.

La conquête romaine n'avait cessé d'accroître les domaines des patriciens et de multiplier partout la servitude. Les nations ne semblaient qu'un bétail destiné à l'exploitation et à la jouissance romaine. Les esclaves se comptent, et ils rougissent de leur lâcheté. Ceux de Tauromène, en Sicile, donnent le signal de la révolte, pillent Enna, et se donnent pour chef, remarquons ceci, un Syrien, Eunus, qui se dit inspiré, et prend le titre de roi. La religion orientale, le messianisme judaïque, apparaît ici pour protester contre la tyrannie latine! Ces esclaves défont quatre préteurs : Eunus voit marcher sous ses ordres soixante-dix mille hommes, deux cent mille autres parcourent par bandes la Sicile et se vengent..., comme se vengent les esclaves.

Le consul Fulvius Flaccus les arrête enfin; mais l'incendie se propage en Italie. Q. Métellus et Servilius Cépion en font un grand carnage à Sinuessa et Minturnes. De nombreux combats sont encore livrés; enfin, après une lutte de six ans, Eunus est atteint, et périt en prison. Une loi moins dure fut alors rendue en faveur des esclaves, bientôt violée par l'avarice.

134-107. Jean, surnommé Hyrcan pour la guerre qu'il avait faite en Orient, au service du roi de Syrie, succède à son père Simon. Il s'empare de Garizim et de Samarie, force les Iduméens de recevoir la circoncision; bâtit la forteresse Antonia, etc. Heureux préludes! Le samaritanisme vaincu et absorbé, la propagande judaïque faite avec l'autorité de l'État, l'indépendance de la nation, sa force si bien posée : quels sujets d'espérance!...

Mais, contradictions de l'humanité! voilà que les Asmonéens hellénisent à leur tour, sans s'en apercevoir! A partir d'Hyrcan, tous les individus de cette race portent des noms grecs, adoptent des idées grecques... Tant il est vrai que ni la force, ni la politique, ni le fanatisme, ne peuvent empêcher de s'accomplir ce que le cours des choses a amené, ni rétablir ce que le temps a aboli!

133. Revoir au tome 1ᵉʳ l'esprit et la marche de ces discussions.

133. Le patriciat romain est en Italie à la plèbe ce que le sadducèisme est en Palestine au peuple : le principe conservateur et rétrograde, contre qui les opprimés invoquent la rédemption! — Pourquoi le patriciat s'oppose-t-il, depuis si longtemps! aux empiétements de la plèbe?... Le patriciat prévoit, non sans raison, qu'avec la démocratie, la vieille constitution est perdue; il veut conserver ou restaurer le système des clientèles. La propriété pour tout le monde, c'est la révolution, c'est l'inconnu!...

133-132. A peine la guerre des esclaves est finie, que Rome est déchirée par les troubles au sujet de la *loi agraire*. C'est toujours, mais sous une autre forme, la question des esclaves, la question du travail et de la propriété, la question sociale, ou, comme parlent les Orientaux, la question messianique!...

Tiberius Gracchus est assassiné avec trois cents de ses amis, au pied de la tribune, par Scipion Nasica ; accusé d'aspirer à la tyrannie, il fut abandonné par la plèbe, qui le pleura ensuite, et ne sut se venger qu'en se donnant à César.

132. *Les Gracques.* — Ce qu'ils demandaient :

1° Renouvellement de l'ancienne loi Licinia, qu'aucun citoyen ne pût posséder plus de 500 *jugera :* les enfants, la moitié ; — donc RESTITUTION ;

2° Établissement d'une commission chargée de procéder au partage des terres, et de faire des enquêtes sur ce qui est ou n'est pas du *domaine public :* — RESTITUTION ;

3° Partage des trésors légués par Attalus, roi de Pergame: — RESTITUTION ;

(Mesure qui devait être généralisée.)

4° Établissement de distributions de blé pour la plèbe. — Partage de butin ;

5° Participation des peuples d'Italie au droit de cité. — Force donnée au parti ;

6° Établissement des colonies : — c'est-à-dire envoi en possession de la plèbe, dans les terres conquises ;

7° Enlèvement au Sénat de ses prérogatives.

Ainsi, la querelle des patriciens et plébéiens, qui n'avait été auparavant qu'une question de client à patron, devient, sous les Gracques, une question de partage du butin, terres, argent, valeurs mobilières, etc , conquises.

Ces valeurs se composaient ainsi :

1° Terres enlevées aux peuples conquis, et déclarées propriétés nationales, vendues à l'enchère, et généralement acquises par des patriciens ;

2° Argent et effets (vaisselle, meubles, étoffes, statues, bi-

joux) enlevés à la guerre, et dont les chefs militaires em-
plissaient leurs fourgons;

3° Tributs imposés sur les provinces, au moyen desquels
le peuple romain ne devait rien payer, pour ses propres propriétés, mais encore être nourri, payé et diverti :

a) Tributs des alliés en Italie (divers impôts).

b) Tributs des provinces :

1° Capitations;

2° Impôt foncier;

3° Prestations en nature, ordinaires;

4° Prestations en nature, extraordinaires;

5° Dîmes, *decuma*, ou revenus du domaine de l'État,
notamment en Campanie: c'était un fermage par
baux de cinq ans;

6° Douanes, *portoria*, ports et villes frontières;

7° Mines, *metalla*, surtout les mines d'argent d'Espagne;

8° Affranchissements d'esclaves, *aurum vicesimarium*
(Heeren).

Ces impôts allèrent toujours en *augmentant* et se *perfec-
tionnant.*

Après la guerre de Persée, les Romains se trouvèrent par
la guerre et la rapine ne payer de longtemps aucun impôt :
les villes et les provinces conquises payaient tout.

Mais *à la fin*, les tributs ne suffisant pas, un impôt fut
rétabli sur les citoyens romains.

Tous ces tributs se versaient dans l'*ærarium*, caisse publique.

Différence entre le *fisc*, ou caisse particulière et militaire
de l'empereur, et l'*ærarium;* à la fin, le *fisc* absorbait le trésor : c'est-à-dire que l'empereur fut maître du tout.

132-122. Les troubles continuent sous Caïus Gracchus,
Marius, etc.

131. Composition du livre de Jésus, fils de Sirach. C'est
celui qui a nom *Ecclésiastique.* Les anciens le nommaient
Panarété, toute vertu. (Voir plus bas 101.)

107. Aristobule, fils d'Hyrcan, plus hardi que ses pères,

rejette le titre de prince, et prend avec le diadème celui de
roi. Aristobule prétend donc fixer dans sa famille la destinée messiaque. Faux calcul : comme aux yeux du peuple,
il affecte illicitement la messianité, il la nie. De ce jour
commence la décadence irrévocable des Asmonéens : deve-
nus usurpateurs, ils perdent la confiance des masses, dé-
vouées, avant tout, au personnage providentiel, au messie.

106-79 Alexandre Jannée, frère d'Aristobule, épouse sa
belle-sœur, et continue l'usurpation. Pendant tout son règne,
il est en butte à l'opposition des pharisiens, défenseurs de
la tradition; et il achève de se dépopulariser par son alliance avec les sadducéens, riches, égoïstes, conservateurs,
suspects par conséquent, et à bon droit, de préférer le
statu quo aux espérances sacrées de la nation.

105-102. Deuxième guerre des esclaves, sous la conduite d'Athénion et Tryphon, en Sicile.

Le socialisme européen est plus positif, plus clair, plus
net, que le messianisme oriental. Tandis que celui-ci se
repaît de chimères théologiques, l'autre va droit au fait, et
dit : *du pain et la liberté*. Chose étrange, cette seconde
guerre des esclaves est terminée par Marius, qui tout à
l'heure reprendra la même cause, sous un autre nom.

105-102. [La victoire sur les esclaves est une victoire
sur le prolétariat! La révolution sociale, balancée entre
l'aristocratie et les dictateurs plébéiens, n'aboutira qu'à une
tyrannie! Au fond, bien que la question soit posée dans ses
vrais termes par les esclaves d'Occident et les prolétaires de
Rome, la solution n'est pas mieux comprise que par les
peuples d'Orient. Les uns et les autres doivent se rencontrer
dans le même résultat : un empereur, une incarnation de
la multitude.]

101. Les problèmes se posent dans la science et la philosophie en termes distincts : dans l'histoire ils semblent
marcher selon le progrès d'une synthèse inexprimable et
indivisible. Au point où en est le progrès, la révolution sociale, condition nécessaire de l'unité constitutionnelle de
l'espèce, ne peut pas se produire autrement que sous une

formule religieuse : c'est pour cela que les révoltes d'esclaves et les guerres sociales, qui posent le problème dans ses termes les plus catégoriques, ne peuvent aboutir. C'est trop tôt! la pensée religieuse n'a pas dit son dernier mot; le socialisme ne passera pas.

Donc, c'est un Messie, un César, qui aura le pas sur la liberté. Mais ce messie lui-même, il faut qu'il soit plus qu'un homme. La conscience universelle n'en voudrait pas, s'il n'était Dieu. C'est donc dans les profondeurs de la divinité que l'humanité ira chercher son messie : et, tandis que les rois, les princes, les pontifes, le patricien et le prolétaire, l'homme libre et l'esclave, s'exterminent pour lui ; les penseurs l'évoquent du sein de l'infini.

Et concepit de Spiritu Sancto!... C'est le premier dogme du messianisme.

Platon n'avait conçu le *Logos*, la parole de Dieu, que comme la lumière de l'Humanité : c'est ce *Logos* qui va en devenir le *Messie*.

Le livre de la *Sagesse*, dont les plus savants critiques rapportent la rédaction vers cette époque, peut être regardé comme une composition faite sur le même thème que celui de l'Ecclésiastique (voir plus haut, 131). Dans l'un et dans l'autre, la Sagesse, *Sophia*, est représentée comme le verbe du Dieu très haut, une émanation de son être, en un mot, une de ses hypostases. — « Je suis, dit-elle, le premier-né « de Dieu, sorti de sa bouche avant toute créature. C'est « moi qui ai créé le ciel et la terre,.... à moi le Très-Haut a « commandé d'habiter en Jacob, et de prendre Israël pour « mon héritage. » — C'est elle qui par conséquent a inspiré tous les anciens sages, depuis Enoch, l'antédiluvien, jusqu'à Jésus, fils de Sirach.

Ainsi le verbe divin, le *Logos*, ou la *Sophia*, car les deux noms comme les deux sexes lui appartiennent, est la propriété de Juda, et lui garantit le règne du messie, en qui surtout le verbe doit apparaître. Les marques réitérées de la protection de la *Sophia* sur Israël, dont le livre de la *Sagesse* rappelle l'histoire, en sont de sûrs témoignages.

Une fiction brillante est jetée par Platon. Soudain les juifs se l'approprient; le *Logos*, la *Sophia*, est à eux, n'existe pas pour tout le monde! Effet du langage primitif qui, manquant de termes abstraits, ne conçoit les propriétés des choses, les facultés de l'intelligence et les idées de l'entendement, que comme des personnifications.

91-70, [Faire mieux ressortir et par des textes et des faits, si possible, l'identité fondamentale du messianisme oriental, et de la lutte engagée en Occident entre les tendances de la *plèbe*, des *provinces alliées*, et des esclaves, et le patriciat. — Sur tous les points la même pensée agite les peuples : l'histoire n'est intelligible qu'à la condition d'être ramenée sans cesse à cette idée.]

91-89. *Guerre sociale*. — Les peuples de l'Italie demandent le droit de cité : le Sénat le refuse. Les *alliés*, c'est le nom que se donnent les pétitionnaires, courent aux armes, forment une confédération, nomment un Sénat, deux consuls. Rome est victorieuse : mais en obtenant la victoire, elle est forcée de céder le droit de bourgeoisie : l'admission de tant d'étrangers porte un coup fatal à la vieille constitution romaine. Après avoir, pendant près de six siècles, vaincu les nations, Rome est forcée de les recevoir dans son sein : grâce à cette influence nouvelle, et toujours croissante, Rome ne sera plus la maîtresse du monde, elle sera la propriété du premier venu !...

[La résistance du Sénat n'a pas rien que l'égoïsme pour mobile ; elle est fondée sur une clairvoyance merveilleuse de l'avenir. Que Rome accorde le droit de bourgeoisie aux cités : que les provinces entrent dans l'Italie, que la plèbe soit propriétaire, que les esclaves soient affranchis, et le gouvernement est impossible. La république tombe dans l'anarchie ou la tyrannie !... Voilà l'excuse du patriciat... Ainsi l'Occident crie de loin à l'Orient : votre messie est une chimère !... mais il faut avancer !... (*à faire*)....]

85-70. Guerre civile entre Marius et Sylla. — Lutte entre l'aristocratie et la plèbe : la question sociale, toujours la question sociale.

85-71. Guerre de Sertorius. — La république, de même que le socialisme, succombe en Sertorius, après une lutte de quinze ans. — Le premier qui triompha du grand citoyen, Métellus, fut si glorieux de sa victoire, qu'il en reçut les honneurs divins, et prit le titre d'*Imperator !*...

79-76. Guerre contre les pirates....

79-71. Guerre civile de Lépidus....

79-70. Alexandra, veuve de Jannée, régente des juifs. Pour se rattacher les pharisiens, et satisfaire l'opinion qui se refusait à reconnaître dans la famille Macchabée la dynastie messiaque, Alexandra divise l'autorité, donne le pontificat à Hyrcan, le premier de ses fils, et la royauté à Aristobule, le deuxième. C'était aggraver le mal : mieux valait se contenter d'un titre modeste, et ne pas scinder le gouvernement. Mais tout retour à la politique de Simon était impossible. Le démon du pouvoir s'était emparé des Macchabées. Tous voulaient *régner*, non seulement de fait, mais d'étiquette et de droit. Le partage satisfit d'autant moins les deux frères, qu'il était impraticable : de là une compétition acharnée, qui déchira la nation, et finit par l'intervention des Romains : alors ce fut fait de la liberté.

79-54. On place vers cette époque la fabrication des prophéties de Daniel, au moins d'une partie. Elles sont généralement dans l'intérêt de la dynastie asmonéenne, conçues suivant les nécessités de l'époque, de manière à concilier les idées et les espérances des juifs avec les prétentions des princes asmonéens. Elles ne paraissent pas avoir produit une bien grande impression sur les juifs contemporains; la mystification était par trop évidente. En revanche, elles sont devenues, entre les mains des chrétiens, une des preuves les plus authentiques de la divinité de Jésus-Christ et de son caractère messianique. C'est le cas de dire : la pierre rejetée par les maçons est devenue tête d'ange !...

75 (?). *Secte des Esséniens et Thérapeutes.* — Organisation pratique du prolétariat !

Suivant les interprètes, ces deux noms sont la traduction l'un de l'autre : ils signifient *adorateurs*, en esprit et en

vérité, d'après Philon. Il en est fait mention pour la première fois dans Josèphe, sous le règne d'Antigone, fils d'Aristobule, vers l'an 55. Mais il en parle comme d'une chose
dès longtemps existante, et nul doute que leur origine remonte beaucoup plus haut. Quelques-uns, mais sans preuve
suffisante, les rattachent aux anciens assidéens ou récha-
bites, dont le fondateur Jonadab, fils de Réchab, était contemporain d'Élie, ixe siècle avant J.-C.

Ce qui est certain, c'est que les sociétés esséniennes,
affranchies de la superstition du rite et du dogme, pleines de
mépris pour les agitations de la politique, faisaient revivre
le prophétisme, l'initiation à la morale pure et à la contem-
plation rationnelle, oubliée ou interrompue depuis des
siècles. En présence de la rivalité des hébraïsants et des
hellénistes, des pharisiens et des sadducéens, l'école essé-
nienne, supérieure ou intermédiaire, arrive naturellement
et se présente, au nom du peuple, comme élimination de
deux antithèses. Ils sont comme les *moraves* et les *quakers*
entre les protestants et les orthodoxes.

Les esséniens étaient fort nombreux. S'ils avaient des
établissements par toute l'Égypte et la Palestine, ils habi-
taient de préférence la campagne ; sans condamner le mariage, ils donnaient la palme à la continence, suivaient la foi
vulgaire, c'est-à-dire dogmatisaient peu, et cultivaient par-
dessus tout la morale. Ils formaient entre eux des communautés plus ou moins étroites : la discipline, chez quelques-
uns, était des plus austères.

L'idée que le fondateur du christianisme avait appartenu
à cette secte lui a valu dans ces derniers temps une célébrité que selon nous elle ne méritait point. Le vrai mérite
des esséniens, ce qui les distingue des pharisiens dont ils
acceptaient les dogmes, et des sadducéens, dont ils obser-
vaient la morale, c'est qu'ils paraissent avoir placé la foi au-
dessous de la charité et des œuvres, et se tenaient à l'écart
des intrigues et des partis. Ils n'étaient ni dogmatistes
comme les uns, ni fusionnistes comme les autres, ni réac-
tionnaires comme ceux-ci, ni intolérants et hypocrites

comme ceux-là. Ils se bornaient à protester, par l'exemple
de leur vie, contre l'orgueil sacerdotal et les chimères populaires, s'efforçant de mériter, par leurs actions plus que
par leurs grimaces, le nom de *saints*.

L'institut essénique dut frapper les âmes généreuses, qui
cherchaient avant tout la paix de la conscience et la réforme
de la société. C'était un essai de généralisation de la vie des
prophètes, d'autant plus admirés du peuple qu'on les voyait
dans le lointain, et dont les prodiges excitaient d'autant
plus l'admiration qu'on n'en voyait plus d'exemples. Sous
ce rapport, l'essénianisme dut contribuer à l'élaboration
chrétienne, mais sans pouvoir s'y rendre dominant : comme
nous aurons lieu de le faire remarquer plus tard.

73-71. Troisième guerre des esclaves, sous Spartacus.
— Qui règne à Rome aujourd'hui ? Le patriciat. Qui refuse le
pain aux esclaves ? qui les jette aux murènes ? qui en fait un
objet d'exploitation et de commerce ? qui réduit en art *l'élève*
du bétail humain ? Le patriciat. — Qui refuse la propriété à
la plèbe ? Le patriciat. Qui refuse le droit de cité aux peuples
de l'Italie ? Le patriciat. Qui pille l'Afrique, la Grèce, la Gaule,
l'Asie, l'Espagne ? Le patriciat, toujours le patriciat. C'est
donc le patriciat qui est l'ennemi public ; c'est du patriciat
que tous aspirent à être délivrés ; c'est contre lui que sont
suscités les Eunus, les Athénion, les Tryphon, les Spartacus, les Sertorius, les Gracchus, les Pompédius, etc.. etc.;
c'est contre lui que les juifs appellent le fils de David, et
que les Romains appelleront bientôt le fils des Jules, le descendant d'Énée et de Vénus !... Le patriciat ne peut être
vaincu que par la force.

67. Guerre des pirates de Cilicie. — Ces coquins s'avisaient
d'intercepter les convois de blé que l'on conduisait à Rome,
pour les distributions gratuites au peuple ! Qui donc ici
était le pirate ? Pompée les poursuit dans leur retraite, ce
qui lui vaudra un triomphe.

64. Conjuration de Catilina. — La mauvaise réputation
des meneurs, la défection des alliés, la trahison d'une femme,
la rhétorique de Cicéron, la *vertu* de Caton, font échouer ce

mouvement, qui n'eut pour résultat que de montrer la route à César, et César au monde.

63. Les démêlés de la famille asmonéenne amènent les Romains en Judée. Jérusalem est prise par Pompée, et le temple pillé.

Étonnement des païens : *Nulla intus Deum effigie, vacuam sedem, et inania arcana* (Tacite, Hist. V).

Le messianisme hébreu reçoit de l'Empire de *fer* le plus sanglant affront. Le Messie viendra sans doute, successeur de Nabuchodonosor, de Cyrus, et d'Alexandre : il viendra, mais pour dévorer les juifs et les disperser; après quoi ils ne se rassembleront plus.

59-50. Conquête de la Gaule par César.

54-49. Nouveau pillage du temple par Crassus. Aristobule et son fils Antigone, princes asmonéens, sont tués l'un après l'autre par le poison et la hache des Romains.

Fin du sacrifice perpétuel, annoncée par le soi-disant Daniel, ch. ix, 26-27, soixante-neuf semaines, ou quatre cent quatre-vingt-trois ans après l'édit de restauration donné par Cyrus en 537.

Ainsi, d'après cette prophétie si étrangement expliquée par Bossuet, prophétie trop claire pour qu'on en méconnaisse la date, en l'an 54 avant l'ère vulgaire, le Messie, (משית, c'est à-dire, dans la pensée de l'auteur dévoué aux intérêts des asmonéens, le souverain pontife, étant mis à mort, la destinée messianique est accomplie, la consommation est venue : c'est la *fin* des fins.

Encore une semaine, encore quelques années, et suivant les traditions et les oracles, le monde ne peut manquer de finir, pour recommencer une nouvelle évolution. C'est ainsi que les chrétiens, prenant à leur tour Jésus pour le Messie, et accommodant à son rôle la même prophétie, attendront la fin du monde, et le recommencement de toutes choses. Et la palingénésie opérée, le vrai règne messiaque commencera pour mille ans, c'est-à-dire n'aura plus de fin. *Cujus regni non erit finis.*

Ainsi, de même que l'agitation de l'Orient concourt avec

l'agitation de l'Occident, les traditions messianiques concourent avec celle des Étrusques, et avec les oracles sybillins d'après lesquels le sixième millénaire étant achevé, un nouvel ordre de choses s'inaugurera : *novus rerum nascitur ordo*.

Les différentes manières de supputer l'époque où doit finir cette évolution millénaire feront tantôt avancer, tantôt reculer le jour de l'apparition messianique; c'est ce qui amènera toutes ces différences de dates, assignées pour la fin du monde, et le retour du Christ: l'an 69 ou 70, pour les apôtres; 136 pour Papias, 502 pour..., 1000 pour...; 1960 pour d'autres encore. De là, enfin, sortira le dogme le plus effrayant, le plus colossal du catholicisme, *le Jugement dernier*.

49-48. Guerre civile entre César et Pompée : ou dernier duel entre le patriciat romain et la plèbe.

[Ces réflexions devront trouver place au tome 1er; elles ne doivent être rappelées ici qu'à propos du messianisme.]

Depuis des siècles la question révolutionnaire est posée; il s'agit, comme il a été longuement démontré au tome 1er : 1° de l'admission du peuple à tous les droits et prérogatives politiques des patriciens; 2° par conséquent, de l'abolition de l'ancien système des clientèles et de la création d'une propriété foncière en faveur des plébéiens.

Le Sénat n'a cessé de s'opposer à ces tendances. Pourquoi? Depuis un siècle il a été de mode d'accuser l'avarice et l'iniquité patricienne, que l'histoire doit sans doute flétrir; mais ici ces mauvaises et viles passions de l'aristocratie sont d'accord avec la prudence politique : c'est ce qu'il est trop aisé de prouver.

L'*égalité des droits politiques*, ou la confusion complète des ordres, était la dissolution même de l'État, et plus encore de la société romaine. Quant à la formation d'une propriété plébéienne, qui eût élevé le prolétariat à la dignité de la noblesse, c'était un leurre, une utopie, dont les tribuns ambitieux pouvaient amuser le vulgaire, mais qui ne pouvait séduire un instant des esprits judicieux. En deux mots,

l'émancipation du prolétaire, ou la solution du problème
politique et social par le partage des terres, était impossible :
l'événement le prouvera...

La République engagée dans cette impasse, que voulait
donc Pompée, ou le parti de la noblesse? Maintenir l'ancienne forme sociale, la fortifier et la développer, l'étendre
sur toute l'Italie d'abord, et puis sur le monde ! C'était rétrograder, affirmer ce que le temps avait condamné irrévoca-
blement.

Que voulait César, le chef du parti plébéien ? En apparence,
il soutenait le droit, en soi irréfragable, du peuple à la liberté
politique, à l'égalité des prérogatives et à la jouissance de la
propriété. Comme ces droits étaient en eux-mêmes indénia-
bles, et qu'ils avaient pour eux l'appui des masses, la justice
politique, historique même, pouvait paraître de son côté. En
tous cas, il avait la force.

Mais César, homme politique, pouvait-il sérieusement
croire à *l'utilité* d'une réforme agraire, et non seulement
agraire, mais politique et sociale? Non, et d'autant moins
que ni César, ni aucun de ses successeurs ne proposèrent
jamais rien de constitutionnel, de positif, ni sur la propriété,
ni sur la réorganisation de la société romaine.

Toute l'attention des Césars, tout le génie impérial furent
appliqués à une seule chose : maintenir par la ruse, la corruption et la terreur le despotisme. – César fut purement et
simplement destructeur; son rôle fut exclusivement négatif,
dans l'intérêt de sa seule ambition. L'histoire doit le flétrir;
il fut l'assassin de la république et de la société romaine, le
plus grand des parricides.

Représentant de la question romaine sociale, il l'a trahie
et, comme nous disons, escamotée; que ce soit ignorance ou
mauvais vouloir, son crime reste le même.

49. *7 janvier*. Décret du Sénat qui ordonne à César de
quitter son armée. Il désobéit et passe le Rubicon. Occupation de l'Italie en soixante jours. — Pompée se retire en
Grèce.

La Sicile et la Sardaigne subjuguées. — Première cam-

pagne de César en Espagne contre les généraux de Pompée.
Ce succès est balancé par la perte des légions de Curion, en
Afrique.

Décembre. Retour de César en Italie : nommé dictateur,
il préfère le consulat.

48. 4 janvier. Il passe en Grèce. — Échec à Dyrrachium.

20 juin. Bataille de Pharsale. Le messianisme romain,
constitué politiquement dans la race latine, depuis la prise
de Carthage et de Corinthe, en 145, s'individualise en Jules
César.

La Judée n'a plus qu'à abdiquer ; c'est ce que vont lui conseiller ses chefs.

[Commencer ici la période du Césarisme. Cf. Heeren, 416.]

CÉSARISME

Il commence immédiatement après Pharsale. Voici ce qui
le prouve :

Après cette bataille qui eut lieu le 20 juillet, César obtient :

La dictature pour un an ;

Le consulat pour cinq ans ;

La puissance tribunitienne ;

Le droit de paix et de guerre ;

La possession des provinces.

L'année suivante, 47. Renouvellement de la dictature pour
cinq ans ;

Censure des mœurs, *præfectura morum.*

En 48, Pompée est tué en débarquant à Alexandrie.

César arrive dans cette ville, se porte arbitre entre Cléopâtre et Pompée, et perd son temps à faire l'amour avec la
reine.

En 49, grande révolte à Alexandrie. César est assiégé
dans le *Bruchium* par l'armée de Ptolémée. La population
se prononce avec ardeur contre les Romains et faillit perdre

César, qui sort enfin vainqueur de cette lutte dangereuse. — La couronne reste à Cléopâtre.

Dans le même temps, révolte de Pharnace.

César quitte Alexandrie et le bat.

C'est alors qu'il écrit : *veni, vidi, vici.*

Troubles à Rome causés par Dolabella, qui promet d'abolir les dettes, *novas tabulas.*

— Fin de l'année. Le parti républicain devient redoutable en Afrique.

Révolte parmi les soldats de César.

En janvier 46, il part pour l'Afrique. — Victoire de Thapsus; mort de Caton d'Utique. — La Numidie réduite en province romaine.

En *juin.* Retour de César à Rome.

En novembre. Il en repart pour l'Espagne.

En 45. Bataille de Munda contre les Pompéiens.

[Six guerres en cinq ans (45-49).]

48-45. Continuation de la guerre civile en Égypte, en Afrique et en Espagne.

47. Antipas ou Antipater, Iduméen, est fait gouverneur ou régent de Judée. L'exclusion de la famille asmonéenne commence; la désolation se poursuit indéfiniment, comme dit le faux Daniel, *usque ad finem.* On voit ici quelle est la clairvoyance des prophètes !... Tandis que le fanatisme appelle de toute l'ardeur de sa foi la révolution qui doit donner aux juifs la domination de l'univers, les esprits pratiques doutent de plus en plus de cette merveilleuse destinée, et se disent qu'il faut interpréter la légende dans un sens moral et allégorique. Le jéhovisme fléchit sensiblement, sous l'influence combinée des idées persanes, égyptiennes et grecques, et les coups terribles de l'épée de Rome.

— Incendie de la bibliothèque, composée de 400,000 rouleaux Périssent les trésors de la science et de la pensée, pourvu que César règne! Qu'importe à ses mercenaires! qu'importe à la plèbe!... Pour effacer cette catastrophe, arrivée par sa faute, César se déclare protecteur de l'Académie Alexandrine!...

47. Déprédations de Culpurnius Pison et Gabinius en Macédoine et en Syrie. Il est sous-entendu entre les triumvirs et leurs adhérents que le monde est la proie des gouverneurs romains, des patriciens, des chevaliers, etc., en un mot, de tout le peuple et du Sénat, dans la proportion des rangs et des dignités.

46. Ézéchias, espèce de faux Christ, ou plutôt affirmateur fanatique du Messie, est exterminé avec les siens par Hérode, fils d'Antipas. Effet des prédictions attribuées à Daniel. Ainsi le messianisme oriental est écrasé sans espérance. Qu'il essaye une protestation, il ne servira qu'à donner au monde le spectacle du fanatisme le plus aveugle et plus infortuné.

Cependant il est visible que l'idée messianique n'est pas une idée vaine : elle triomphe en Italie, elle possède Rome ; de plus, il faut dire aussi que la part qu'y a prise l'Orient, en la produisant le premier, en la popularisant, et l'élevant à la hauteur d'un dogme religieux, ne peut être niée. Cette part, il faut qu'elle obtienne justice et réalisation, car rien de ce qui est dans le cœur et dans l'intelligence des hommes ne peut être exclu de la réalité : il faudrait pour cela l'anéantissement de l'humanité même.

[Conclusion de l'introduction à faire.]

Que va-t-il donc arriver?

L'idée sociale, éludée par les Césars, se réfugiera dans le messianisme d'Orient, qui, de son côté, s'allégorisant et abandonnant ses droits sur le temporel, se résoudra en une rénovation religieuse.

Alors le Césarisme, un Messie temporel matérialiste, politique et polythéiste, se trouvera en face du Messie spirituel, c'est-à-dire social et réformateur, monothéiste et spiritualiste : le principe qui avait porté César au pouvoir l'abandonnera, *le prince du siècle* ne représentera plus rien que la matière et la force. Il périra donc, ou plutôt il est déjà mort, c'est un corps sans âme.

Mais tout cela ne peut s'accomplir sans grand fracas : comme ce doit être l'œuvre de la spontanéité universelle, l'histoire en sera longue, pleine de péripéties et de combats :

1° Le messianisme oriental n'abdiquera pas sans résistance ses prétentions politiques : lutte de Rome contre la Judée, depuis César jusqu'à Adrien, 48 av. J.-C., 137 ap. ;

2° Le messianisme juif vaincu, le *Christianisme* lui succède, c'est-à-dire l'idée pure, en opposition avec le fait établi. Lutte nouvelle qui ne finira cette fois que par la mort de l'un et de l'autre ;

3° L'idée sociale, vague, inorganique, après avoir soutenu la religion nouvelle, sera trahie par celle-ci, comme elle l'avait été par César. Alors l'impuissance des deux pouvoirs étant démontrée, un autre surgira.

[Ainsi finira l'universalisme politique et l'universalisme religieux : l'empire et la papauté, César et saint Pierre.]

CÉSARISME
ET
CHRISTIANISME

(DE L'AN 45 AVANT J.-C. A L'AN 476 APRÈS)

PREMIÈRE PÉRIODE

DE L'AN 45 AVANT JÉSUS-CHRIST A L'AN 71 APRÈS

Cette période comprend, avec les premiers temps de l'Empire :

1° Le duel entre le césarisme romain et le messianisme oriental ;

2° La formation chrétienne.

PREMIÈRE PARTIE

[César, maître de Rome. Rome maîtresse du monde. Sa langue partout ; cependant elle ne parvient pas à détruire le grec qui demeure son rival. Deux langues officielles dans l'empire, deux sortes de génies et de civilisations ; l'une par la philosophie et l'art, l'autre par la guerre. Malgré ce dualisme et le dédain des grecs pour les latins l'unité de mouvement est bien soutenue, elle y gagne même.

Que fera de cette grande unité César ?...

Après la victoire de Pharsale, César reste seul maître. La cause plébéienne a triomphé. Malgré l'opinion du Sénat, la République doit désormais se reconstituer sur le principe de l'égalité politique et de l'avènement de la plèbe à la propriété. Plus d'aristocratie, plus de castes : telle est la donnée du nouvel ordre de choses.

Mais ce n'est pas tout de vaincre ; il faut conclure : que conclut César ?

La question est nettement posée ; il peut d'autant moins l'écarter, qu'il l'a lui-même posée, et qu'il s'en est fait le représentant ; sous le patriciat, la République avait un ordre légal, dans lequel tous les citoyens jouissaient d'une somme de garanties et de libertés. Le patriciat ayant voulu se réserver à lui seul la richesse, la propriété territoriale, la puissance monétaire, et la prépondérance politique qu'elles assurent, la plèbe a protesté par l'organe de ses tribuns en demandant les lois agraires.

Après de longues et sanglantes discordes, elle a vaincu par la main de César.

César est-il en mesure de satisfaire aux besoins du peuple ? aux destinées sociales ? aux saintes aspirations de l'âme humanitaire ?...

César peut-il, en conservant, augmentant l'ordre légal, la justice et la liberté, satisfaire à l'égalité, à la conscience, à l'idéal ?

Les faits vont répondre.

DU PROBLÈME POLITIQUE POSÉ AUX EMPEREURS

La suite de l'histoire universelle prouve incontestablement que le problème politique pour tout chef d'Etat, en tous pays, et à toutes les époques, a été de conduire la nation du point où elle est à la plus grande civilisation, c'est-à-dire liberté, intelligence, industrie, moralité et bien-être possible.

Sous quelques princes, chefs, consuls, etc., l'action politique a été véritablement telle ; — et, prise dans toute sa durée, la signification générale du gouvernement humanitaire, n'est que cela.

Cette idée du devoir politique des princes ou de la mission des monarchies et républiques, a été de tout temps parfaitement comprise du peuple, des philosophes, des hommes d'Etat : la qualification de *bon* ou *mauvais* roi est appliquée constamment selon que le prince ou Sénat comprend et observe plus ou moins ce programme de la politique universelle.

Les grands réformateurs, Moïse, Lycurgue, Solon, Mahomet, etc., sont l'expression vivante de cette idée. — En Grèce, l'école des *Aristide, Cimon, Epaminondas, Phocion,* en est le représentant.

Or, à coté de cette tradition sainte, éternelle, impérissable à laquelle en définitive tout concourt, tout rend hommage, il est une autre tradition, oppressive, corruptrice et empirique qui se propose le problème politique dans les termes suivants :

Etant donnée à un prince ou république une nation voisine, riche, puissante et prospère, — indiquer les moyens les plus efficaces de la soumettre, de la conquérir, et la conquête opérée, de maintenir cette conquête, et d'en tirer la plus grande somme de revenu, secours, services et richesse possible.

Cette école est celle des Thémistoclès, Périclès, Alcibiades, l'Ecole du Sénat romain ; et incontestablement l'école des Empereurs.

C'est cette même école dont Machiavel a réduit la pratique invariable et traditionnelle en préceptes dans le livre du *Prince*...

Or, que dit cette école ? Quelle en est la théorie ? Comment se résument ses préceptes ?

C'est la théorie de l'extermination, *per omne nefas*, par l'assassinat, par le massacre, par le bannissement, la transportation ; — par la corruption, par la division, par la délation, par la suppression de toute institution propre, par la destruction de toute liberté et initiative, par la proscription des philosophes, des savants, des orateurs, par l'extirpation de toute élite, noblesse, par la réduction systématique du peuple conquis à l'état de multitude ignorante et superstitieuse, inorganique, désarmée et misérable.

Qu'on suive la pratique du Sénat romain ;

Qu'on observe ensuite celle d'Auguste, qui n'en fut que la continuation appliquée non plus seulement contre les étrangers, mais contre la *Ville* et le *Peuple*, contre le Patriciat et la République au profit de *l'autorité* césarienne, et l'on aura la clé de la *décadence* des nations et des Romains eux-mêmes.

Quand les causes sont aussi flagrantes, il est pitoyable d'accuser la *dégénération* des peuples, comme font les Bossuet, les Montesquieu, et autres, qui, pleins d'admiration pour *l'autorité*, n'aperçoivent jamais les effets du despotisme, ferment les yeux sur ses œuvres, et sans s'en apercevoir, se font eux-mêmes barbares et sauvages, en prenant pour *mollesse, corruption* et *décadence* les fruits les plus précieux de la civilisation elle-même].

CRIME DU CÉSARISME

Le crime du Césarisme est irrémissible. Ce crime, c'est le despotisme. Et qu'est-ce que le despotisme? La direction arbitraire, violente, corruptrice, homicide, d'un individu substituée à la direction instinctive, spontanée, et libre de la société elle-même.

Or, quelle qu'ait été l'insuffisance de l'aristocratie romaine au temps de César son mauvais vouloir, sa corruption ; mieux valait cent fois laisser subsister les formes de la République et marcher à la conquête de l'avenir, à travers les oscillations et les luttes civiles, c'est-à-dire par un progrès authentique et insensible, que de remettre les destinées du monde au bon plaisir d'un tyran !..

Il n'y a pas d'excuse, pas d'atténuation d'un pareil CRIME.

La source de tous les maux de Rome, des nations qu'elle

avait subjuguées, la fausse révolution chrétienne, les barbares, toute la décadence de Rome, du monde, de la civilisation est là.

On peut bien, en racontant les débats du patriciat et de la
plèbe, les guerres civiles de Rome, etc., montrer comment
s'est établi le Césarisme, on ne le justifiera jamais. Si le
doute est resté jusqu'à présent sur la moralité (historique)
du Césarisme, cela est venu de ce que l'on a attribué à une
décadence spontanée de la nation, ce qui a été l'*effet direct*
et *exclusif* du despotisme impérial, et du préjugé gouvernemental.]

S'il est prouvé que la politique impériale n'a été du commencement à la fin, de César à Augustule, dans son principe,
son but et son plan, qu'une déception systématique, une
tyrannie stérile, basée sur la corruption du peuple, la véna-
lité de l'armée et la terreur du Sénat ;

S'il est prouvé que l'autocratie césarienne, loin de favoriser le développement de l'esprit humain, l'a au contraire
entravé, refoulé, persécuté, désolé; que le progrès de la civilisation s'est accompli durant cinq siècles, en dehors de
l'action politique des Césars, sans elle et malgré elle ; que
cette politique s'est fait traîner à la remorque, quand elle
n'a pas fait résistance et opposition ;

S'il est prouvé que l'intérêt, soit des nationalités, soit de
l'unité humanitaire, n'a pas été mieux servi par le pouvoir des empereurs ; que sous eux, tout a dépéri ; que les
populations se sont éteintes, que les civilisations se sont
anéanties, que la Grèce, l'Orient, l'Egypte, tout l'ancien
monde s'est consumé par sa faute à tel point que la civilisation déjà avancée au temps des Césars, a dû se refaire toute
entière sous les Barbares;

S'il est prouvé que l'empire romain lui-même, formé par la
politique puissante du Sénat, n'a pu être défendu par l'autorité toute militaire des despotes romains; en sorte que, la
seule excuse que l'on peut présenter en faveur de cette dictature, savoir la nécessité de la défense, se tourne précisément contre elle, et devient un argument de plus qui
l'écrase ;

Si tout cela est prouvé, il faudra bien reconnaître que l'institution impériale n'a été qu'une usurpation sans but, conçue par l'égoïsme, accomplie par la scélératesse, et tuée à la fin par ses propres armes, la perfidie et la force.

Le Césarisme a tué le patriciat, bien. Mais il n'a été lui-même que le patriciat fait homme ; ça été l'ancien système de patronat, de subordination et de servitude, avec un seul homme pour aristocratie, ayant le peuple pour clientèle et le monde pour esclave...

De là, le caractère étrange et monstrueux du Césarisme.]

L'histoire de l'empire romain sera donc la condamnation irrévocable de César, d'Auguste et de leurs successeurs : il ne lui restera pas même la triste excuse de dire qu'il a préparé et déterminé le Christianisme, car, d'une part le Christianisme avait ses raisons ailleurs que dans le Césarisme, il s'est développé en contradiction au Césarisme ; et quand enfin, il a pu s'unir au Césarisme, il s'est abjuré lui-même, il a trahi son mandat en se faisant épiscopal et papal, et transportant dans un monde hyperphysique l'œuvre de régénération sociale qu'il devait accomplir sur la terre. L'histoire du Christianisme sera la condamnation de l'église et de la papauté, comme l'histoire de l'empire est la condamnation des Césars : bien loin qu'ils se justifient ou s'excusent l'un par l'autre, ils se jugulent réciproquement.

[Le Césarisme est la *queue* de l'ancien monde, son dernier terme, sa conséquence extrême, sa forme odieuse et finale.

Le monde nouveau n'y a point son origine, il ne s'y soude pas ; il ne s'anastomose point avec lui ; ils ne font pas ensemble un tout organique et continu.

Le monde moderne est sorti de l'ancien sans doute, mais par *réflexion*, c'est-à-dire par un retour de la pensée et de la conscience, c'est-à-dire par une *renonciation*, une *négation*, une affirmation antithétique, en un mot une RÉVOLUTION.]

Pour nous en tenir d'abord à ce qui concerne l'ordre politique et impérial, le caractère seul des Césars, leur vie, leurs mœurs, leurs actions, leurs vertus même, tout prouve l'anomalie, la monstruosité de l'institution.

Quels sont ces hommes, que la plèbe adore, auxquels l'univers sacrifie, et devant lesquels fume l'encens, comme devant des dieux?

Nous n'exagérons ici ni la vie, ni le crime, ni l'imbécilité; nous ne méconnaîtrons pas davantage le génie, la magnanimité, la gloire lorsqu'elles se rencontreront, et elles ne seront pas rares. Nous remarquons seulement qu'aucun de ces hommes, sans en excepter César, n'a pu se mettre à la hauteur de sa tâche, en concevoir seulement l'étendue et la gravité.

On peut diviser les empereurs en deux grandes catégories : les *mélancoliques*, comme Auguste, Tibère, Vespasien, Tite, Nerva, Trajan, Adrien, les Antonin, Pertinax, Septime Sévère Dèce, Valérien, Probus, Carus, Dioclétien ; — les *drôlatiques* tels que Antoine, Caligula; Claude, Néron, Vitellius, Domitien Commode, Caracalla, Héliogabale, Maximin, etc.

Les uns avec de grands talents, souvent même avec de grandes vertus, semblent accablés du fardeau ; ce sont moins des rois, que des victimes. Un dégoût profond, de sinistres pressentiments les accablent. (F. f° 12.)

Quelle tristesse que celle d'Auguste ! quelle humeur sombre que celle de Tibère ! quelle ironie que celle de Vespasien au lit de mort : *Il me semble que je deviens Dieu !* Trajan meurt de fatigue et d'ennui ; Adrien, dévoré de maladie, se fait crever, pour en finir, d'indigestion ; Marc-Aurèle se laisse mourir de faim ; Septime Sévère se hâte de finir pour échapper au parricide ; Dioclétien abdique ; Constantin, se réfugie dans le Christianisme, autre espèce et plus honteuse peut-être d'abdication.

Quant à ceux que nous nommons les *drôlatiques*, ils n'ont tous qu'une physionomie, un *chic*, jouir de la vie, en Césars, c'est-à-dire se livrer à toutes les voluptés, fantaisies, folies les plus excentriques, sans aucun souci de la pudeur et de la justice, sans respect de la vie humaine et de la religion de l'État.

La tête à ceux-là, a complètement tourné ; l'ivresse les a rendus fous. La souveraine puissance semble les avoir rendus impuissants et désespérés. Ils cherchent le surhumain, le gigantesque ; ils ne trouvent que la bassesse, l'ignonimie, et le néant... Qui ne sait que Néron, Commode, Caracalla, Héliogabale ne devinrent tels que par la souveraine puissance : pauvres garçons qui, ne sachant comment être dignement empereurs, subjugués par l'illusion de la vanité et des sens, se jetaient dans le crime en croyant embrasser le surnaturel et le divin !...

[Citer sur Antoine, Caligula, Néron, etc., les auteurs. La vie de ces empereurs n'a pas été comprise ; on n'a pas vu que leur monstrueuse dépravation tenait à la monstruosité de leur rôle.

Des quinze premiers Césars, dit Gibbon, Claude est le SEUL dont les amours n'aient pas fait rougir la nature ! Tous furent à la fois, polygames, incestueux, adultères, pédérastes et gitons. Des camées satiriques les représentent ainsi.

Jules César avait été la maîtresse du roi de Bythinie, Nicomède, avant de devenir l'amant de son neveu, Octave ; Néron était tour à tour amant et maîtresse d'Othon ;... Héliogabale, voir (   ).

Dans ces derniers temps, il s'est trouvé une école historique, de quoi ne fait-on pas école? qui a cru réhabiliter César, et en sa personne le Césarisme, en lui découvrant une sorte de mission providentielle. Elle a vu en lui, 1° l'instrument de la vengeance de la plèbe, et de son avènement à la propriété ; 2° le fondateur de l'empire, c'est-à-dire de la fusion des peuples ; 3° le précurseur du Christianisme.

En effet, dit cette école, sans l'agglomération politique, point d'unité théologique et religieuse ; — sans la centralisation impériale, les nations diverses gardant leurs usages et leurs lois, il n'y avait pas de fusion politique ; — sans la dictature césarienne, point de centralisation.

Sous ce triple rapport, on a fait de l'empire une des plus grandes institutions du progrès ; de César, un des plus grands personnages révolutionnaires.

Thèse de sophiste, qui s'écroule devant les faits, et dont le héros examiné au flambeau de l'histoire, paraît d'une laideur affreuse.

1. César, autant et plus corrompu que pas un de ses contemporains, plus coupable qu'aucun parce que plus intelligent et plus habile, César ne pensa, ne conçut jamais rien de toutes ces choses. Il voulut être le premier et le maître ; il travailla en mépris de l'humanité, sans haine peut-être, mais sans amour, et pour la seule satisfaction de son orgueil et de sa luxure.

2. Pas n'était besoin d'une dictature perpétuelle pour organiser la centralisation politique ; pas n'était besoin davantage, de centralisation pour changer le droit des gens ; pas n'était besoin du Christianisme, enfin, pour conduire les peuples à l'égalité et à la fraternité sociales.

[Le Christianisme n'a été que l'HYPOCRISIE de la révolution que cherchait au temps de César l'humanité, ça été un long escamotage, dont le principe révolutionnaire, socialiste et messianique, a fourni l'occasion ; le polythéisme, les matériaux ; et le Césarisme, le modèle.]

3. Le Césarisme qui devait doter la plèbe, donner à chaque citoyen romain un patrimoine, faire reposer chacun sous sa vigne et son figuier ; le Césarisme, n'a rien donné au peuple : il l'a laissé croupir dans sa misère, se bornant à l'apaiser par des distributions, et à l'amuser par des spectacles ; — (Cf. *Encyclop. nouv.*, art. César). Les *latifundia* n'ont reçu aucune restriction ; les vétérans, à qui les empereurs distribuaient des terres, les dépensant en orgie, n'ont rien fondé : la race romaine s'est perdue.

Ce n'était pas tant de distribution des terres qu'il s'agissait, que d'une constitution économique qui favorisât le travail et la population, et renouvelât la propriété. Qu'ont fait à cet égard les empereurs? Rien : le peuple en réalité n'a rien obtenu, et il a perdu la liberté.

[*Colonies*. — Il y en avait partout : 25 en Espagne, 9 en Bretagne : c'est-à-dire que le service militaire était un emploi lucratif. — Le soldat avait sa femme et ses enfants ; on lui donnait des terres, pour qu'il pût s'établir et former une cité là où devait résider la légion.

Lors de la révolte de Mithridate 80,000 furent massacrés en Asie; Plutarque dit même 150,000.]

4. Les nations qui, dit-on, admises au droit de cité romaine
devaient se renouveler, dans une fusion décisive, les nations
ont été aussi maltraitées que la plèbe. [Cf. Caracalla, *infra*.
Les empereurs furent toujours avares du droit de cité qui
réduisait la ration de la plèbe romaine.] Après avoir été dé-
cimées par la guerre, privées de l'élite de leur population,
démoralisées dans leurs institutions, mises au pillage des
proconsuls et des Césars, elle se sont progressivement ap-
pauvries de sang, de mœurs, d'idées comme de richesses ; et
quand l'empire tomba, il y avait longtemps que, grâce à la
politique césarienne, elles avaient cessé d'exister. Les rhéteurs nous entretiennent depuis des siècles de la décadence
des peuples, de la vieillesse et de la mort des Perses, des
Égyptiens, des Grecs, des Phéniciens, etc. Ils sont bons
avec leur décadence ! Le Césarisme les a assassinés! Voilà
tout.

5. Devant la Barbarie, le Césarisme a lutté longtemps : la
vertu militaire, dont il a fourni tant d'exemples, l'a soutenu.
A la fin il a succombé : il n'a pas pu défendre ceux qu'il
devait protéger, et l'excuse qu'il tirait de l'état perpétuel de
guerre lui est enlevée comme les autres.

Après Constantin, son alliance avec le Christianisme l'a
rendu plus hideux encore, plus immoral et plus lâche.

Ainsi l'histoire nous démontre que l'humanité possédant
en elle-même, et produisant par la spontanéité de son essence, la notion de justice, n'a nul besoin de ces évolutions
orgueilleuses pour arriver au bien-être qu'elle cherche, et
remplir sa destinée. Ces péripéties interminables, qu'on y
songe bien, ne sont nullement dans la fatalité du progrès ;
elles sont le fruit de la dialectique gouvernementale, et de la
spéculation des partis et de leurs chefs.

Un peu de bon sens, dans la plèbe romaine, au lieu de
cette haine inextinguible que lui inspirait le patriciat; un
peu de justice chez ces patriciens irrités et opiniâtres ; — un
peu de dévouement et d'honnêteté, chez ces chefs de parti :
Marius, Sylla, Pompée, César ; — un peu de tolérance dans le
sacerdoce ; un peu de respect de la liberté entre les peuples ;
un peu d'estime du travail, entre tous : et le monde pouvait

se passer des Nabuchodonosor, des Cyrus, des Alexandre, des
César ; et tous les peuples, sans changer de religion, sans
s'occuper même des dieux, des prophètes, et des miracles
étaient chrétiens.

ESCLAVAGE

Il est la base et le pivot de l'exploitation romaine et du
Césarisme.

Or, voici les conséquences.

1. Caton avait remarqué, en vrai ménager, qu'une terre
rendait plus au propriétaire en pâturages qu'en labour,
attendu qu'elle coûtait beaucoup moins pour l'entretien des
esclaves qu'on appliquait au travail. C'était le contraire,
si la terre devait être exploitée par le propriétaire lui-même, ·
qui, devant en tirer sa subsistance, devait fournir son travail.
Caton conseillait donc de mettre les terres en pâtures, ce qui
tendait directement à la *dépopulation*.

2. Rome, devenue maîtresse du monde, n'ayant plus
autant à vaincre et à conquérir, dut faire naturellement
moins d'esclaves : on s'appliqua donc à les multiplier par
mariages, comme le bétail !...

3. Ce n'est pas tout, le commerce des esclaves devint une
spéculation ; conséquemment la production ou fabrication de
l'esclave, comme celle des machines chez nous, une *industrie*.
Le saint homme Atticus, ami de Cicéron, prudemment
étranger aux luttes de partis, ami de César et de Pompée,
abandonnait l'action politique pour se livrer à ce commerce.
Il tenait école et apprentissage de jeunes esclaves, qu'i
faisait instruire par d'autres esclaves plus âgés, et auxquels il ne dédaignait pas de donner lui-même des leçons,
et qu'il vendait avec de beaux bénéfices. (Cf. *Cornélius
Népos*.)

4. Les nobles romains, parmi les dilapidations monstrueuses auxquelles ils se livraient, comptaient les affranchissements. Ce n'était pas acte d'humanité ; c'était orgueil,
quelquefois même avarice, quand, après avoir dissipé leur

patrimoine, ne pouvant plus nourrir leurs esclaves, ils leur vendaient, contre leur pécule, la liberté !...

Les empereurs eurent soin de restreindre ces affranchissements « attendu, dit Gibbon, que d'après la loi universelle, l'affranchi suivant la condition du patron, la cité romaine aurait fini par se remplir d'esclaves ! »

5. Un esclave bien formé se vendait plusieurs centaines de louis, c'est-à-dire jusqu'à 10,000 francs, et au delà !... (Cf. Cornélius).

6. Pour se faire une idée de leur nombre : La proportion en était bien plus considérable que celle de nos domestiques.

Athénée, liv. VI, dit que plusieurs Romains possédaient 10 et 20,000 esclaves. — Mais c'était pour l'ostentation.

Certains palais de sénateurs en contenaient 3 et 400. (Cf. *infra*, an 14 de J.-C., *Réflexions sur Auguste*.)

OPPRESSION DES PROVINCES

Le Césarisme, par l'horrible esclavage et l'oppression outrageuse des nations, va donner aux idées messianiques une consistance croissante, et une direction déterminée.

[Le Messie, jusqu'au temps de Hillel, ou plutôt *l'idée* du Messie flotte vague, mystique, allégorique, hyperbolique, comme une fable, un mythe, une légende, qui ne reçoit de positivisme et de réalisme que des faits extérieurs qui l'excitent, et la poussent à se concréter en fait. Après la constitution du Césarisme, elle grandit et tend à se réaliser en un fait, en un homme. — Chaque événement la précise de plus en plus, en la soulevant comme antithèse du Césarisme ; enfin, elle éclate et se personnifie : 1° en Theudas et autres, qui aspirent à la messianité royale et pontificale ; 2° en Jésus, qui prenant l'idée au point de vue collectif et universel, affirme la révolution sociale.

Le *zélotisme* n'est qu'une restriction de ce que doit être l'antithèse à César.

C'est le *christianisme*, de Jésus et des apôtres, qui remplit le programme.

Après la ruine de Jérusalem, le Christianisme se porte héritier du Judaïsme, et cumule les deux points de vue ; il s'affaiblit par cette extension, et tend à devenir *religion*.

[Le règne des douze Césars est quelque chose d'horrible : une histoire du marquis de Sade. Mélange perpétuel d'impudicité, de férocité, de mépris des hommes, d'hypocrisie. Partout du sang. Chose à remarquer, et qui va contre la vieille thèse de décadence, la moralité des empereurs, s'améliore en général, avec le temps. Le siècle des Antonins vaut mieux que celui des douze Césars — et je trouve encore plus de vraie vertu chez les empereurs du IIIe siècle, Septime Sévère, Dèce, Valérien, Aurélien, Claude, Tacite, Probe, Carus, Dioclétien, que chez les Antonins eux-mêmes. Héliogabale est un phénomène à part ; Gallien, tout débauché qu'il est, est bien supérieur, comme moralité, à Auguste même. De quoi périt donc l'empire, et d'où vient la dissolution ? De la destruction de la société même.]

Avant l'ère vulgaire. Mars 45. Les Pompéiens prennent les armes en Espagne. En vingt-sept jours, César transporte son armée de Rome à Cordoue. — Bataille de Munda, où périt Cn. Pompée. — César, vainqueur en Espagne, est proclamé *Imperator* et fait dictateur perpétuel.

La puissance patricienne est finie ! Nous avons expliqué dans le précédent volume, et dans l'introduction de celui-ci comment à force de se compromettre par une réaction systématique à l'effort de la liberté, elle s'était destituée pour ainsi dire elle-même du gouvernement, et en perdant la foi des masses, les avait soulevées contre elle.

La révolution est donc commencée : il s'agit de savoir si le Césarisme l'accomplira. Quel pouvait être d'abord, au temps de César, le programme de la Révolution plébéienne ?

1° Alléger progressivement l'esclavage et organiser, partout l'empire, l'émancipation ;

2° Honorer, relever le travail, l'industrie, le commerce ;

3° Réformer les conditions de la propriété ;

4° Rendre la vie politique aux provinces, en leur donnant le droit de cité et l'exercice de l'administration municipale ;

5° Réorganiser la puissance politique du Sénat, en y appelant les députés de toutes les villes, non seulement de l'Italie, mais de toutes les *provinces.*

Que ce programme fût accepté, exécuté, par la dictature ou du Sénat, ou d'un seul, peu importe : c'était la refonte de l'ancien monde. A ce titre seulement, Rome (c'est-à-dire le Sénat), pouvait légitimer sa conquête, et nous avons vu que le Sénat y répugnait invinciblement.

Le Césarisme pouvait-il davantage accepter et remplir ce programme?

Nous avons déjà fait observer que le Césarisme ne fut jamais autre chose que l'aristocratie, réduite à un seul aristocrate, ayant le peuple entier pour client et le monde pour esclave.

Le Césarisme ne pouvait donc, par ses principes, ses traditions, son orgueil, se faire sérieusement révolutionnaire ; toute son histoire prouve qu'il ne cessa jamais d'agir contre la révolution, tout en agissant contre le patriciat.

De cette défection patente, quotidienne, du Césarisme, devait donc surgir en même temps que de l'impulsion des besoins impitoyables et des idées légendaires, un courant D'IDEES radicales, plus ou moins réfléchies, qui, pour arriver à la réalisation des vœux de l'humanité, commencerait par en refaire jusqu'à la conscience et à l'entendement.

Là est la cause profonde, fatale de la formation chrétienne.

En ce moment, nous avons à déduire *les motifs* de cette formation extraordinaire, de la conduite et de la politique des Césars, c'est-à-dire de leur tyrannie effroyable, de la nullité de leur œuvre ?

Que fait le premier de tous et le plus grand, Jules ?...

César. — La vie de César, son caractère, son rôle, ne peuvent être appréciés que par l'histoire même de l'Empire romain. — « Il n'eut, dit Heeren, aucune des grandes vues politiques d'Alexandre. » — C'était un négateur, un démolisseur, qui ne sut que mettre son individualité à la place de la République !...

Or, comme l'histoire de l'Empire n'a jamais été convena-
blement faite, on n'a jamais apprécié César.]

César cumule la puissance tribunitienne, le droit de paix
et de guerre, le proconsulat des provinces et la censure des
mœurs. — Or, le cumul des pouvoirs, c'est leur désorganisation, leur destruction. César avait reçu la prépotence pour
reconstituer l'Etat, non pour le dissoudre. Etait-ce remplir
le vœu du peuple?

César triomphe successivement des Gaules, de l'Égypte,
de Pharnace, de Juda : quatre triomphes sans désemparer.
Ainsi éclate l'orgueil du dictateur. Le Sénat, qui le devine,
le déclare *demi-dieu*; c'est le Messie de l'Orient. — Est-ce là
ce qu'on attendait du représentant de la Plèbe?

César ose paraître devant le peuple le front ceint du diadème : les murmures du peuple et de l'armée l'avertissent
que si le parti de la révolution lui a conféré ses pleins pouvoirs, il n'a pas entendu le faire roi. C'est une République
démocratique qu'on lui demande à la place d'une République
d'exploiteurs. Qu'offre-t-ll, lui? le despotisme.

César prodigue l'argent et les terres. Ses généraux, Antoine et Dolabella, promettent l'abolition des dettes, et le partage des domaines patriciens. Lui-même diminue les loyers,
pille le trésor public, confisque les propriétés pour enrichir
ses vétérans. Mais, en quelques semaines, ces profusions
auront disparu en orgies; la grande propriété se reformera
anssi vite qu'elle aura été partagée : sont-ce là les institutions de garanties que réclame le nouvel ordre de choses?

Le Césarisme n'est pas la réforme, c'est le pillage.

[Le Christianisme ne peut naître à Rome, puisque le prétorien et la plèbe entrent en part avec Cèsar. — Ce ne peut
être qu'un produit de l'opinion provinciale. — Les *distributions* étaient ce que demandaient le peuple de la République.
Cela datait d'avant César : Pompée, vainqueur en Asie, avait
distribué à ses troupes, d'une seule fois, des sommes pour
plus de 100 à 150 millions de francs..... (Plutarque, Appian,
Dion, Cassius, Cicéron à Alticus, lib. 1).]

César ne détruisit pas le Sénat, non, pas plus qu'il n'osa
proscrire le nom sacré de la République, mais il l'avilit, en

portant à 1.900 le nombre de ses membres, choisis parmi ses créatures, et faisant des *Pères conscrits* une chambre d'enregistrement et d'adulation.

Il introduisit dans le Sénat des soldats, des barbares, c'est-à-dire des créatures à lui, de la plus vile espèce : multitude rassemblée de tous les coins de l'empire, pourrie de vices et de cupidité.

César, dit-on, fut clément, et ne consentit, après la guerre civile, à aucune proscription. Peut-être ne l'aurait-il pas pu. Sa puissance était de trop fraîche date : le peuple sentait trop que César n'avait pas vaincu pour soi, mais pour l'émancipation sociale. Mais César, à son retour d'Espagne, après avoir défait le fils de Pompée, ose demander le triomphe, et insulter aux infortunes de la République.

Tous les Romains furent indignés. Qu'y a-t-il donc de plus scélérat, dans un usurpateur, de massacrer ses adversaires politiques ou de les faire passer pour criminels?...

César fut attentif à se concilier l'affection des provinces, que foulait sans pitié le parti de Pompée. — Ce fut de sa part une tactique habile ; mais qui n'alla jamais qu'à égaliser le despotisme sur Rome et l'univers.

[Le droit de cité fut toujours parcimonieusement accordé (V. Caracalla); c'était autant dont on privait le peuple.]

César n'abusa pas, autant qu'il l'aurait pu faire, de son pouvoir. — Il eût agi en insensé ; mais c'était trop que de l'avoir créé, ce pouvoir, qui détruisait le corps politique et laissait la société en poussière.

Ainsi la dictature, remise par la plèbe aux mains de César, aboutit à la suppression du pouvoir parlementaire, à l'annulation du patriciat, à l'abrogation de l'ordre légal, à la destruction de toutes les garanties civiles et politiques, sans bénéfice réel pour la plèbe, sans une seule idée, sans un germe de rénovation et d'avenir.

L'élite de la nation écrasée, la masse caressée corrompue, distraite ; l'élément barbare servant à un homme à écraser l'élément intelligent et civilisé : voilà l'*œuvre* de César; voilà, sans métaphysique, sophistique, ni verbiage, l'empire ! D'un seul coup, en un jour, César, remassant le pouvoir des Grac-

ques, de Marius, etc., élimine la noblesse : il décapite le
peuple romain, et règne sur le tronc et la tête séparés. Et
vous cherchez les causes de la décadence de Rome !

Le problème posé par le Césarisme, fut donc celui-ci :
1° exploiter un État de 180,000 lieues carrées et de 120 millions d'habitants, au profit de l'Empereur ; 2° du Patriciat ;
3° des Prétoriens ; 4° de la Plèbe ; en tout une armée régu-
lière de 375,000 hommes compris les auxiliaires, plus une
plèbe de un *million*, deux au plus d'âmes : 1 parasite environ
sur 100.... D'après le dénombrement de *Claude*, lorsqu'il
exerça la *censure*, on trouva 6 millions de citoyens romains,
20 millions d'âmes libres, 120 millions d'habitants (G. Gibbon, t. 26).

Quand les provinces ne suffisaient pas, les privilégiés se
dévoraient les uns les autres. César était héritier de tout le
monde : tout père de famille lui faisait un lot dans son testament. — La colonie était un moyen de possession, mais qui
transformait le soldat en contribuable (V. Laboulaye, etc.,
sur l'étude des colonies romaines).

— Commencement de l'*Ère julienne*. Elle ne fut pas de
long usage. Par l'ordre de César, le calendrier est réformé
par Sosigène : l'année est portée à 365 jours un quart.

Carthage et Corinthe sortent de leurs ruines. Le Césarisme
comprend qu'il ne peut régner sur des ruines. Mais que sert
de bâtir? Les nations ont plus besoin d'institutions que de
murailles ; ce qu'elles demandent, c'est une vie propre, c'est
la cité, la liberté, autant que la centralisation. Mais comment
l'empire donnerait-il la vie aux provinces, quand il l'ôte à
la patrie?

— César fait des lois contre le luxe : cajolerie à l'envie
plébéienne ; — il encourage la population par des règlements. Ame grossière, qui s'imagine que l'accroissement de
la population n'est qu'une affaire d'alcôve. La population a
pour principe premier le travail, la justice, le respect de la
foi publique, hors desquelles il n'y a plus ni modestie ni
mœurs.

— Virgile publie ses *Eglogues;* il chante la régénération
césarienne. L'Empire, dit le poète courtisan, est partagé

entre César et Jupiter : *Divisum imperium cum Jove Cæsar
habet !* Étonnez-vous, après cela, de l'infériorité de Virgile
comparé à Homère ! Celui-ci chante la nationalité naissante
des Hellènes ; de sa belle Ionie, il appelle les peuples du
Péloponèse et de la Grèce à la civilisation, à la gloire. Virgile
chante César, la mort !...

— Salluste, l'historien, se signale en Afrique par ses concussions. Il avait été chassé du Sénat pour son infamie, cinq
ans auparavant : ce fut une recrue pour César. César outrage
la noblesse en forçant Labérius, chevalier, poète mimique,
de jouer devant le peuple sur le théâtre. — Mais le ciel
semble protester contre la flatterie des poètes, les sacrilèges
du Sénat, et la mystification populaire. Une comète paraît,
dans le ciel, d'une grandeur et d'un éclat sinistre.

César, crient les augures, César, prends garde aux ides de
Mars !...

44. 15 février. César paraît dans le Sénat avec un diadème. Il fait décider la guerre contre les Parthes (Cf. Voltaire).

44. César est assassiné en plein Sénat, au pied de la
statue de Pompée. C'était inévitable. Il s'était révélé tout
entier ; il n'avait plus que faire de vivre. Bénis soient les
poignards qui frappèrent le tyran, qui s'était déclaré supérieur aux lois, et avait brisé et foulé aux pieds le pacte
social. La mort de César ne fut qu'un crime inutile, dit-on.
Inutile à la révolution sociale, qui l'avait choisi pour son
mandataire, cela est vrai ; mais depuis quand le châtiment
a-t-il pour règle et mesure l'utilité ? Punissez d'abord, frappez
les tyrans : c'est le premier devoir de l'homme et du citoyen.

[Durant l'année de l'assassinat de César, au témoignage
de Virgile, Tibulle, Lucain, Ovide, le soleil parut constamment plus pâle que d'habitude. Cette citation a été imitée
190 ans plus tard, en l'honneur de la passion, par les rédacteurs des Évangiles.]

Ici se révèle de nouveau l'impuissance du principe patricien, son imbécillité, sa sottise.

Le patriciat, qui avait su conquérir le monde, n'avait rien
trouvé, ne portait rien en soi pour la révolution. La situation

lui est inintelligible ; la tête lui tourne : il ne sait ni agir, ni résoudre ; il ne sait que se poser toujours en implacable oppresseur du peuple et des provinces.

A la nouvelle du meurtre de César, une stupeur générale se répand dans Rome. Le Sénat se disperse ; Antoine, consul, se cache ; le peuple reste dans les maisons : silence dans la grande ville. Les conjurés, étonnés de leur solitude, se retirent au Capitole. Ainsi la fatale scission des ordres, de plus en plus irréconciliable, rend inutile ce sacrifice. César, massacré, conserve aux yeux de la multitude son prestige ; elle ne voit en lui que son défenseur ; dans ses meurtriers, les ennemis de sa liberté. C'en est fait : plus d'espoir, le lien social dissous, le Césarisme triomphe dans la tombe ; le vampire va renaître pour dévorer l'humanité.

Antoine aperçoit la situation ; en qualité de consul, il négocie avec les conjurés. Le Sénat gardera ses attributions ; une amnistie générale couvrira la vie et la mort de César ; Brutus, Cassius, et leurs amis obtiendront des gouvernements.

Voilà tout ce que sait résoudre, à ce moment décisif et suprème, la vieille aristocratie. Est-ce la race qui a dégénéré ? Sont-ce les âmes qui, depuis un an, se sont éteintes ? Est-ce que les Romains ne sont plus Romains ? Sottise de le croire. L'auguste Sénat se trouvait en présence d'événements incompréhensibles, dans une conjoncture inouïe, sans précédents ; en face d'un avenir insondable, inconnu ; quelle merveille que ce corps politique, frappé d'impuissance par une force majeure, n'ait su prendre aucune résolution ?...

Antoine reste à Rome avec les vétérans et la plèbe, qu'il gagne par des distributions.

Dès lors, rien de fait. La démocratie, qui n'attend qu'un chef, penche vers lui. Puisque le patriciat n'y peut rien, César mort, vive Antoine !

Alors arriva sur la scène un nouveau personnage, Octave, jeune homme de 19 ans, inconnu au peuple, suspect au Sénat, sans armée, sans influence, mais qui, fils adoptif de César, déclare accepter sa succession. Un héritier de César !

comment les conjurés le laissèrent-ils vivre? Comment le Sénat réchauffait-il cette vipère ?

D'un côté, Octave demande vengeance, non pas contre les régicides, mais contre les *meurtriers de son père*. Qui pourrait blâmer cette piété filiale ? En même temps, il somme Antoine de lui restituer les trésors que César a légués au peuple : Quel ami de la République ! Le Sénat, qui redoute dans Antoine un nouveau dictateur, appuie cet *enfant*, déjà si bien conseillé, et croit s'en faire un bouclier contre le despotisme. C'est le sage Cicéron qui arrange ce compromis.

Alors Antoine se découvre ; et pour mettre Octave dans une position compromettante, rendant astuce pour astuce, il sort de Rome avec son armée, et marche contre Décimus Brutus, l'un des meurtriers de César, qui tenait la Gaule cisalpine.

— Ptolémée, roi d'Egypte, 13e du nom, est empoisonné par sa sœur et épouse, la fameuse Cléopâtre. C'est le second frère et mari dont se défaisait cette courtisane couronnée, digne concubine des Césars, digne héritière d'un trône souillé de crimes et de parricides.

43. Le Sénat, poussé par les intrigues d'Octave, déclare la guerre à Antoine. Octave marche avec les deux consuls, Hirtius et Pansa ; Décimus Brutus est dégagé, et Antoine forcé de passer dans la Gaule transalpine.

[14 avril 1843. Défaite d'Antoine].

Mais les deux consuls ont péri dans le combat d'un fer assassin ; ceux-là morts, Octave se trouve en possession d'une armée, en mesure d'imposer aux sénateurs sa candidature au consulat, et de forcer Antoine à compter avec lui. Bientôt, en effet, les deux rivaux se réconcilient, et Antoine rentre en Italie avec 17 légions ; un nouveau triumvirat est formé entre eux et Lépide, et scellé par la proscription de 300 sénateurs et de 2,000 chevaliers. Ainsi se dénoue cette intrigue, où la prudence de Cicéron et la sagesse du Sénat furent jouées par un enfant, encore aux mains de son précepteur.

— Dans le même temps, Brutus défait, en Macédoine,

C. Antonius, frère du triumvir, et le fait prisonnier. Cassius en Syrie, accable Dolabella, déclaré par le Sénat ennemi public, et le force à se donner la mort dans Laodicée.

Les deux généraux opèrent ensuite à Smyrne, la jonction de leurs forces, qui se composent de 80.000 légionnaires et 20.000 chevaux.

Si l'on ne considère que les forces matérielles, les talents généraux, la justice de la cause, la situation des conjurés est au moins égale. Mais l'opinion du peuple est contre eux ; mais la révolution les remplit de trouble, et tandis qu'ils s'assurent les provinces et la mer, Antoine et Octave poursuivent tranquillement le cours des vengeances et des spoliations. Le peuple leur fait payer l'appui qu'il leur donne : la proscription a pour résultat, sinon pour but la confiscation ; les confiscations ne suffisant pas à l'avidité de la plèbe, on viole les dépôts placés sous la sauvegarde de la religion politique ; les triumvirs vont jusqu'à imposer une taxe aux matrones. L'élite de la société romaine anéantie avec l'organisme politique, que reste-t-il ? la vile multitude, de la poussière, disait l'empereur Napoléon. Il n'y a plus de nations ; il ne reste que de la chair à former une nation. En un jour, le peuple-roi rétrograde de sept siècles ; nous voilà revenu aux brigands de Romulus, pour la plus grande gloire de César et de sa postérité !

Le peuple regarde, impassible, la tête et les mains de Cicéron clouées aux rostres, en souvenir des philippiques. Il pense que les triumvirs l'ont débarrassé d'un grand ennemi. Que les dieux vous récompensent, dit-il.

[Guerre de Modène.

Décembre 44. Commencement de la guerre.

14 avril 43. Défaite d'Antoine.

5 juin. Défaite et *mort de Dolabella*.

22 septembre. Octavien obtient le consulat.

27 novembre. — *Triumviri reipublicæ constituendæ !* C'était pour faire une constitution !...

7 décembre. Mort de Cicéron. Il rachète noblement toutes les incertitudes de sa vie.]

42. Les triumvirs songent à poursuivre les derniers re-

présentants de la liberté. Cassius, qu'un éclair de prévoyance illumine, voudrait éviter une bataille et traîner la
guerre en longueur. Il sent que pour détacher le peuple des
triumvirs, il faut lui faire sentir le poids du triumvirat. Mais
pouvait-il croire que les provinces et la plèbe accuseraient
plutôt les vengeurs de César que ses meurtriers. Que pouvait-on gagner à maintenir l'ancienne puissance aristocra-
tique? Ne valait-il pas mieux avoir affaire à un despote, toujours accessible par quelque endroit, qu'à une aristocratie
inexorable? Certes, le calcul était aussi faux que celui du
peuple romain, applaudissant aux jongleries du neveu de
César. Mais on ne pouvait ni s'arrêter, ni rétrograder; on
voulait du nouveau...

Octave et Antoine partent de Brindes avec 100,000 fantas-
sins et 13,000 cavaliers. Dans la traversée, Octave eut à combattre Sextus-Pompée, qui fut victorieux; Antoine fut in-
quiété par Statius Marcus qui croisait dans l'Adriatique
avec 60 vaisseaux. Placés entre les flottes patriciennes qui
interceptaient tout renfort, et l'armée de Cassius et Brutus,
qui arrivait d'Asie, la situation des triumvirs pouvait paraître
désespérée.

Décembre. Bataille de Philippes. — Tout change de face à
Philippes. Par une attaque audacieuse, Antoine porte le
désordre dans le camp. Cassius, qui se croit perdu, se perce
de son épée; Brutus qui pouvait réparer le désastre de son
collègue, est défait à son tour. La précipitation de l'un, la
présomption de l'autre, le manque de confiance en leur
cause les perd tous les deux. Brutus se tue comme Cassius,
en accusant la vertu de n'être qu'un nom : le triomphe du
Césarisme, que de longues révolutions pouvaient seules
expliquer, le désespère. Alors, Messala, lieutenant de Brutus, se donne aux triumvirs, avec 14,000 hommes, reste des
légions vaincues à Philippes. La flotte républicaine se divise
à son tour; une partie se rend à Antoine, l'autre continue à
tenir la mer sous les ordres de Sextus Pompée.

Malade le jour du combat, Octave se montre après la victoire inexorable. Il insulte et fait massacrer de sang-froid les
plus illustres prisonniers. Puis, il rentre en Italie, où il dé-

pouille les familles patriciennes, et distribue leurs biens à
des vétérans.

Antoine surveillera l'Orient.

Cette année n'est pour Octave et la plèbe qu'une longue
curée.

[Nous avons dit plus haut : le système césarien n'est
autre que le patriciat ramené à un seul *père* ou *patron*,
AUGUSTUS, dont le peuple tout entier forme la clientèle. Le
peuple se considère, en conséquence, comme co-proprié-
taire de l'empire, et co-dignitaire avec César. Si César fait
le partage inégal, s'il se montre avare de distributions, soit
en argent, soit en butin, soit en terres, César est voleur
du bien du peuple; c'est un patron prévaricateur, injuste,
qu'il faut mettre à mort.

On en verra mille preuves par la suite...]

Pour assouvir les masses solliciteuses, le triumvir dut
faire place nette en Italie; amis ou ennemis, personne ne
fut épargné. Partout ce n'étaient que propriétaires expulsés
de leurs héritages : la clameur fut immense contre Octave;
mais le danger était encore plus grand pour lui du côté de
la multitude. Les terres manquant en Italie, les soldats
exigent de l'argent: on dépouille jusqu'aux temples. Assez
longtemps le prolétaire avait vu les sénateurs dépouiller le
peuple vaincu; il voulait avoir son tour; et c'est sur les sénateurs eux-mêmes qu'il prenait sa part de butin. Plus il
recevait, plus il devenait exigeant; le bien acquis par la spoliation et le brigandage se dissipant en débauches, le prolétaire et le vétéran, les mains toujours vides, demandaient
sans cesse, faisant un crime au triumvir de respecter les
propriétés. Chaque jour éclataient des émeutes, pour le partage des biens sénatoriaux; la vie d'Octave fut plus d'une
fois en danger. Pour balancer la faveur qu'il se conciliait
par ces effroyables extorsions, Fulvie, femme d'Antoine, et
Lucius, son frère, s'efforcent de lutter de prodigalités, toujours, bien entendu, aux dépens des inoffensifs propriétaires.

[Famine provenant de la retenue des blés par C. Pompée
qui tient la mer.

Consternation générale par suite de la confiscation des propriétés. Octave dégoûté de la plèbe?..]

En quelques jours l'Italie entière changea de mains.

Ce n'eût été qu'un accident imperceptible, peut-être heureux, dans le vaste mouvement des générations si, après avoir vaincu l'ancienne société, les empereurs se fussent appliqués à la refaire; si, comme César avait été un nouveau Romulus, Octave avait été un nouveau Numa. Il n'en fut rien : la masse des prolétaires et des soldats ne fut riche que pendant cette grande saturnale. L'orgie terminée, le vieux monde reprit son assiette. Les *Latifundia* se reformèrent en peu de temps ; la même inégalité continua sous les empereurs, avec cette différence, que jadis l'aristocratie propriétaire était souveraine, et que désormais elle fut protégée du souverain, dont elle ornait la cour et les triomphes!...

Après la bataille de Philippes, Antoine parcourt la Grèce et l'Asie mineure, qu'il ruine successivement par ses contributions, et étonne par ses débauches. C'est en vain que les populations se prostituent sous son char, l'appelant Bacchus ; il jouit de la prostitution, mais n'en dévore pas moins leurs richesses. En quelques mois il dissipe une somme équivalant à 933 millions de francs. Toujours ivre, il donnait tout ce qui tombait sous sa main, jusqu'à la maison de ses hôtes ; distribuait les royaumes et les gouvernements.

Le gouverneur de Judée, Antipas, ayant été empoisonné par Malich, Antoine nomma à sa place son fils Hérode, et fit massacrer une députation de 1,000 juifs qui venaient se plaindre de la tyrannie de ces étrangers. A Tarse, où il avait cité Cléopâtre, accusée d'avoir favorisé le parti de Brutus et Cassius, il est séduit par cette courtisane couronnée, et la suit à Alexandrie, où il donne à tout l'Orient le spectacle de la vie que mènent les empereurs.

Décembre 41 - avril 40. Guerre de Pérouse. — Les maîtres du monde chargés de la réforme des mœurs, et de la protection des propriétés, se battent entre eux à qui l'emportera par les confiscations et les prodigalités. Fulvie, dont Octave a dédaigné l'amour, l'accuse de tromper la cause de la plèbe, et excite contre lui une guerre civile ; mais le

triumvir reprend vite l'avantage. Fulvie s'enferme dans
Pérouse qui est prise après un siège de cinq mois, et livrée
aux flammes. Octave pardonne aux auteurs de cette échauf-
fourrée ; il sévit contre leurs partisans. Comme ils se dispo-
saient à supplier : *Il faut mourir*, dit-il.

C'est alors que pour se rattacher Sextus Pompée, il épouse
Saribonia, parente du conjuré.

Ainsi, Octave dégoûté de la multitude, faisait les premières
avances à la noblesse, lui offrant paix, sécurité, honneurs,
richesses, jouissances, à condition qu'elle lui laisserait le
pouvoir !

Antoine informé du bruit qui se faisait en Italie, arriva
bientôt. Les soldats forcent les deux triumvirs à se réconcilier. Peu après, Fulvie étant morte en Grèce, Antoine épouse
Octavie, sœur d'Octave ; et le monde est soumis à un nouveau partage. C'est à son retour d'Italie avec sa nouvelle
épouse, qu'Antoine passant par la Grèce, les Athéniens lui
offrirent la main de leur déesse Minerve. Antoine accepta,
mais en stipulant pour dot une somme de 1,000 talents qu'il
se fit payer.

Cependant, les Parthes, appelés par les nations désolées et
conduits par Labienus, pénètrent en Cilicie, en Carie et en
Syrie. Dans la Judée, les pharisiens indignés de voir la
nation sainte sous la domination d'un étranger, soulèvent le
peuple, et s'opposent à l'exécution du décret d'Antoine, qui
confère à Hérode le gouvernement. Antigone avec une armée
de Parthes, que lui avait procurée le prince de Chaleide,
Lysanias, les soutient, entre dans Jérusalem, et se retranche
sur la montagne du Temple, tandis qu'Hérode reste posté
dans la forteresse de Barts. Puis il s'empare par trahison de
Phasaël, frère d'Hérode, qu'il fait mourir, et du pontife
Hyrcan à qui il fait couper le nez et les oreilles. A ces nouvelles, Hérode part pour Rome, demander du secours aux
triumvirs.

40 - 39. Cornélius écrit des biographies. — Horace protégé de Mécènes.

Les triumvirs réunissent leurs forces contre Sextus Pompée ; la guerre traîne en longueur, et sous la pression de

l'opinion publique, aboutit à une transaction. Les Romains fatigués de guerre civiles et de proscriptions, rebelles encore à la tyrannie d'un seul, aspiraient à une réconciliation impossible. Sextus obtient la Sardaigne, la Corse, la Sicile, avec promesse de l'Achaïe et du consulat pour l'année suivante. Les proscrits qui avaient trouvé un asile sur la flotte, rentrent dans leurs biens et dignités. Des conférences amiables ont lieu entre le général républicain et les triumvirs ; il est clair que si le patriciat veut se résigner à sa déchéance politique, on ne demande qu'à lui conserver ses privilèges, honneurs, distinctions et richesses. Quant à la plèbe, la discorde des grands finissant par une monarchie ou triumvirat, rien ne sera plus aisé que de la mettre à la raison.

Les affaires d'Orient éprouvent des chances diverses. Dans la Cilicie, Ventidius, lieutenant d'Antoine, remporte des victoires sur les Parthes, l'une près du mont Taurus, l'autre près du mont Amanus. Dans un troisième combat, il défait Pacorus, fils d'Orodis, roi des Parthes, et fait prisonier Labienus qui est mis à mort. Il se dispose alors à marcher contre Antigone.

Dans le même temps, Hérode arrive à Ptolémaïde, avec le titre de roi que lui a conféré le Sénat ; il commence par s'emparer de la Galilée, prend Joppé d'assaut et délivre sa famille assiégée dans Massada, et fait la chasse aux brigands qui infestaient le pays. Son frère, Joseph, s'assure de l'Idumée.

Quel est ici le rôle de la dynastie hérodienne ? Celui d'une vicarie des empereurs, chargée à ce titre de surveiller le fanatisme messianique, et de maintenir sur les habitants la suprématie de Rome. Hérode, comme son père et ses successeurs, n'est que le prête-nom des Césars : sa politique, sa faveur, ses cruautés, la popularité même dont il jouit quelquefois, s'expliquent par là. En un sens, Hérode donnant le change à un entraînement funeste, servait la malheureuse Judée ; au point de vue pharisaïque, il en était le tyran et le vendeur.

38. Ventidius, gagné par l'argent d'Antigone, au lieu

d'agir de concert avec Hérode contre Jérusalem, s'était tourné du côté d'Antiochus, roi de Comagène, et le tenait assiégé dans Samosate. Ce roi, coupable aussi d'avoir favorisé Brutus et appelé les Parthes, demandait à capituler, et offrait pour sa rançon 1.000 talents. Jaloux de la gloire de son lieutenant, Antoine arrive et refuse de ratifier la capitulation.

Les soldats mécontents le secondent mal, et il est trop heureux de transiger ensuite avec Antiochus pour 300 talents, après quoi il retourne à Athènes auprès d'Octavie. Ainsi la politique et la guerre ne sont pour les Romains, pour les généraux et les soldats, les patriciens et la plèbe, les empereurs et leurs domestiques, que des moyens de spoliation. Quelle chose que le messianisme !

Octave répudie Saribonia qui lui a donné Julie, pour épouser Livie, mère depuis 4 ans de Tibère, et qu'il enlève à son mari, grosse de son second fils Drusus. Il consulte à cette occasion les pontifes, qui lui donnent dispense d'épouser Livie, *concepto necdum edito gastu* (Tacite). — Avec Auguste, Livie cesse d'être mère : effet de l'adultère ou de l'avortement ?

Cette année, le consulat commence à n'être donné que pour quelques mois. Les triumvirs ne peuvent laisser intacte cette magistrature dangereuse, qu'il suffisait de donner à un homme de valeur, pour qu'on en vît un jour ou l'autre sortir de nouveau la république. L'organisme politique se dissout insensiblement : une fois détruit, il est aisé de prévoir que la société elle-même sera perdue. Car si les sociétés produisent les institutions, il est vrai aussi que les institutions entretiennent et peuvent reproduire les sociétés : or, la société, c'est la négation du despotisme ; ce serait donc la négation de César.

Mélas, affranchi de Sextus Pompée, trahit son patron, et passe avec 60 vaisseaux, du côté d'Octave. Une bataille s'ensuit, dans laquelle le triumvir est vaincu ; l'année suivante, sa flotte est détruite, au reste, par les tempêtes. C'est à la suite de ces désastres qu'Octave prive Neptune du culte public.

37. Hérode, assisté du général romain Sosius, met le siège devant Jérusalem. Pendant les travaux du siège, il épouse Marianne, de la famille des Asmonéens, se donnant ainsi, aux yeux des Juifs, une sorte de légitimité. La ville est prise après cinq mois, le même jour qu'elle l'avait été, en 63, par Pompée. Les Juifs du parti d'Hérode se livrent à un massacre affreux de leurs concitoyens, qu'Hérode a grand'peine à arrêter. Antigone est pris, envoyé à Antoine et puni du dernier supplice.

Tandis que le messianisme recule en Orient devant l'I-dumée, le Césarisme gagne chaque jour du terrain en Italie. Agrippa, ami d'Octave, répare les désastres de la dernière campagne maritime, creuse le port Jules, par la jonction des lacs Averne et Lucrin.

La puissance d'Octave devient formidable. Antoine s'inquiète et passe de nouveau en Italie : sa femme parvient à le calmer encore. Par le traité de Tarente, Antoine s'oblige à fournir à Octave 120 vaisseaux ; et celui-ci, de son côté, à envoyer à Antoine, pour la guerre contre les Parthes, 120.000 hommes. Ils conviennent, en outre, de conserver le triumvirat pour cinq ans, sans recourir aux suffrages du peuple. La république fait donc encore les frais de la réconciliation des despotes. Tandis que les femmes, les soldats et la plèbe applaudissent à cette union, dont le fardeau, au lieu de foudroyer les barbares, viendra tout à l'heure tomber sur Sextus-Pompée ; le despotisme prend ses dernières mesures pour perdre sans ressource la liberté.

[Automne **37**. Cléopâtre va joindre Antoine en Syrie.]

[Affirmation du Messie, comme symbole de la révolution morale. — Célébrité des docteurs juifs Hillel et Schammaï. Il faut admirer comment, à chaque époque, la signification des faits trouve son expression chez les philosophes. Hillel enseigne formellement et le premier que le Messie doit être entendu au sens figuré ; et il résume tout le mosaïsme dans cette formule : *Ce que tu n'aimes pas pour toi, ne le fais pas à ton prochain ; c'est là toute la loi, le reste n'en est que le commentaire.* La croyance au Messie déserte de l'esprit des sages ; elle ne subsiste plus que dans la superstition populaire. L'argument était invincible, en effet ; le Messie, tel que le concevait le peuple, à l'instar de Nabuchodonosor, Cyrus et Alexandre se manifestant dans César, il n'y avait pas lieu de l'attendre à Jérusalem ; or, ce Messie ne pouvait en aucune façon satisfaire la raison et la conscience : il fallait donc conclure que ce personnage était une allégorie, servant d'expression à un idéal de société et de gouvernement. On regarde Hillel comme un des premiers auteurs de la Mischna : ce fut lui qui, dit-on, rangea les traditions juives en six traités. /

Premier livre des satires d'Horace. — Cléopâtre rassemble à Alexandrie une nouvelle bibliothèque — Terentius Varron écrit, à quatre-vingts ans, son traité *de Re rustica*. — Cet honnête homme, ancien partisan de Pompée, s'était signalé en Espagne par les scandales de son administration. — *Non est qui faciat bonum, non est usque ad unum.*

36. La guerre recommence entre Octave et Sextus-Pompée, que ne protégera pas deux fois de suite l'opinion républicaine. Décidément, pourquoi ne se soumit-il pas?... Après un premier insuccès, causé par les mauvais temps, le triumvir, assisté de son collègue Lépide, se rend en Sicile avec 21 légions, 20,000 chevaux et 5,000 de trait. Le combat a lieu sur mer, près de Nauloque; la victoire est remportée par Agrippa. Lépide réclamant pour prix de ses services une augmentation de territoire, et menaçant d'appuyer ses prétentions par les armes, est abandonné par ses soldats et réduit à la dignité pontificale. Le soldat est ainsi entraîné vers l'unité : le triumvirat, diminué d'une tête et transformé en dualisme, ne peut subsister ; le dualisme, c'est le duel.

[Antoine fait périr le roi de Cappadoce, Ariarathe, qu'il avait lui-même choisi, et lui substitue Archélaüs, petit-fils du général de ce nom, qui combattit sous Mithridate contre les Romains. Il commence en Egypte avec Cléopâtre cette vie *sans pareille* qui l'a plus illustré que toutes ses entreprises. — La lubricité de Cléopâtre dégénère en fureur et atteint des proportions monstrueuses. Dans une lettre à Soranus, Antoine se plaint que rien ne peut l'assouvir; qu'une nuit elle sortit du palais sous un capuchon, elle reçut les caresses de 106 hommes ; que l'ayant menacée de la tuer, si elle continuait dans ce désordre, elle était tombée malade

d'abstinence, et qu'il demandait à la philosophie, à la méde-
decine, pour elle, un remède.]

Sextus-Pompée, échappé avec 17 galères, fuit en Orient,
demander du secours à Antoine. Que fait le triumvir? Abandonné aux enivrements de Cléopâtre, oubliant l'amour d'Octavie et les égards qu'il devait à son collègue, il prodiguait à
sa maîtresse les provinces et les villes. Déjà il lui avait fait
don de la Phénicie, de la Célesyrie, de l'île de Cypre, de la
Judée qui produit le baume, et de l'Arabie nabathéenne. Quel
honneur pour les populations conquises de se voir ainsi
données, comme un collier, une villa, à une courtisane!...
Quelle gloire pour Rome, qui par sa politique et son courage,
avait vaincu les nations!...

35. Victoire de Canidius, lieutenant d'Antoine, dans le
Caucase, contre les Parthes.

Antoine entreprend une expédition contre les Parthes. Il
part avec 60,000 hommes d'infanterie romaine, 10,000 cavaliers espagnols et 30,000 auxiliaires. Fort de l'alliance du roi
d'Arménie, Artavasde, il s'avance à travers ses États, et va
mettre le siège devant Praopa, la plus forte place de la Médie
Atropatène. Privé de son artillerie et impatient de retourner
auprès de Cléopâtre, il échoue dans toutes ses attaques, et il
est forcé de lever le siège. Il fait une retraite de 100 lieues,
dans laquelle il perd 32,000 hommes, et rentre vaincu et hu-
milié à Alexandrie. C'est la passion folle d'Antoine pour Cléopâtre qui a produit tout ce désastre; la sagesse ne préside
plus aux conseils de l'empire; la passion, la débauche con-
duisent à tout.

35. Sextus conçoit alors le hardi projet de forcer Antoine
à partager avec lui l'empire d'Orient; mais bientôt, accablé
à Nauloque par le lieutenant du triumvir, il est forcé de se
rendre à discrétion, et finit misérablement.

Quand on songe aux forces navales dont Sextus disposait
après la bataille de Philippes, aux ressources qu'elles lui as-
suraient sur toutes les côtes de l'empire; à l'appui moral que
lui prêtaient les amis de la république, les proscriptions
du triumvirat, les confiscations d'Octave, les débauches
d'Antoine, l'imbécillité de Lépide, le scandale des nations; et

qu'on voit quel pauvre parti Sextus sut tirer de toutes ces choses, on est forcé de reconnaître que le patriciat avait donné tout son fruit; qu'il était épuisé de sève et inhabile à diriger plus longtemps la civilisation.

Quoi! lorsqu'il s'agit de sauver la liberté, de donner au peuple la propriété, aux nations l'unité et la paix, Sextus-Pompée se trouve sans tradition, sans politique, sans programme! il n'a pas une idée; il ne représente rien! Il ne sait que se poser en *quartumvir*, en prétendant à l'empire! Ce n'est pas le mandataire du Sénat qui lutte pour la défense de la république et le salut de la Plèbe!, oui, de cette plèbe égarée, barbare, séduite, déjà coupable, mais facile à ramener; — c'est le fils de Pompée qui revendique sa part de despotisme contre le neveu de César!... Vraiment, ce personnage était désormais sans signification; il embarrassait la route du destin. Il pèse moins, dans la balance de la postérité, que ce géomètre dont on trouve le nom rapporté à cette même date, Théodore, auteur d'un traité sur les sections coniques.

Au retour de cette expédition, Antoine venge sa défaite en dépouillant son allié, Artavasde, roi d'Arménie, dont il donne les Etats aux enfants de Cléopâtre. Pour ce coupable exploit, il va triompher à Alexandrie, abdiquant ainsi sa qualité de citoyen romain. Antoine, viveur plus que méchant, plein de vanité plutôt que d'ambition, est le premier de ces *drôlatiques* qui ne comprennent de l'empire que les monstrueuses jouissances et qui laissent voir à nu le vide et le néant de la pensée césarienne. Maintenant il a donné sa mesure, il est de trop : il faut qu'il disparaisse.

35-33. Tandis qu'Antoine prostitue sa gloire et laisse abaisser le nom romain en Orient, Octave, par ses lieutenants, triomphe, s'étend et s'affermit de tous côtés. Au nord, il remporte des victoires sur les Pannoniens et les Iapodes, et réduit les Dalmates. Messala soumet les Salasses au pied des Alpes et les Aquitains au pied des Pyrénées; Carrinas défait les Morins et force les Suèves à repasser le Rhin. Taurus pacifie la Numidie et l'Afrique; déjà, depuis 36, Calerimas avait achevé la réduction de l'Espagne.

Ainsi, par l'instabilité de son équilibre, le duumvirat tend à se résoudre en monarchie; à ce moment, par l'inconduite d'Antoine et les succès d'Octave, la balance penche en faveur du plus jeune.

Que prouvaient au fond, pour le Césarisme, toutes ces victoires d'Octave? — rien de plus que l'expédition malheureuse d'Antoine. Rome conquérante du monde civilisé, étant condamnée à conquérir encore la barbarie, ou à la détruire : deux choses également impossibles. La conquête des peuples barbares l'eût ruinée : l'expérience a prouvé ce que vaut la conquête d'un pays non encore policé!... Quant à leur destruction, elle eût coûté bien davantage encore, et n'eût pas été moins stérile. Mais du moment que la République avait franchi ses frontières naturelles, c'est-à-dire la péninsule italique, elle n'avait plus de bornes que celles du monde. César lui avait prédit son sort, César dont la maxime était que rien n'était conquis tant qu'il restait à conquérir. *Nil actum reputans, si quid superesset agendum.*

Donc, Rome pouvait-elle conquérir tout? l'hypothèse est absurde.

Pouvait-elle rétrograder ? — Non.

Pouvait-elle garder le *statu-quo?* — Non.

Pouvait-elle se partager? — Alors, pourquoi la conquête ? Pourquoi la dictature? Pourquoi l'Empire?... Dioclétien est le Césarisme faisant amende honorable de son erreur. Donc, toute cette besogne impériale, inspiration pure de l'orgueil inutile au progrès et à l'unité, mortelle à la civilisation générale, est la condamnation de César..

34. Hérode, le vicaire de l'empire à Jérusalem est comme l'empire, ballotté par les difficultés de sa position. Il lui faut plaire à César, plaire à ses sujets, plaire à sa femme ! Tandis qu'il demeure, lui, la caution du premier, pour obtenir les bonnes grâces des autres, il nomme Aristobule, âgé de 17 ans, frère de Marianne, souverain pontife (31). Ce choix est accueilli du peuple avec des applaudissements immenses.

33. *Ère d'Espagne.* — Elle fut établie, en souvenir de la soumission des Espagnols par Calvinua. Le Césarisme fait bénir aux peuples vaincus la perte de leur nationalité.

Comme le peuple romain, ils compteront leurs années du jour où ils auront cessé d'exister!...

La Mauritanie est réduite en province romaine. — Antoine recherche l'alliance du roi des Parthes!... et s'avance jusqu'à l'Araxe. Brouillé avec son beau-frère Octave, dont il répudie la sœur, il a indigné les Romains par ses dissipations, ses débauches, ses triomphes à Alexandrie, le partage des provinces romaines aux enfants qu'il a eus de Cléopâtre... La mort l'appelle.

Antoine envoie à Cléopâtre la bibliothèque de Pergame, qui contient 200,000 rouleaux. Antoine est déclaré ennemi public et infâme par le Sénat : la guerre recommence aussitôt entre les *duumvirs*. De la Grèce, où il s'est rendu, Antoine menace l'Italie ; mais sur un appel de Cléopâtre, il renonce à son système d'invasion et met son espoir dans sa flotte de 800 vaisseaux ; les rois de Paphlagonie et de Galatie abandonnent sa cause ; la défection de Domitius Ahénobarbus le devoue à la défaite.

31. 2 septembre. Bataille d'Actium, à l'entrée du golfe d'Ambracie, en Epire. — Rome s'est prononcée contre l'amant éhonté de Cléopâtre : cependant les chances paraissent encore égales lorsque Cléopâtre donne le signal de la fuite, et livre la victoire et l'empire à Octave. Huit jours après les légions d'Antoine, composant son armée de terre, voyant que leur chef les abandonne, prêtent au vainqueur le serment militaire. C'est encore la funeste passion d'Antoine, qui perd la bataille d'Actium comme elle a perdu la campagne contre les Parthes!...

Et de deux !

Le premier des empereurs, celui qui commence cette longue série, est tombé sous le poignard des républicains en flagrant délit de tyrannie, au moment où le front ceint du diadème oriental, il affectait la prérogative d'un demi-dieu.

Les actes de cet usurpateur, déjà sur le retour et qui, épuisé de travaux et de jouissances, aspirait plus aux joies raffinées de l'orgueil, qu'aux voluptés bachiques et vénériennes, motivaient assez la résolution de Brutus et Cassius.

Le deuxième empereur, Antoine vient de finir d'une façon

bien autrement déshonorante, laissant la réputation d'un
ivrogne et d'un débauché, totalement dépourvu du génie
de l'homme d'état. Les peuples ne savent de lui que ses fes-
toiements avec Cléopâtre, ses *farces* !... Voyons ce que le
troisième qui semble si réfléchi, si prudent, si travailleur,
réserve à l'attente des nations.

Commencement de l'*Ère actiaque* (ou *Ère d'Auguste*),

Octave poursuit avec lenteur les résultats de la victoire. Il
se trouvait après la bataille, à la tête de 44 légions. — Il
pardonne aux partisans d'Antoine, comprenant bien que ce
ne sont pas comme les combattants de Philippes et de
Modène, des amis de la république. Il licencie les vétérans,
leur promettant sous peu les trésors de l'Egypte, et des distributions *légales* de terre. Partout le conservateur se montre dans l'empereur : il fonde Nicopolis sur le promontoire
d'Actium, soulage la Grèce ruinée par Antoine, établit des
colonies militaires en Macédoine, cherchant à disséminer
une plèbe exigeante, quand tout à coup la révolte des vétérans en Italie le rappelle au centre de l'empire. D'un regard,
dit Tacite (à voir), il les apaise, en renouvelant toutefois ses
promesses d'une prochaine et abondante distribution. Il
confirme, dans leurs possessions, les princes de Pont, de
Cilicie, de Cappadoce, de Paphlagonie, de Judée : se conten-
tant du titre de suzerain, en attendant que l'heure de la réunion fût arrivée. Auguste ne néglige rien de ce qui peut
donner à son avènement, un caractère solennel. De cette
année date, l'établissement des jeux actiaques, et l'institution de l'*apothéose des empereurs*. Cet honneur emprunté
des Grecs, n'avait jamais été décerné par les Romains qu'à
Romulus et à une femme nommée *Anna Perenna*. Jules
César fut le troisième. Rien ne manquait plus à la ressemblance entre César et le messie des Orientaux, pas même la
divinité. Les prophéties s'accomplissaient !...

Hérode fait périr le jeune Aristobule, son beau frère qu'il
avait fait souverain pontife (34). La popularité du jeune as-
monéen était incompatible avec la sécurité de l'empire et de
son vicaire.

30. Octave au printemps de cette année, part pour l'Égypte. Antoine renfermé dans Alexandrie, offre à son rival heureux sa démission volontaire, et comme Lépide, demande à rentrer dans la vie privée. Mais la grâce de cet homme n'est pas de celles qu'accorde le rusé Octave : Il faut mourir. Après un dernier et brillant fait d'armes, Antoine abandonné par ses soldats, trahi par Cléopâtre, mais toujours plein d'amour se perce de son épée et expire dans les bras de sa maîtresse, honorant sa mort par l'excès de sa passion. Cléopâtre ne tarde pas à le suivre ; Octave leur donne pour compagnons deux innocentes victimes, Antyllus, fils aîné d'Antoine et de Fulvie et Césarion, fils de Cléopâtre et de Jules César, son père adoptif et son bienfaiteur.

Apprenez, empereurs futurs, la raison d'état, la religion du Césarisme.

30. Gallus, poète, gouverneur d'Égypte, célèbre par ses rapines plus encore que pour ses vers. L'éducation et les lettres n'y font rien.

30. Philosophie d'Anaxilaüs de Larisse, ou le néo-pythagorisme. Mélange de théurgie, de stoïcisme, de magisme, cette philosophie marque la dégénérescence de la pensée spéculative en Grèce, et indique des aspirations supérieures. Anaxilaüs fut chassé de Rome par Auguste comme sorcier ou plutôt charlatan (à voir).

— Publication de Rabboth, ou commentaires juifs sur les livres de Moïse. Ils sont connus sous le nom de *Paraphrases chaldaïques*. Le premier auteur est Onkélos. Mouvement de la pensée à cette époque, *quid?* — Fondation de Nicopolis. — Distribution des armées en résidences spéciales, *Castra-Stativa* sur le Rhin, le Danube et l'Euphrate.

29. Octave rentre en Italie, et reçoit pour les exploits de ses lieutenants et pour les siens un triple triomphe : le Sénat le nomme *Imperator* perpétuel, avec le commandement de toutes les armées, et le proconsulat de toutes les provinces ; lui prête serment d'obéissance, associe son nom à celui des dieux dans les supplications publiques, et lui confère la puissance tribunitienne, qui créée jadis pour la protection de la plèbe, devait rendre l'empereur inviolable.

Elu consul pour la cinquième fois, fait *prince* du Sénat et censeur des mœurs, il casse les actes du dernier triumvirat et, après avoir jeté aux soldats et à la plèbe la proie promise, célèbre trois triomphes, ferme le temple de Janus, se confine pour *neuf* ans dans le consulat et s'annonce comme le réparateur des maux causés depuis si longtemps par les guerres civiles. — Denis d'Halicarnasse rassemble les matériaux de ses antiquités romaines,

29. Auguste établit un impôt de 1 p. 100 sur toutes les consommations et les ventes, tant de meubles que d'immeubles. — Il fait crier, mais il est indispensable (13-15).

28. Hérode fait périr Marianne, son épouse adorée, et sa belle-mère Alexandra, qui, après la mort de ses enfants, essayait de soulever le pays contre Hérode.

27. Auguste, après avoir épuré le Sénat, exclu toutes les créatures, non seulement d'Antoine, mais de César, offre sa démission du pouvoir perpétuel qui est refusée. Comme il fallait un nom, qui désignât le pouvoir immense qu'il possédait, plus habile que César, il rejette ceux de roi, de dictateur perpétuel, tout ce qui rappelle un pouvoir absolu et sans contrôle, il prend le titre d'*Augustus*, vénérable qui devint le nom distinctif de ses successeurs. Il cumule tous les titres : consul, tribun, dictateur, prince du Sénat, pontife, censeur, empereur et Auguste. Cela plaît au peuple : c'est comme les noms de l'être *suprême* ou de *Jupiter*.

Le nom d'Empereur, *Imperator*, a prévalu dans le peuple et dans les auteurs; mais ce nom n'était pas celui adopté officiellement: il ne s'employait qu'à la suite d'une victoire, sur le champ de bataille, il équivalait à celui de *commandant*, et était, à Rome, dans l'ordre militaire, l'analogue de τυραννος, littéralement *patron* pour l'ordre civil chez les Grecs.

— *Imperator*, de *parere*, commander; d'où *parare*, obéir; comme *parère*, produire, *parère*, apparaître; *jacere*, jeter, et *jacère*, être étendu. Le titre officiel, avec le Sénat, était princeps (Cf. Tacite).

— Le nom d'*Auguste*, pour l'étymologie, revient assez bien à l'hébreu Joseph, de אמף, *augere*.

Augustus, de *Aug-eo*, *auc-tor*, *auc-toritas*, en grec σεβαςτος, est un vieux mot latin, qui exprime une autorité religieuse et patriarcale. On sait que le nom de *vénérable* est celui du président, dans les loges maçonniques. — C'est ici le superlatif de *Pater* ou *Patricius*, le titre du *Patron* unique, dont le peuple, pour échapper à l'aristocratie, s'est fait le client. ·

Le nom d'*Auguste*, choisi par Octave, peint toute sa politique.

— A partir de ce moment, Auguste, parlant aux soldats, ne les appelle plus camarades, *commilitones*; il leur dit simplement, soldats, *milites*.

— Pendant les 220 ans qui s'écoulèrent, dit Gibbon, jusqu'à la mort de Commode (192), le régime militaire paraît peu avoir affecté l'empire : les soldats ne se révoltèrent pas une seule fois; ils tinrent toujours le serment militaire, et abandonnèrent constamment les révoltés qui essayèrent de les entraîner dans la révolte. L'empereur, c'était le soldat, et la plèbe : protection accordée aux lettres, fondation d'une bibliothèque, construction d'édifices, amusements donnés au peuple, etc...

La Galatie est réduite en province romaine.

Des mouvements se manifestent dans la Germanie. Les Boïens, chassés par les Marcomans de la forêt Hercynienne, se rejettent dans la Norique.

26. Le monde se tait devant César : *Siluit terra in conspectu ejus.* Nous ne trouvons à cette date, que le fait suivant, qui marque, mieux que ne ferait tout autre, où en était le servilisme des nations.

Hérode, pour faire sa cour à l'empereur, entreprend de faire *latiniser* la Judée.

Abomination de la désolation !

Il bâtit un cirque à Jérusalem, et donne des combats de gladiateurs. Le Jéhovisme est atteint dans l'intimité de son essence. L'indignation des Juifs se contient pourtant: elle ne perdra rien pour s'être fait attendre.

26. Gallus, gouverneur d'Afrique, poursuivi pour ses concussions, et condamné par le Sénat, se tue. Les Muses se consolent de sa perte avec Tibulle, Properce.

25. Auguste fait la guerre aux Asturiens et aux Cantabres insoumis, et reçoit une ambassade d'un roi indien, nommé Porus (?). — Révolte des Salentins, bientôt soumis par Varron.

Le temple de Janus est fermé pour la deuxième fois.

Le Panthéon est fondé à Rome : cet édifice, dévasté sous Constance par les chrétiens qui en brisèrent les statues et en pillèrent les richesses, existe encore. Le Panthéon est le monument de la conciliation des cultes, dont les Césars poursuivirent toujours la pensée, et qui devait, selon eux, assurer à jamais leur domination sur les peuples. *Aut Deus unus, aut nullus !* Dieu est un, ou il n'est pas. La conciliation ou fusion des cultes, telle que la comprirent les empereurs, n'était qu'une anarchie. Dire que tous ces dieux étaient le même dieu, c'était une thèse philosophique, au-dessus de la portée du vulgaire ; choisir entre tous ces dieux et proclamer la suprématie d'un seul, comme le voulaient les zoroastriens, les juifs, c'était sacrifier les nations à l'une d'entr'elles ; nier tous les dieux et les remplacer par un être suprême, infini, etc..... c'était glisser dans le panthéisme indien ou grec, chose qui sortait des données empiriques du siècle.

Telle était la question posée par le Césarisme lui-même, et que, de toute manière, il était incapable de résoudre. Tout ce qu'il sut faire, fut d'ajouter à l'armée céleste un nouveau personnage, le César !...

, — Origine de la Kabbale.

Affirmation de la révolution religieuse.

Or, tandis que le Césarisme, par la construction du Panthéon, manifestait avec tant d'éclat son incompétence et son incapacité, en matière de rénovation religieuse, l'idée qui, à son insu, le faisait agir, s'élaborait silencieusement au sein des écoles d'Alexandrie et de Palestine. L'an 25 avant Jésus-Christ est l'époque moyenne à laquelle, suivant M. Franck, on peut rapporter la composition « du *Sépher ïetzirah*, ou livre de la création, le premier de la Cabbale... » Le livre de la *création*, dont il est parlé dans le Thalmud de Jérusalem et de Babylone, dit ce critique, n'a pu être écrit que dans la période qui embrasse le siècle qui précède, et le

demi-siècle qui suit la naissance de Jésus-Christ, par conséquent, vers l'an 25 avant notre ère.

De toute façon, le *Sépher ïetzirah* est antérieur à tous les
écrits évangéliques et très probablement à la naissance de
Jésus même.

Or, qu'est-ce que ce livre ? Un évangile juif, c'est-à-dire un
premier essai dogmatique, officiel, avoué, de rénovation religieuse. Du reste, comme Jésus, comme Moïse lui-même et
tous les réformateurs, l'auteur du *livre de la création* ne
prétend nullement innover ; il s'appuie sur la tradition mosaïque ; il n'aspire qu'à l'interpréter, en montrer la profondeur, la haute sagesse, à en substituer l'esprit intérieur aux
exégèses mesquines et littérales qui obscurcissaient l'idée
divine.

Il suppose qu'Abraham, avant sa vocation, eut une vision
dans laquelle lui fut démontrée, par le spectacle de l'univers,
l'existence d'un Dieu unique et la vanité du culte des astres.

C'est l'argument, tant ressassé depuis, de l'ordre du monde,
employé comme démonstration de l'existence de Dieu. —
Ce n'est pas ainsi, observe judicieusement M. Franck, que
procédèrent les auteurs des cosmogonies primitives, et
Moïse lui-même. Ces fondateurs ne songeaient point à *démontrer :* l'idée de Dieu était chez leurs contemporains primordiale, comme celle du temps et de l'espace. On ne
croyait pas à Dieu ; on le sentait, on le parlait, on l'embrassait, *adorabant ;* c'était une vérité, pour ainsi dire, non de
FOI, mais de *sensation !*

Or, le moment était venu pour l'homme, non plus de *sentir*, mais de CROIRE, de quitter la vie sensitive, passionnelle ou psychique, pour la vie morale et spirituelle ; on
voit d'ici déjà combien la pensée du *Sépher ïetzirah*, éclose
au sein des écoles contemplatives de l'Orient, était supérieure au synérétisme grossier des Césars.

Après cela, peu importe que le *Sépher ïetzirah* ait ou non
rempli le programme posé par le progrès : ce qui est essentiel, c'est que ce programme il l'ait compris, et qu'il ait es-
sayé de le remplir ; d'autant plus, qu'en dernière analyse,
personne ne le remplira.

Donnons toutefois un aperçu de ce travail.

L'auteur part du principe qu'il y a identité entre la pensée, les signes de la pensée et les objets de la pensée, lesquels objets sont tous les êtres, écriture de Dieu. Connaître ceux-ci, c'est connaître ceux-là. Si donc on parvenait à sonder, par exemple, le mystère des signes, c'est-à-dire des *lettres* et des *nombres*, on connaîtrait le mystère de la création et de l'univers.

Il y a donc trois formes de la sagesse éternelle qui s'expriment par trois termes congénères: *séphar*, le nombre, la mesure, la série ou l'harmonie; — *siphar*, le verbe ou la parole de Dieu — *sépher*, l'écriture.

Ces trois formes ont pour moyens de représentation ou signes, les dix premiers nombres (le système de numération parlée) et les 22 lettres de l'alphabet (système de parole écrite). La collection de ces deux sortes de lignes est appelée les 32 voies merveilleuses de la sagesse.

Les dix noms de nombre sont les dix *Sephirotz*, qui représentent les dix catégories, non pas abstraites, mais réelles, vivantes, actives (abstractions réalisées) de l'univers. — *Un*, c'est l'esprit de Dieu; — *deux*, c'est le souffle qui vient de l'esprit; — *trois*, c'est l'eau qui vient du souffle ou de l'air; — *quatre*, c'est le feu qui vient de l'eau. On reconnaît ici une sorte de synéritisme des anciens systèmes des philosophes grecs, qui faisaient venir toutes choses, l'un de *l'air*, l'autre de l'eau, le troisième du feu. Ces spéculations ne sont pas encore abandonnées, même de nos jours (Cf. *Esquisse d'une philosophie par Lamennais*): les dix nombres suivants représentent le cube cosmique, c'est-à-dire les quatre points cardinaux, plus la hauteur et la profondeur.

Ainsi, la doctrine du *Sépher ïetzirah*, avec son langage mystérieux, n'est rien de plus qu'une théorie panthéïstique, dans laquelle le monde est représenté comme une émanation de l'Être suprême, et où l'on découvre déjà cette trinité distincte: l'*esprit*, le *verbe*, le *monde*. La création n'est autre chose que l'évolution de cette triade et sa manifestation dans les *éléments*, le *temps* et l'*espace*.

Après l'interprétation des noms de nombre, vient celle

des lettres. — De même que toute parole articulée exprime l'essence et contient la définition de la chose, de même chaque lettre possède une valeur logique, ontologique et psychique, dont la connaissance est adéquate à celle de l'univers. Elles jouent dans la Kabbale exactement le rôle des idées dans Platon.

Les vingt-deux lettres se divisent en trois groupes : les *trois mères*, les *sept doubles* et les *douze simples*. Les *trois mères* représentent les trois éléments, eau, air, feu. — Les *sept doubles* désignent les principes à double tendance (les antinomies); enfin, les *douze simples* répondent aux divisions du temps, aux parties du corps de l'homme et au système de ses passions et facultés. — Mais au-dessus des *lettres* et des *nombres*, est l'élu, le Seigneur qui domine toutes choses.

Tel est le premier monument de la Kabbale : il exclut d'une part le dualisme oriental, et ramène tout à l'unité ; d'autre part, la distinction ontologique entre l'esprit et la matière, en faisant naître celle-ci de celui-là, par la médiation de la parole ou du verbe. Nous verrons plus tard les développements et transformations de cette doctrine, qui n'est à nos yeux qu'une traduction accommodée au génie hébraïque, de la philosophie panthéistique.

Les idées du *Sépher ïetzirah* formaient une doctrine secrète ou ésotérique parmi les Juifs, c'est-à-dire réservée aux saints et aux parfaits, et soustraite au vulgaire. Mais on sait que ce secret n'était qu'un moyen de puissance de plus, en même temps qu'une précaution contre le scandale des simples ; les idées ne marchent point par l'impulsion des masses ; ce sont les masses, au contraire, qui suivent l'impulsion, apparente ou secrète des idées.

24. Hérode poursuit à sa façon la transformation de la Palestine. Il rebâtit Samarie, et lui donne le nom de *Sébaste* ou *Augusta*. Qu'y a-t-il de plus solide que des remparts, se dit Hérode, de plus durable qu'une ville ? Et que pourrait-on imaginer de mieux, faire de plus pour perpétuer le souvenir de la régénération par César Auguste, que de faire porter son nom à toutes nos cités !... Ainsi raisonne l'impuissante politique, tandis que le génie de l'humanité accomplit son œuvre! — La Numidie est réduite en province romaine.

24. Le gouverneur d'Égypte Ælius Gallus porte la guerre chez les Sabéens (Arabie heureuse) pour les contraindre à échanger leurs produits avec ceux de l'Europe; ils ne voulaient que de l'argent (Cf. 22 ap.).

— Strabon, géographe, en Egypte.

— Virgile écrit l'*Énéïde*.

23. Auguste est fait tribun perpétuel, c'est-à-dire inviolable à perpétuité, précaution indispensable pour la prérogative, plus importante encore, par laquelle il est dispensé de l'observation personnelle des lois. L'antiquité a mieux connu que nous la vraie nature du pouvoir, et surtout du pouvoir d'origine populaire. Si la plénitude de la puissance est surtout dans l'acte législatif, il en résulte que le législateur ne peut pas être enchaîné par la loi qu'il a édictée sans quoi il ne pourrait pas la révoquer. Et puisque le législateur est ou doit être censé infaillible, le César, en qui la puissance législatrice est immanente et permanente, est nécessairement impeccable, quoi qu'il fasse; il a donc le droit de tout faire.

Mort du jeune Marcellus (neveu, fils adoptif et gendre d'Auguste) pleuré par Virgile. C'était le successeur d'Auguste, un messie présomptif. Mais, dit le sage Hillel, le Messie est une fiction; Marcellus, mari de la funeste Julie, mourut du mal césarien. *Ostendent terris hunc tantum fata.*

— Juba, roi de Mauritanie, fait explorer les îles fortunées, et rédige la relation du voyage qu'il dédie à Auguste.

22. Hérode fonde *Césarée*, et reçoit en échange la Batanée et la Trachonite. C'est le héraut qui crie au monde oriental: Il n'y a point d'autre Messie que César!

Plancus et Paulus Lépidus, anciens proscrits, sont les derniers censeurs. Encore une magistrature qui disparaît et que Dèce essayera inutilement de relever (250).

Cependant le Césarisme ne passe pas sans protestation, Cœpion et Murens conspirent contre Auguste; ils sont déjoués. Les Asturiens et les Cantabres essaient de se révolter; ils sont aussitôt soumis. Ce sont les derniers soupirs de la liberté.

La dissolution de la tyrannie ne peut venir, quant à présent ; les nations sont fatiguées. La Barbarie et l'Idée seules peuvent avoir raison de lui. Pourvu qu'elles n'arrivent pas trop tard !

Après une expédition malheureuse contre les Arabes Nabathéens, les Romains vaincus, et dont les vaisseaux avaient péri sur la mer Rouge, sont attaqués par Candace, reine d'Ethiopie.

Le gouverneur d'Egypte, Pétronius, repoussa Candace, pénétra jusqu'à 300 lieues au delà du tropique, saccagea Napata et imposa le tribut, mais Auguste le rendit pour ne point irriter ces peuples.

— Célébrité de Virgile, chantre du siècle nouveau des oracles étrusques et sibyllins, prophète de la gloire impériale ; son poème de l'*Eneïde* n'est autre chose que la *Genèse* de Rome et des Césars.

On parlera de lui longtemps dans les collèges ; devant l'histoire, il n'a eu d'autre mérite que de prendre à contresens le problème messianique et social.

— Théâtre de Marcellus, le plus petit de Rome. Il contenait 22,000 personnes. — Palais d'Auguste.

— Les députés des *Sarmates*, des *Scythes*, de l'Ethiopie et de l'Inde, viennent à Samos solliciter l'alliance de César.

21. Auguste donne sa fille Julie, veuve de Marcellus, à Agrippa... Il passe en Grèce, révoque les privilèges des Athéniens (?) et passe l'hiver à Samos. Toute son occupation est de tailler, émonder partout, ôtant aux villes et aux nations ce qui peut entretenir leur vitalité, et ne leur laissant de ressource que dans la munificence impériale. On peut le regarder comme le *châtreur des peuples.*

Agrippa va pacifier le Bosphore et donner un roi aux Cimmériens ; mais toujours courtisan, il refuse le triomphe ; dès lors il passe en loi que la gloire militaire, *Virtus imperatoria,* et le triomphe qui en était le prix, sont la propriété de César !

20. Les Tyriens et Sidoniens punis (?) ; Cysique réduite ; la Phénicie réunie à la Syrie ; une expédition de Tibère en Arménie, pour y établir un roi dévoué à Rome, **Tyrane** ; de perpétuels voyages d'Auguste en Asie et en Grèce ; l'agitation

du peuple à Rome, pour la nomination des consuls; l'abolition des corporations d'arts et métiers; la restriction appor-
tée aux affranchissements; la destruction de toute initiation
populaire : tout témoigne d'une paix laborieuse et de l'extinc-
tion systématique de toute liberté. — Cependant il reçoit des
Parthes les aigles prises sur Crassus et Antoine.

Fondation du Colysée, dont les restes font encore l'admiration. Il contenait 87,000 personnes.

19. Par une contradiction singulière, mais qu'explique sa
position équivoque, Hérode entreprend de relever le temple
de Jérusalem. Chose que Daniel n'avait pas prévue, et plus
merveilleuse que les dévastations de Pompée et de Crassus,
le culte de Jéhovah, par la protection d'un fils d'Edom, va
redevenir plus splendide qu'il n'avait été sous les Maccabées
eux-mêmes. Plus que jamais les Juifs portent haut leurs
espérances; quelques-uns, plus flatteurs sans doute qu'orthodoxes, en viennent à prendre Hérode pour le Messie. On
les appela les *Hérodiens !*

— Auguste, de retour à Rome, préfet des mœurs ou censeur et consul à vie. — Agrippa soumet les Cantabres qui, dès
ce moment ne remuent plus. — Il charge les Suèves et
Ubiens de la garde du Danube, et les établit à Cologne.

— Mort de Virgile.

18. Renouvellement des pouvoirs d'Auguste pour cinq
ans.

— Balbus, gouverneur d'Afrique, est vainqueur des Gara-
mantes : l'Empire obéit à sa loi ; il avance toujours, jusqu'à
ce qu'il recule, à mort. — Mais déjà le nord devient menaçant; les royaumes de Suède et Norvège et les deux Gothies
se réunissent; une centralisation s'organise, par delà la Germanie, en face de Rome.

17. Auguste rétablit à Rome les jeux séculaires; un des
caractères essentiels de la tyrannie impériale est la revivification des vieilles coutumes. — Horace compose à cette occasion son *Carmen seculare.*

— Auguste visite la Gaule ; Agrippa la Syrie...

? Sous Auguste, un affranchi dont la fortune avait été déla-
brée par les guerres civiles, laisse, en mourant, 3,600 paires

de bœufs; 250,000 têtes de menu bétail; 4,116 esclaves (fortune d'au moins dix millions);

— Pollion et ses misères.

16. Les Romains entendent parler des Sarmates (Slaves), sur la rive gauche du Danube.

Défaite de Lollius, sur le Rhin, par les Germains, et prise d'une aigle romaine. La présence d'Auguste devient nécessaire : il divise le pays rhénan en deux provinces, qu'il nomme les deux Germanies.

15. Inauguration du troisième temple, fondé par Hérode; mariage et haute faveur du fils d'Hérode et de Marianne. Le parti messianiste, c'est-à-dire la presque totalité de la nation, s'énivrant des moindres circonstances, salue en eux les espérances d'Israël.

— A la Pannonie et à la Mœsie, Auguste ajoute la Rhétie, la Vindeline et le Noricum, et fixe au Danube la frontière de l'empire.

— Agitation des Sicambres.

— Combats de Tibère et Drusus, fils de Livie, au nord des Alpes.

14. Établissement du cycle solaire de 28 ans, au bout duquel les lettres dominicales reprennent leur première place.

Auguste, avec une ferveur croissante, s'applique à protéger, soutenir et favoriser les cultes. Il bâtit un temple à Apollon, un autre à Mars vengeur, un troisième à Jupiter tonnant; règle les honneurs dus aux divinités des carrefours et grands chemins, autorise le culte rendu à Isis, Osiris, Sérapis et à tous les Egyptiens, après avoir eu soin d'obtenir, toutefois, l'agrément de ceux du Capitole. Les dieux, les dieux ! sont les protecteurs de César. Un peuple, occupé de spectacles et de processions, ne songe pas à la liberté.

Grands travaux pour l'établissement des voies militaires, pour relier Rome à toutes les parties de l'empire.

13. L'ancien triumvir Lépide étant mort, Auguste s'empare du pouvoir souverain pontifical, il ne le prit d'abord que pour dix ans, et se fit proroger ensuite, ce qui donne lieu aux *décennales*. Ainsi, le peuple fêtait les anniversaires de son usurpation, Auguste se déc'are chef de toutes les religions : *Primum arcanum imperii* (?). Ainsi, la pensée messianique est aussi bien sentie du chef romain que de la populace israélite. Jésus n'est pas né que la place est prise ; du mythe qui le fit Dieu, le culte qui le reconnaît pour auteur, fut l'expression la plus imparfaite et la plus misérable. Auguste établit des commissions spéciales *cognitiones extra ordinariæ* pour la recherche des délits de majesté.

13-12. La Pannonie s'agite sous le joug : Agrippa, Tibère et Drusus, sont envoyés pour la contenir.

— Premier consulat de Tibère ; n'osant ou ne pouvant retenir toutes les dignités pour lui seul, Auguste les distribue dans sa famille.

— Les emplois de préfet de *police* et de *préfet des vivres* (*annonæ*) conservés

12. Un temple est élevé à Auguste, à Ainay, près Lyon, par soixante nations ; on donne à ces réjouissances le nom de fêtes gauloises. Le ralliement des cultes, l'abdication des nationalités, s'accomplit sur le Rhône comme sur le Jourdain, par le proxénétisme des grands, mais avec la protestation silencieuse des peuples. L'empereur est regardé comme une incarnation de la Divinité. Quand les chrétiens du second siècle rédigeront leurs évangiles, et revendiqueront pour leur maître le privilège de cette filiation divine, ils n'auront qu'à copier l'acte de naissance théandrique des Césars.

— Mort d'Agrippa , gendre d'Auguste. — Julie , gage de la succession impériale, et déjà mère de cinq enfants, passe aux mains de Tibère, fils de Livie, d'un premier lit, et qui est adopté pour héritier , au préjudice des enfants d'Agrippa.

12. Auguste tente la conquête de la Germanie. Il jugeait cette conquête, comme celle de la Gaule, indispensable à la sécurité de l'empire. La suite a prouvé qu'il ne s'était point trompé. Il y envoya ses neveux et petits-fils. L'entreprise manqua tout à fait (9), comme la tentative sur l'Yemen (24) et l'Éthiopie (22).

13-9. Campagnes de Drusus sur le Rhin et le Weser. Il

avait formé le projet de conquérir la Germanie, comprenant bien que le Rhin, malgré la profondeur de ses eaux, n'était pas pour l'empire une frontière sûre ; il bâtit cinquante forts, et pénétra jusqu'à l'Elbe, où une maladie mortelle l'arrêta.

11. Nouvelles tragédies dans la famille d'Hérode. Il accuse devant Auguste les deux fils qu'il avait eus de Marianne. Le spectre de la légitimité asmonéenne le poursuit en même temps que celui du messianisme. Auguste, à grand'peine, parvient à calmer l'ombrageux despote et le réconcilie avec ses enfants.

Les Gêtes évacuent la Thrace.

11. Mort d'Octavie. Auguste dédie un temple à Marcellus, son neveu et gendre.

11-10. Campagnes de Tibère et Drusus en Germanie. Drusus combat tour à tour les Sicambres, les Chauques, les Usipètes, les Frisons, les Cattes, les Chérusques ; Tibère de son côté soumet les Pannoniens et les Dalmates. Un canal de jonction est creusé entre l'ancien et le nouvel Issel.

Géminus, mathématicien de Rhodes, écrit sur les courbes.

10. Sectes juives des *Samaritains* et *Hémérobaptistes*. Sous le nom de *Samaritains*, nous pensons qu'il faut entendre ici non pas seulement une branche du Jéhovisme, rivale de celle de Jérusalem, mais une école réformiste propre au pays de Samarie, et dans laquelle se fit remarquer un certain Euphratès, qui fut, suivant quelques auteurs, le maître de Simon le Mage. Les juifs ont calomnié les samaritains leurs frères en leur imputant les plus grossières superstitions. Les doctrines de Simon, de Ménandre, de Dosithée, qui tous trois avaient été samaritains, prouvent que vers ce temps il s'opérait en Samarie un mouvement religieux analogue à celui que nous avons vu naître parmi les juifs, dans la publication des paraphrases chaldaïques (30), doctrines de Hillel (37) et la Kabbale (25) et fondé absolument sur les mêmes données, à la fois grecques et orientales.

Les Hémérobaptistes qu'illustra plus tard Jean le Baptiseur, admettaient la majeure partie des idées pharisiennes ; leur nom vient du baptême ou bain qu'ils prenaient tous les jours. Ils s'étendaient en Samarie, en Syrie, et vers le golfe persique.

10. Hygin, grammairien, mythologue, bibliothécaire d'Auguste.

9. Drusus meurt en Germanie, à l'âge de trente ans, entre la Saale et le Weser. — Tout concourt à l'avènement de Tibère ; la mort de Marcellus, puis celle d'Agrippa, puis celle des enfants d'Agrippa, moissonnés à la fleur de la jeunesse. Tout accuse Livie, la femme répudiée de Tibérius Nero. Elle donne l'exemple à Agrippine : ces deux femmes, par leurs intrigues et leurs poisons, assurent l'empire à deux monstres.

Après la mort de Drusus, Domitius Ænobarbus poursuit la conquête de la Germanie et passe l'Elbe. Mais Auguste, qu'effrayaient des conquêtes sans fin, fixe la limite de l'empire aux bords du Rhin ; il transporte, sur la rive gauche de ce fleuve quarante mille Sicambres auxquels il impose la loi romaine, et prélude ainsi lui-même à l'occupation future des Francs.

Continuation des travaux commencés pour l'embellissement de Rome, par Agrippa.

9. Dédicace du temple de la Paix, dans le Champ de Mars. Jamais assez de temples pour les tyrans.

8. Auguste feint de vouloir abdiquer et se fait continuer le pouvoir suprême pour dix ans. Il rend la loi de Majesté, dite loi *Julia*. Il fait des règlements sur les mœurs. Le Sénat lui décerne le nom de *père de la patrie*, comme autrefois à Cicéron, et donne son nom au mois Sextilis, que nous appelons encore août. — Tibère, envoyé par lui en Germanie à la place de Drusus, continue la guerre de protection et de châtiment contre les barbares ; les Suèves-Marcomans effrayés fuient sous la conduite de Mérobod, des bords du Rhin jusque dans la Bohème.

Mort de Mécène. Il descendait des anciens rois étrusques. Ce favori qui possédait la tradition monarchique, fut avec Agrippa, le conseiller d'Auguste, et l'un des auteurs du despotisme impérial.

— Vitruve dédie à Auguste son livre sur l'architecture.

— Hérode fait la guerre aux Arabes avec succès. Quoi qu'entreprenne ce prince, il ne peut se délivrer des soucis contraires qui le tourmentent. Vaincu, il soulève les Juifs, perd la faveur d'Auguste et se ruine; victorieux, au contraire, sa fortune ne sert qu'à enivrer le peuple qui le rejette, et s'obstine à ne voir en lui qu'un anti-Messie, un usurpateur des destinées nationales.

7. Le Pont est réduit en province romaine. Triomphe de Tibère.

Publications des *antiquités romaines*, de Denys d'Halicarnasse,

6. La popularité des fils de Marianne les perd : ils sont mis à mort par Hérode. La haine des Juifs pour ce roi parricide est portée au comble. Une preuve qu'Hérode n'en voulait pas précisément à la famille asmonéenne, mais seulement à tout ce qui excitait le fanatisme juif, c'est qu'il fit élever avec soin les enfants d'Aristobule, qui tous régnèrent après lui, Agrippa, Hérode et Hérodias. Ce que voulait Hérode, c'était non seulement de régner, mais que tout le monde embrassât sa politique; c'est ce qui explique la mort de Marianne, de son frère et de ses enfants.

Q. Varus est nommé gouverneur en Syrie, et se rend fameux par ses déprédations. — Auguste, après avoir donné la dignité de tribun à Tibère, l'envoie gouverner l'Arménie.

— Invention du cycle lunaire de dix-neuf ans et du nombre d'or.....

5. Douzième consulat d'Auguste.

— (25 décembre). — Naissance présumée de Jésus, dit le Christ, d'un artisan de Nazareth en Galilée, d'après la légende évangélique, et la rectification d'Ussérius. Suivant une autre légende, qui ne manque pas de motifs, mais dont le fait n'est pas matériellement prouvé, le vieil Hérode aurait sévi contre les restes de la famille de David, et fait massacrer les enfants de quelques habitants de Bethléem, qui passaient pour tirer de l'ancien roi hébreu leur origine.

25 décembre. — Cette date a incontestablement une signification astronomique, comme celle de la Pâque, ou *saut* (du soleil). Noël, de *Natalis* (*dies*), est la naissance de l'astre.

Ressemblance avec Adonis et Osiris. — Influence phénico-égyptienne.

4. Mort d'Hérode. — Une sédition éclate pendant sa dernière maladie. L'impatience du peuple ne peut attendre qu'il ait rendu le dernier soupir ; il se soulève à l'instigation de deux docteurs de la loi, Judas et Mathias, que le despote mourant a encore le temps de faire saisir et brûler tout vifs.

3. Une émeute éclate à Jérusalem contre le gouverneur romain Sabinus. Les espérances messianiques s'enflamment d'autant plus que l'époque prédite pour la venue du Messie paraît déjà passée ; deux individus prennent le titre de Messies ou de Rois. Parmi eux l'on remarque Theudas ou Judas, fils d'Ezechias (46), chef de brigands comme son père : il est tué avec les siens. Les autres sont exterminés par Varus.

Pour mettre fin au messianisme ainsi qu'à la tyrannie hérodienne, les deux plaies de la Judée, une députation nombreuse de Juifs se rend à Rome et demande l'abolition de la royauté, l'établissement de la République et l'annexion à la province de Syrie. La politique d'Auguste trouve plus utile de combattre le messianisme par un pouvoir antagonique divisé et dépendant de Rome ; il partage les états d'Hérode entre ses enfants, donne à Archélaüs la Judée ; à Antipas, la Galilée ; à Philippe, la Trachonite.

2. Un berger, nommé Athrouge, prend en Judée le titre de roi ; il est massacré avec les siens par Archélaüs. — Fondation des villes *Julias* et *Césarée* de Philippe, par les fils d'Hérode, qui imitent la courtisanerie de leur père.

Guerre d'Arménie, conduite par Caïus César, petit-fils d'Auguste, accompagné de son précepteur Lollius. — Auguste prend son treizième consulat.

2. Dédicace du temple de Mars, par Auguste ; fêtes magnifiques, combats de gladiateurs, et naumachie au milieu du cirque transformé en lac.

Mais le poison est au cœur d'Auguste, puni par où il a péché. Les débauches de sa fille Julie, qu'il était soupçonné d'avoir lui-même corrompue, l'obligent à l'exiler. Elle avait alors 37 ans.

1. Départ pour l'Orient du jeune Caïus César, fils de Julie ; accompagné du géographe Denys, le périégite.

Publication du *Targum*, ou traduction libre, de Jonathan,

disciple de Hillel : elle comprend le livre des *Juges*, des *Rois*, des *Prophètes*, et fait suite à celle d'Onkélos (30) ces deux versions popularisent dans toute la Syrie, la Galilée, la Samarie, la Judée, la connaissance des livres juifs, qui ne contribue pas peu à exciter le zèle prophétique et messianique. Toutes les têtes bouillonnent à ces lectures. Suivant Prideaux, c'est dans les paraphrases chaldaïques que Jésus, comme la plupart de ses contemporains, aurait acquis dans les synagogues les connaissances des anciennes écritures : les phrases qu'il lui arrive de citer n'étant pas empruntées au texte original, mais à la version syriaque.

Il y eut encore par la suite d'autres Turgums, ce qui porte à huit le nombre des paraphrases. Elles sont utiles pour l'intelligence des livres juifs, en ce qu'elles donnent le sens admis par les juifs, en l'an 1er de notre ère.

Commencement du cycle pascal, ou période dionysienne. Si on multiplie le cycle lunaire par le cycle solaire c'est-à-dire 19 par 28, on a pour produit 532, qui est la durée du cycle pascal, *cui bono ?*

SIÈCLE DES CÉSARS

Le précédent sera appelé *siècle d'Auguste* (???)

1. *Ère vulgaire ;* 4714 de la période Julienne ; 4004 de la création d'après Ussérius ; 753 de Rome ; 1er de la 195e olympiade, 323 de l'ère d'Alexandre.

La fixation de cette ère se trouve aujourd'hui sans la moindre raison politique ou religieuse.

Les moments principaux de la période que nous parcourons sont, pour la politique l'*ère Julienne* et l'*ère actiaque* ; pour le mouvement religieux, la composition du Sépher-ïetzirah (25 av.) ; la fondation du Panthéon (25 av.) ; la mission de Simon le Mage (20 ap.) ; celle de Jésus (29) ; celle d'Apollonius (37) ; le concile de Jérusalem (56). Aucune de ces époques ne suffit par elle-même à représenter le caractère complexe de la période.

Denys le Petit, qui le premier mit en usage l'ère que le monde civilisé suit aujourd'hui, prit cette année pour celle de la naissance du Christ, qu'on croyait mort l'an 18 de Tibère, à l'âge de 33 ans et 3 mois; mais, comme nous verrons, Jésus n'est pas mort l'an 18 de Tibère; d'autre part, comme la légende voulait qu'il fût né sous Hérode, force a été de reculer au moins jusqu'à la dernière année de la vie de ce prince, laquelle coïncide avec l'an 5-4 avant l'ère de Denys.

Au fond, rien de moins certain, et rien de moins important à savoir que l'année véritable de la naissance de Jésus. L'Ère messianique, ainsi qu'on peut juger, ne peut se rapporter à aucune année particulière, ni de César, ni d'Auguste, ni des écoles ou missions philosophiques et religieuses d'Orient. Et c'est peut-être pour cela que l'erreur de Denys, ne donnant la préférence à aucune, et n'excluant rien, est encore plus près de la vérité.

Naissance d'Apollonius de Tyane, qui devait sa vie durant, l'emporter de beaucoup sur le réformateur galiléen par l'éclat de sa science, l'étendue de ses missions, la longueur de sa vie; — qui le balança quelque temps par son apothéose et ses miracles; que le Christianisme vainqueur a fait ensuite oublier et maudire, et que la postérité plus équitable rétablira au même rang.

N'est-ce pas une malice du sort que l'ère chrétienne soit précisément celle d'un ante-Christ?...

Religion des Empereurs. — A l'ancienne religion des Étrusques, aux douze grands dieux mâles et femelles, qu'ils plaçaient dans le ciel, et qu'ils nommaient *Dii majorum gentium*; aux dieux inférieurs, dont le cortège se compose de héros divinisés; à la multitude de divinités plus ou moins triviales, ridicules, obscènes, qu'ils laissaient sans temples et sans autels, les Romains ajouteront dorénavant les Empereurs, à qui la mort conférera régulièrement la déité.

Chose étrange, que nous ayons tant de peine à comprendre aujourd'hui ce qui s'entendait si bien au siècle des Césars, et que nous regardions comme une superstition dégradante ce dont le Christianisme n'a été, après tout, qu'une contrefaçon mutilée.

Époque de Tite-Live, Pompronius Méla, Denys Périégète.

Caïus César fait la paix avec les Parthes : c'est tout ce que pouvait le jeune homme, tout ce qu'aurait pu un héros. Qu'on remarque la fatalité qui pèse sur l'empire : au nord, à l'orient, au midi, partout son immense frontière est ouverte ; partout des hordes ennemies, innombrables, indestructibles ; partout la guerre, une guerre dont ne peut venir à bout la victoire, partout l'impuissance d'un système qui s'affaiblit à mesure qu'il s'étend, et qui ne peut pas ne pas s'étendre !

3. Tibère en disgrâce auprès d'Auguste, rentre à Rome après une absence de 7 ans. Mort de Lucius César, 1er fils d'Agrippa et de Julie, à Marseille. Le vide se fait autour d'Auguste, comme autour de Louis XIV ; ou plutôt, premier trait de ressemblance de l'empereur avec les dieux : César, comme Saturne, dévore sa postérité.

Renouvellement du pouvoir suprême en la personne d'Auguste, pour dix ans.

4. Conspiration de Cinna : Auguste se montre clément, chose étrange ! La politique lui commande de se montrer, vis-à-vis des ennemis de son despotisme, hospitalier ; il n'a pas la consolation de conserver ses enfants. Mort de Caïus César, 18 mois après son frère Lucius. Tibère, l'étranger, troisième époux de Julie, est définitivement adopté, à l'exclusion de ses neveux les petits fils d'Auguste !

Mort d'Asinius Pollion : désespérant de la liberté, il avait eu le mérite de donner l'exemple de la résignation à la tyrannie.

4-6. Création des gardes prétoriennes, en sus des armées permanentes. — Auguste crée pour elles une caisse militaire, leur donne double paie (cette paie était de 2 dragmes ou deniers par jour, 730 par an), assure à tous les soldats une retraite après 16 ans de service.

Cette retraite se composait de 3,000 dragmes, une fois payées, pour les simples légionnaires ; 5,000 pour les prétoriens.

Elle devait tenir lieu à l'avenir de distributions de terres. Le nombre des prétoriens fut d'abord de 9 à 10,000, porté ensuite à 16,000 par Vitellius ; il s'éleva, après S. Sévère, jusqu'à 50,000. Pour ne point irriter le peuple par la vue de

cette force armée, Auguste laisse seulement trois cohortes
dans la ville, et répartit le reste dans la banlieue et les cités
environnantes.

Après les guerres civiles, le peuple n'a plus rien à faire !
La propriété foncière en Italie est convertie en grands do
maines, parcs, etc. ; Rome, qui vivait jadis de ses grains, les
tire tous de l'Egypte, de la Sicile et de l'Afrique. L'*ager
romanus* retourne à la sauvagerie. Le métier de soldat
devient le patrimoine du plébéien, *solde, pillage, donations,
retraite, distributions de terres, de blés*, etc. Il était associé
en participation avec l'empereur, pour l'exploitation du
globe.

Tibère marche contre les Attuariens (Gueldre), Bructères
(Munster), les Longobards, sur l'Elbe, les Marcomans, les
Quades, les Hermundures et les Semnons. On dirait une
revue que le futur empereur va passer des ennemis de
l'empire. — Il est accompagné de Velléïus Paterculus,
futur historien de cette époque.

5. Révolte en Pannonie et Dalmatie contre la domination
romaine.

Nous plaçons à cette date l'époque où fleurit Celse, génie
encyclopédique, ami de Virgile et d'Horace, et qui mourut
vers la fin du règne d'Auguste. Il avait écrit un ouvrage,
Artium libri, où il traitait de toutes les sciences : cet
ouvrage est perdu. Tout tend à se synthétiser à cette époque :
Les États, les religions, les sciences. Celse est empereur,
comme César, comme Apollonius, comme Jésus. — Il reste
de lui un traité de *Arte medica* écrit dans la plus pure latinité,
et qui est le seul monument que nous ait laissé l'antiquité
sur la médecine, depuis Hippocrate. Celse embrasse toutes
les branches de son art : l'hygiène, les maladies, la chirurgie,
la pharmacie, les accouchements. Il était éclectique en fait
de médication : c'est peut-être encore la seule branche des
connaissances humaines où la sagesse prescrive d'admettre
l'éclectisme.

6. Les Parthes prient Auguste de leur choisir un roi. Il
leur donne Voronès 1er, élevé à Rome. Heureux s'il pouvait
dompter cette nation, comme il a dompté la Judée, par un

roi pris dans son sein !... C'est vers cette époque, que les Romains, commandés par Tibère en Illyrie et Germanie apprennent les noms des Goths, Sitons, Suïons, Finnes, Roxolans, Jazyges, Alains etc. — Quel dommage que cet effroyable dénombrement ait été oublié par Virgile, dans le 6ᵉ livre de son Énéïde !...

Tibère qui songeait à les visiter est forcé de se rabattre sur la Pannonie et la Dalmatie dont les populations occupèrent durant 3 ans 15 légions sans compter les auxiliaires. Ce fut la plus rude guerre que les Romains eurent à soutenir au dehors depuis les guerres Puniques.

Archelaüs, fils d'Hérode, et roi de Judée, est accusé auprès d'Auguste par ses sujets. L'empereur le mande à Rome, et puis l'envoie en exil à Vienne, dans les Gaules. La Judée est réunie à l'empire, qui ne cesse de s'arrondir par la mort et la dépossession de ses tributaires.

Secte des *Iduméens* ou *Zélateurs des Campagnes :* messianistes exaltés, qui refusent de reconnaître la puissance de César, et soutiennent que le peuple de Dieu ne peut, sans péché, payer tribut à un prince infidèle.

7. Auguste envoie pour gouverneur la Judée, *Quirinus*, qui débute par ordonner un recensement. Les Juifs murmurent; les zélateurs des campagnes, ayant à leur tête Judas le Gaulonite ou le Galiléen, courent aux armes. Ce mouvement est réprimé. Le Pontificat est donné à Anne ou Ananus.

8. Auguste, mécontent de Tibère, envoie à sa place, pour continuer la guerre, Germanicus, fils de Drusus, par conséquent petit-fils de Livie et neveu de Tibère. — Pour surcroît de chagrin, il est forcé d'exiler le jeune Agrippa, le dernier de ses petits-fils, caractère féroce et digne de Julie, sa mère.

9. *Loi d'Auguste contre le célibat.* — Cette loi révèle une des plaies profondes de la société romaine, et que le régime impérial ne pouvait qu'étendre sans cesse. Tout était devenu jouissance pour les maîtres du monde, et jouissance matérielle. Depuis le plébéien jusqu'au César né dans la pourpre, tous ne concevaient l'empire que comme l'exploitation et la dévoration de la terre. Dans l'amour, même fureur grossière qu'à table. Pour manger davantage, les plus honorables des Romains se faisaient vomir jusqu'à dix fois dans un repas: c'est ainsi qu'ils concevaient la bonne chère.

L'amour de même : la délicatesse et le sentiment que la continence et le sacrifice seuls peuvent donner faisant défaut, le plaisir devenait insipide, s'il ne s'y mêlait le viol, l'inceste, le sacrilège, l'effusion du sang. (Ce qui pour tous les hommes est débauche et crime, pour le peuple-roi était consommation légitime.) C'était comme le partage des terres, les distributions de blé et d'argent, le droit de la victoire. Dès lors, la famille sans joies, était un ennui et une charge. La stérilité devenait une condition de la jouissance; cela était aussi vrai en *matière d'amour* qu'en matière de propriété.

Pas plus de mœurs que de frontières ; comment l'empire pouvait-il résister?... Ces tristes réflexions empoisonnent les dernières années d'Auguste; son âme était navrée, quand le poison de Livie l'acheva.

La première condition du rétablissement des mœurs eut été la glorification du travail. — Pour faire travailler la plèbe et le patriciat, il fallait organiser à la fois, partout l'empire, et l'émancipation des esclaves et les libertés municipales; il fallait renoncer au despotisme!...

9. Le vrai berceau du mariage et de la famille est Rome. — De bonne heure, l'union conjugale y fut très sévère ; et ce qui surprend, est de voir cet esprit de famille chez un peuple dont le caractère dur cédait peu à la tendresse des affections. Le Romain n'aime point la femme.

Metellus Numidius étant censeur, haranguant un jour le peuple romain, osa dire que *si la nature avait donné aux hommes le moyen de se reproduire, sans le secours des femmes, ils seraient débarrassés d'un compagnon très importun.* Il concluait que le mariage devait être considéré comme le sacrifice d'un plaisir particulier à un devoir public. (*Aulu-Gelle*, 16.)

Aussi, quand la conquête du monde eut amené le luxe et les voluptés, les Romaines, pas plus que les Romains, ne voulurent du mariage; ce fut, entre les hommes et les femmes un assaut d'impudicité, une conjuration contre l'espèce.

9. Ovide, exilé pour avoir surpris involontairement un honteux secret dans la *famille* impériale.

10. Un grand coup est frappé sur l'empire. Tandis que Germanicus soumet les Pannoniens et les Dalmates, trois légions romaines, commandées par Varus, sont massacrées dans la Forêt Noire, par Hermann, chef des Chérusques et des Cattes. Le vieil empereur en est blessé au cœur; il sent que là est une force qui menace le destin de Rome.

L'anéantissement de Varus et de ses légions délivra pour jamais la Germanie, et fit entièrement manquer le plan d'Auguste, poursuivi depuis plus de 20 ans (12 av.). Tacite le reconnaît en disant d'Arminius: *Liberator haud dubie Germaniæ*, et en lui faisant, contre l'injuste oubli des Grecs et des Romains, une sorte de panégyrique (*Ann*. II, 87). Là commence donc la décadence. Le temple de Jérusalem est profané par les Samaritains. Jusque dans le tombeau de leur nationalité, les deux races jumelles se déchirent et s'outragent. On ne peut se faire la guerre; on se déshonore dans la religion.

11. Mort de Corvinus Messala, vieux républicain de Philippes. Orateur et consulaire.

12. *Loi d'Auguste contre le luxe.* — Auguste, sur la fin de sa vie, devient comme Louis XIV, sévère, moral, presque dévot. Il voit l'empire, à peine crépi, qui se lézarde, et il s'efforce, par d'impuissantes ordonnances, d'arrêter la dissolution. Ce n'était pas la première fois, au reste, que les hommes d'État romains entreprenaient d'étayer la République par des lois sur les mœurs. Comme si les mœurs étaient matière à décrets !...

Il faut vous y prendre de plus loin, divin empereur! La liberté! la liberté, le travail pour les masses, et pour vous, l'abdication.

Comme s'il eût voulu lui faire entendre qu'il était temps pour lui d'aller au ciel, Tibère, associé à l'empire, institue en l'honneur d'Auguste, les fêtes Augustinales. — Il reçoit le triomphe.

12. (Cf. *supra*, 9). La corruption des mœurs publiques, manifestée par les lois contre le célibat, le luxe des habits et des tables, etc., a pour cause l'incapacité déjà signalée (T. Ier, à l'occasion des Spartiates) d'une multitude grossière, de jouir des biens de la civilisation.

Voilà pourquoi il faut une pratique de l'aisance, du bien-être et de la richesse, pour que l'homme à qui il arrive n'en soit pas comme étouffé, semblable à une plante sauvage qu'on ferait avorter à force d'engrais. Le travail, toujours soutenu, l'égalité, l'émulation, peuvent seuls, avec l'*habitude*, prévenir cette corruption.

12. Secte juive des *Deuterotes* ou nouveaux interprètes, qui se servaient, dit-on, d'énigmes pour interpréter la loi. On reconnaît en eux les Kabbalistes.

12. Triomphe de Tibère.

13. Auguste se fait proroger le pouvoir suprême encore pour 10 ans, et associe Tibère à la dignité tribunitienne. (23 a.)

Par cet acte, il désigne Tibère pour son successeur. Ce ne fut point, dit Tacite, par affection ou dévouement à la république, mais parce que, connaissant à fond cette âme despotique et cruelle, il voulait que la comparaison tournât un jour à son avantage.

13. Auguste établit un impôt du vingtième sur les legs et les héritages. Cet impôt atteignait surtout les riches. Sous Caracalla, il fut porté au dixième, et étendu aux provinces. Il est très mal accueilli du peuple. Une plaie nouvelle se révèle dans la monarchie de César Le peuple prétendait ne payer d'impôts d'aucune sorte; il voulait être nourri et amusé aux frais de l'État; c'était pour lui que le monde avait été conquis. C'était aux nations vaincues de solder ses dépenses. L'empereur, placé pour mieux voir, sentait déjà au contraire que l'empire ne pourrait se soutenir que par le travail de tous et l'égalité des charges, d'autant plus que devant les nécessités d'un état de guerre interminable, il fallait un budget régulier, un impôt.

De deux choses l'une : ou changer le système d'exploitation des provinces, le seul que comprît le peuple ; ou exiger de tous les citoyens, patriciens et plébéïens, romains et provinciaux, l'égale contribution aux charges de l'État, ce qui était, en partie, la négation du droit de conquête et de l'absolutisme. Les empereurs, sacrifiant à leur pouvoir le bien des nations et le salut de Rome même, reculèrent devant les significations de la plèbe ; pour remplir le trésor, sans toucher aux privilèges du peuple-roi, ils durent ne reculer devant aucune proscription, aucune extorsion : ce fut le dernier coup porté au Césarisme, par le Césarisme même.

En même temps qu'il essayait d'imposer le revenu, Auguste rendait une loi contre les libellistes qu'il assimilait aux criminels de lèse-majesté. (Qu'étaient ces *libellistes?*...)

— Des sociétés savantes se fondent dans les Gaules, à Autun, Lyon, Bordeaux, Toulouse, Narbonne, à l'imitation, et sous l'impulsion des Romains. Semblants d'encouragements donnés aux intelligences.

De quel esprit étaient animées ces sociétés? Que disaient-elles aux populations encore frémissantes sous un joug nouveau?

Que l'empereur des Romains devait être obéi, honoré, adoré comme un dieu !...

Elles étaient donc un instrument de plus entre les mains du despotisme. Aussi, ont-elles si bien opéré, et les évêques chrétiens, venus à leur suite, ont si bien fait, qu'aujourd'hui encore, il ne reste plus rien de la vieille Gaule que ses rochers, ses cours d'eau et quelques bouquets de ses forêts. La Gaule, émasculée par son aristocratie, gagnée à César, s'est effacée tour à tour devant Rome, devant Jérusalem et devant la horde Germanique. A peine, si de temps à autre, elle s'est révélée dans son instinct municipal, bien étouffé par les Césars, les rois, les jacobins et les empereurs.

Il n'y a que l'extrême barbarie qui résiste au fléau : cette année, pendant que les Gaulois reçoivent avec reconnaissance l'enseignement césarien, les Parthes chassent le roi qui leur a donné Auguste, et s'en donnent un de leur choix, Artaban.

14. 19 août. — Auguste ordonne un nouveau recensement de l'empire, et charge Tibère de la réforme des mœurs et des lois. Il meurt à Nole, à l'âge de soixante-seize ans.

[Livie fut accusée d'avoir hâté la mort du vieux tyran, qu'elle n'aima jamais, et dont elle servit longtemps, comme Pompadour, toutes les lubricités Le récit de Tacite le donne à entendre; Suétone le dit expressément.

On savait qu'il avait reçu le jeune Poshumius, dernier fils d'Agrippa; on craignait une adoption; ce secret, surpris par *Fabius Manicus*, qui accompagnait l'empereur, et confié par lui à sa femme Martia, qui le rapporta à Livie, coûta la vie à l'imprudent.

Quoi qu'il en soit, il est certain que Livie et Tibère tinrent la chose secrète, jusqu'à ce qu'ils eussent pris leurs mesures; si bien que Rome apprit à la fois et la mort d'Auguste et l'avènement de Tibère]

Résumons la vie de cet homme, chanté par les poètes, et dont le nom est devenu presque synonyme de Père de la civilisation et de représentant de l'humanité.

« Tête froide, cœur insensible, âme pusillanime, a dit de « lui Gibbon ! Il prit, à dix-neuf ans, le masque de l'hypo-« crisie que jamais il ne quitta.

« De la même main et du même esprit, il signa la mort « de Cicéron et le pardon de Cinna. Ses vices, comme ses « vertus, étaient artificiels. »

Il séduit le peuple et le soldat par ses libéralités successives; trompe le Sénat, en se portant adversaire d'Antoine, et couvrant de sa protection la république; égorge sans pitié les républicains, se montre clément quand il n'a plus rien à redouter des résistances et qu'il y a tout à gagner pour lui dans la modération; paye, de la confiscation des propriétés, des profusions du trésor, de la spoliation des temples, la faveur des vétérans et de la plèbe, qu'il contient ensuite d'une main impitoyable dès qu'il s'est assuré le concours des honnêtes gens; offre la réconciliation à l'aristocratie, traite avec le patriciat; puis, annulant tous les pouvoirs, dans des

élections sans moralité et sans bonne foi, enlève peu à peu,
par la désuétude, à la nation, l'exercice des droits politiques.
Il feignit toujours d'observer les anciennes coutumes d'élection et de suffrages : *Quoties magistratuum comitiis inte-
resset*, dit Suétone, *tribus cum candidatis, suis, circuibat,
supplicabat que more solemni. Ferebat et ipse suffragium in
tributus ut unus a populo... civile rebatur*, dit Tacite, *miseri
voluptatibus vulgi*.

Il se souvenait que César avait déplu en se permettant de
lire ses dépêches pendant une course.

Il se mêlait au plaisir du peuple dans le même but.

Auguste étouffe dans les provinces tout esprit national,
tout intérêt corporatif, et ne laisse à tous les sujets de l'empire, Romains et provinciaux, de garantie que dans la grâce
du souverain.

Pendant qu'il accomplit, dans sa longue existence, cette
œuvre d'extermination morale et intellectuelle, il a soin de
nourrir grassement la plèbe, son point d'appui et sa force ; il
enrichit le soldat ; il les amuse de fêtes, de spectacles, de cérémonies religieuses ; il multiplie les constructions ; — c'est
un caractère connu de la tyrannie que l'amour des bâtisses.
Temples, cirques, théâtres, palais, musées, statues, arcs-de-
triomphe, tout pour la gloire de l'empereur, de son génie et
de sa fortune. Il n'oublie que les manufactures, l'education
des masses, l'émancipation des esclaves ; il n'a garde de
créer des écoles de philosophie, d'histoire, de droit public et
social ..

[Le Sénat n'est plus qu'une cour de justice, corps de législation ou greffe d'enregistrement. — Monarchie absolue.]

Quel devait être le fruit de ce système, amené par la fatigue des guerres civiles, soutenu ensuite par la séduction des
masses, une modération trompeuse et une force armée irré-
sistible ?

Le système d'Auguste, par lui-même, ne pouvait durer.
Ce n'était autre chose, en définitive, que la réduction des
pouvoirs publics au bon plaisir d'un seul : or, dans une société déjà avancée, qui avait l'expérience et l'habitude du
gouvernement par le peuple et le Sénat, cette forme, par trop

primitive, de gouvernement n'avait aucune chance de durée. Pour qu'elle se maintînt, il fallait que les peuples, à mesure que la tyrannie se développerait, perdissent l'activité, la conscience et l'esprit; c'est à quoi s'attachait exclusivement Auguste. Le moyen était trouvé : l'esclavage était la base de la production, et la contribution des provinces la source de la subsistance du peuple de Rome; il ne s'agissait que de conserver la faveur de celui-ci, en donnant le change à ses inclinations; quant aux provinces, de leur ôter toute collectivité.

La politique suivie par Auguste et ses successeurs y réussit parfaitement.

Mais ce système, dont nous allons dérouler la monotone histoire, n'avait de valeur qu'autant qu'il était l'organisation de la destruction.

De même qu'un état despotique n'a par lui-même aucune virtualité, aucune chance de durée; de même une société ayant l'esclavage pour base, et une agglomération de peuples constituée sur leur dénationalisation, sont des masses inorganiques, destituées de toute force d'action et de résistance, et qui, au premier choc, doivent tomber en poussière. Aussi verrons-nous périr succcessivement et l'empire et le peuple romain et toutes les nations incorporés; le Christianisme lui-même ne les sauvera pas.

Le Christianisme, d'abord révolutionnaire, régénérateur, ou plutôt sauveur, puisque nous n'admettons pas ici de décadence naturelle, le Christianisme, bientôt façonné par les évêques à l'image de César, ne pourra arrêter cette grande ruine. Il périrait lui-même, s'il ne trouvait son propre salut dans les races barbares, qui se l'inoculent, en écrasant Rome et ses Césars.

S'il est une chose qui, devant le spectacle de cette longue et homicide tyrannie impériale, indique une conscience judicieuse, c'est de voir tant de rhéteurs accuser ici la *dégénération* des races humaines; se faire une thèse sophistique de la décadence des peuples, et accuser le relâchement de leurs mœurs et de leurs caractères du crime des tyrans. La *décadence* des peuples est une vieille calomnie des esprits retrogrades, et sous laquelle, depuis des millions d'années, s'abritent les despotes, les aristocraties et les sacerdoces. Il n'y a pas d'autre décadence que l'assassinat systématique et prémédité des nations par leurs maîtres; assassinat qui serait impossible si, dans les conjectures difficiles où le cours des institutions et la complication des intérêts amènent les sociétés, elles ne perdaient parfois, pour quelque temps, l'intelligence de leur situation et, par l'impuissance de se diriger, ne tombaient dans le désespoir.

Économie de l'Empire.

Le pied romain = 297 millim., ou 131 lignes 659, ou 10 pouces 9 lignes.

Le *jugerum* comprenait 28,800 pieds romains carrés, environ 2,528 mètres carrés, un peu plus de 25 ares ou 1/4 d'hectare.

Sous Romulus, la part de terre de chaque citoyen fut fixée à 2 *jugera* (1/2 hectare).

Après l'expulsion des rois, elle fut portée (en faveur des patriciens) à 7 *jugera*. . . . . = 2,528

$$\begin{array}{r} 2,528 \\ 7 \\ \hline 17,696 \end{array}$$

environ 1 hectare 76 ares 96 centiares, ou 1 hectare 3/4.

500 *jugera*, limite proposée par les auteurs de la loi agraire, équivalaient donc à 126 hectares 40 ares.

L'intérêt ordinaire de l'argent, 12 à 16 p. 100. L'usure *centésime*, ou 1 p. 100 par mois = 12 *onces* par an. Au-dessous, 11 onces taux décroissant, 10 onces, 9 onces, etc., par an, jusqu'à l'usure *oncière*, ou 1 once par an, c'est-à-dire 1 p. 100 l'an, la seule qui fut permise par la loi des 12 tables!

Le revenu en esclaves, 30 à 40 p. 100.

Le *nummus*, 21 centimes.

L'*obole*, 14 centimes (46).

La *mine*, à Athènes, valait 600 oboles (86 fr. 80 cent.).

Le *drachme*, 87 centimes 1/2. — La drachme paraît être la

même chose que le *denier* (denarius); c'est la paye du soldat romain sous Auguste. Le prétorien recevait le double.

L'*as*, 5 centimes, un sou (c'est-à-dire un TOTAL).

Le *quadrant*, 1/4 de l'*as*, un peu plus d'un centime, prix de l'entrée du pain.

Le *sesterce* (petit), environ 20 centimes 1/2. Un million de ces sesterces faisait près de 200,000 fr. Auguste.

Le *stips*, 1/2 centime; ce qu'on donnait à un pauvre.

Le grand sesterce.

Le talent.

Il fallait avoir 100,000 as pour entrer dans la 1re classe de citoyen; 11,000 p. la 5e; la 6e comprenait tous ceux qui n'avaient rien. Au temps de César, sur 450,000 citoyens, 320,000 de la 6e classe.

La ruine de Carthage (Blanqui, *Hist. de l'Économie politique*, 1-70), produit 500 millions de francs.

Distribution des terres.

—   de blé.

—   de viande et vin.

—   d'argent.

—   repas publics, *lectistaria épulonia*. Dans un *lectistarne* qui dura trois jours, sous la république, le Sénat dépensa 323,333 as, 16,666 fr. 65, et fit tuer 300 boucs.

Distribution de spectacles.

—   de bains.

—   de billets de loterie.

—   de comestibles en pillage.

Fêtes : — Antonin le Pieux en fit réduire le nombre, cependant il en reste 135 (+ 230 jours ouvrables = 365) selon J. Capitolin. (Cf. Moreau-Christ).

Le grand cirque parallélogramme; = 645 mètres de long, 283 large; 182,535 mètres ou 18 hectares 1/2 de superficie.

Suivant Pline, 260,000 spectateurs;

Selon Denys d'Halicarnasse, 150,000.

Prix courant de l'esclave, 450 francs.

Variation, de 4 drachmes (350) à 200,000, 40,900 fr. — Les courtisanes jeunes et jolies, 2 à 3,000 francs.

Horace avait 8 esclaves; Virgile 3.

Proportion de 4 à 1.

Journée de travail.

Ration et régime de l'esclave : à tout prendre mieux traité que l'ouvrier moderne.

Vices : Les mêmes, seulement il y avait l'hypocrisie de moins. De là cet étalage qui, à distance, les fait paraître effroyables. C'est toujours la même chose.

APERÇU DE L'ÉCONOMIE DE L'EMPIRE

Tu regere imperio populos, Romane, momento ! dit Virgile. Voyons ce qu'était ce gouvernement à la mort d'Auguste. L'empire était borné ou censé devoir l'être, au nord par le Rhin et le Danube ; à l'est par l'Euphrate ; au midi par les sables et l'Atlas ; à l'ouest par l'Océan. En Egypte la puissance romaine ne dépassa pas les cataractes ; en Arabie, elle fut toujours à peu près nulle. La superficie de cet empire, de 1,000 lieues dans sa plus grande longueur, et 600 dans sa plus grande largeur, était, abstraction faite de la Méditerrannée, d'environ 180,000 lieues carrées de territoire. La population d'après un recensement qui eut lieu sous Claude, estimée 120,000,000 d'âmes, dont 20 millions libres ou jouissant du droit de cité.

Nombre des villes. Italie 1,197, Gaule 1,200, Afrique 200, Asie 500.

L'Egypte, au temps de Joseph, 7,500,000 âmes non compris Alexandrie,

Ce n'est pas moitié de ce qu'il y avait sous Sésostris (Cf.).

Grande voie de communication depuis le mur d'Antoine au nord de l'Angleterre jusqu'à Jérusalem, passant par Yorck, Londres, Boulogne, Reims, Lyon, Milan, Rome, Brindes, Dyrrachium, Bysance, Ancyre, Tarse, Antioche et Tyr, 4,080 milles romains, 1,200 lieues.

Le problème pour les Césars, leurs légions, leurs prétoriens et leur plèbe, nous ne parlons plus de patriciat, était donc : 1° d'exploiter et contenir cette population ; 2ᵉ de la protéger contre les barbares du nord, de l'est et du sud, qui en disputaient la jouissance aux propriétaires.

Voici en peu de mots, quelle était l'économie du Césarisme.

Une force armée d'environ 44 légions [à 6,500 hommes chacune = 286,000 hommes] et autant d'auxiliaires formant en tout un effectif d'à peu près 375,000 hommes était répandus dans les provinces à portée des frontières, d'où le péril était surtout à craindre. — Deux flottes, étaient entretenues, l'une à Misène dans le golfe de Naples, l'autre à Ravenne sur l'Adriatique, toujours prêtes à mettre à la voile et à transporter les soldats aux extrémités de l'empire.

Pour couvrir ces dépenses, un budget moindre peut-être que celui de la France actuelle, était suffisant : le travail agricole et industriel, exécuté par des esclaves ou abandonné aux affranchis. Quant à la plèbe elle ne travaillait pas plus que ses maîtres, pas plus que ses anciens patrons. Les distributions de terres ne faisaient pas comme l'on pourrait croire, des Plébéiens ou Vétérans qui les obtenaient, des propriétaires exploitants : Ces lots passaient dans leurs mains et vendus ne servaient qu'à entretenir la débauche et encourager l'oisiveté. Le plébéien ambitionnait les vastes domaines et les troupeaux d'esclaves des patriciens : comme on ne pouvait les lui donner et qu'il refusait de devenir colon, il ne possédait jamais rien. — Les colonies composées de citoyens qui, loin de Rome, se regardaient comme en exil, ou de barbares à qui la culture était insupportable ne paraissent pas avoir eu jamais une existence forte et sérieuse.

Colonies. — On en mettait partout, d'après Pline, 25 en Espagne, 9 en Bretagne. — Au temps de Mithridate, 80,000 Romains colons, la plupart massacrés. (G. *supra*, au 45, à l'art. Césarisme.)

Le travail réputé servile ; l'industrie et le commerce, regardés comme ignobles ; la production était livrée à une désorganisation systématique.

Dans ces conditions, l'exploitation de l'Italie et des provinces devenait impraticable ; la défense de l'empire impossible.

Au dedans, la culture des terres fut peu à peu abandonnée,

réduite à la banlieue des places fortes, et partout ailleurs
livrée à la vaine pâture.

Subsistance. Les famines deviennent partout plus rares, et
moins intenses, par suite des facilités de la circulation. —
80 espèces de vins en Italie, alors les meilleurs de tous. On
fait remonter aux Antonins la plantation de la vigne en .
Bourgogne.

— *Olive, lin, luzerne.* Sous Tibère, d'après Columelle, l'a-
griculture prospère en Espagne !... Grand commerce d'A-
lexandrie, fabrique de *papyrus.*

— Commerce avec l'Orient par la mer Rouge, tout de luxe :
soieries, perles, pierreries, parfums, etc. — Peu lucratif : et
constitue l'empire en perte constante de numéraire, Pline,
His nat, XII, 8, cité par Gibbon, fait monter la perte à *mille
sesterces,* environ 30 millions de francs ! — Proportion de
l'or à l'argent, 1 à 10 et 12 1/2. — Par une loi de Constantin,
elle s'élève de 1 à 14 1/2.

Auguste et tous les empereurs affectent de protéger les
lettres; mais que pouvaient-elles être, sous le despotisme ?
Horace, Virgile, Térence, tous les écrivains du siècle d'Auguste appartenaient à la république, et il leur laisse quelque
latitude. Après lui, la décadence fut rapide, et sous Aurélien,
Longin percepteur de Zénobie, constatant la décadence des
lettres, n'hésitait pas à l'attribuer à la tyrannie césarienne.

Ce ne fut pas faute de bien payer : Hérode Atticus sous les
Antonius paya au sophiste Polimon une somme de 300,000 fr.
pour trois déclamations (Philostrate I).

Les appointements d'un philosophe étaient de 10,000 dragmes.

A la frontière, la résistance à l'invasion des barbares ne
dura que le temps juste qu'il fallut à ceux-ci pour apprendre
à se coaliser contre les Romains et à les vaincre.

La frontière du Rhin, en effet ; celles du Danube et de
l'Euphrate ne furent jamais que des fictions officielles et des
lignes géographiques. Le dilemme était pour les Césars, ou
de conquérir les Barbares ou d'être par eux conquis : chose
singulière, ils choisirent avec réflexion et en connaissance

de cause, la dernière alternative. Ainsi nous avons vu Auguste reculer devant la conquête de l'Arabie et de l'Ethiopie; ramener des bords de l'Elbe les légions de Drusus, et fixer la borne de l'empire au cours du Rhin ; ainsi nous verrons Adrien abandonner les conquêtes de Trajan et rétrograder sur l'Euphrate ; Aurélien renoncer aux provinces ultra-Danubiennes, et se renfermer au midi du fleuve ; Antonin le Pieux, Sulpice Sévère que la victoire avait conduits dans la grande Bretagne, n'osant abandonner cette île, pépinière de nouveaux ennemis, essaya de la séparer de l'Ecosse, par un mur et un fossé. Et pourquoi ce refus de conquête, prix de tant de victoires ? c'est que là où tout est à créer, la conquête est absolument sans fruit, et que conquérir un peuple pauvre, c'est en réalité se faire son tributaire.

Pour tirer parti d'un pays livré à la barbarie de terres incultes et vierges, les Césars, les Fernand-Cortez ne sont de rien. Il faut le pionnier, le yankee ; or, c'est ce que ne voulaient accepter ni les vétérans ni la plèbe.

On conçoit que dans cette situation, l'empire n'ayant de ressource que dans le travail des esclaves et des affranchis, et dans la production des provinces, devait être amené insensiblement à une série de concessions, soit envers les villes qui ne cessaient de réclamer le droit de cité, soit envers les esclaves et affranchis qui réclamaient sans cesse, soit des allègements à leur servitude, soit la liberté, toutes choses qui devaient aboutir après un nombre suffisant de siècles, à la transformation de la société romaine, et à la cessation du régime impérial lui-même.

Cette contradiction qui mettait à nu l'immoralité et l'illogisme de la tyrannie, n'échappa point aux empereurs, qui se montrèrent toujours, même après leur conversion au Christianisme, fort réservés à l'endroit des libertés municipales et de l'émancipation des esclaves et colons, et qui luttèrent toujours contre la conséquence fatale de leur système.

Ils réussirent comme on le verra, à retarder la révolution de l'intérieur assez pour donner à l'invasion barbare le temps de venir balayer la tyrannie césarienne ; le désastre fut tel qu'il emporta tout avec lui, Empereurs, Empire, Nations et Sociétés.

RÈGNE DE TIBÈRE

A son avènement à l'empire, Tibère achève la dégradation du peuple, du droit politique et transporte les comices du peuple au Sénat ; — fait périr de complicité avec Livie le jeune Agrippa-Posthumius son beau fils et le petit fils d'Auguste. (Cet assassinat est mis sur le compte d'Auguste, dont on n'aurait fait qu'exécuter les ordres.) Malgré ses succès militaires, Tibère est peu aimé du soldat. Les légions de Germanie veulent imposer des conditions à l'empereur et se révoltent : Les légionnaires et prétoriens de même que la plèbe, font reconnaître leur droit de *co-usufruitiers* de l'empire, C'est presque comme dans l'église, sauf la différence du temporel au spirituel, *cohæredes Christi*.

Ils se plaignaient de n'avoir que moitié paye des prétoriens, c'est-à-dire un denier par jour (*supra* 4-6), et encore sous condition de servir 16 ans !.. *An prætorius cohortes, quæ binos dinarios acciperent, plus periculorum suscipere ?* (Tacite Annales I, 17.)

Une éclipse de lune les effraye ; Drusus et Germanicus les apaisent (Cf. fᵉ verso).

Portrait de Tibère à faire.

14. Tacite, *Ann.* 1, 8, donne le chiffre des sommes léguées par Auguste à la plèbe et aux prétoriens : Moyen assuré de faire passer la succession. Cela ne s'appelle point encore le *Donativum*, ce sont des *legs*.

Avec le jeune Posthumius, périssent plusieurs sénateurs, coupables de divers propos sur Tibère ou suspects d'ambition : raison d'*État*.

— Mort de Julie à Rhège : Tibère son époux, se venge d'elle ; la faisant périr en exil, dans la misère et le besoin, après avoir fait périr son dernier fils Posthumius et égorger ses amants. Exemple de la générosité romaine ;

— Bientôt jaloux de sa propre mère Livie, il met un frein aux respects, et défend de l'appeler *mère de la patrie*.

— La révolte des troupes en Germanie est causée par la dureté du service, l'abandon où est laissé le soldat, et les privilèges accordés aux prétoriens.

Seize ans de service, toujours en campagne et *un denier de solde par jour* !.. Le plébéien est toujours en instance ; il n'a rien obtenu de l'empereur, il est aussi pauvre que jamais ; sa vie est précaire, c'est lui qui fait tout ; et l'empereur et ses parasites recueillent et les patriciens jouissent. Puis, quand ils se plaignent le *supplice* les attend !... Le soldat prétorien n'est pas le maître, et il ne le sera que plus tard sous Commode et Caracalla, 192-213.

A la nouvelle de la révolte des légions que Tibère dissimule tant qu'il peut, le peuple murmure et se répand en sarcasmes contre Tibère. Pourquoi ne va-t-il pas réprimer la sédition lui-même ? Quoi ! Auguste dans ses vieux ans fit tant de fois le voyage de Germanie, et lui encore vert restait au Sénat à épiloguer les discours des Pères ! C'était assez veiller à la servitude de Rome, qu'il allât donc appliquer ses topiques aux colères des soldats !...

Ainsi, tout le monde sent la chaîne : le *peuple*, le *soldat*, le *Sénat*, — tout se plaint et personne ne se soulève ! On se résigne, on se tait, on subit la tyrannie en grondant ! D'où vient ce prodige ?... Comment expliquer la servitude *universelle* ?... Le règne détesté d'un seul homme ?

Deux causes opèrent ce miracle : 1° schisme des intérêts et des cœurs, l'antagonisme, poussé à la suite des guerres civiles aux dernières limites ; 2° l'organisation du despotisme, empruntée au régime militaire, et qui est telle qu'un seul homme est maître de cette machine, à laquelle rien ne peut résister.

(Résumer le système d'Auguste, qui est celui de tous les tyrans et dont le résultat est de réaliser cette étrange utopie).

Constituer un système de gouvernement, où un seul homme universellement détesté, puisse gouverner à sa fantaisie, un nombre de 100 *millions d'hommes.*

Ce problème a été résolu par le Césarisme pendant 520 *ans,*

Le système ne cessa de jouer que par suite de l'invasion. Mais si l'on suppose l'empire à l'abri des barbares, il n'y aurait pas eu de raison pour qu'il finît avant la destruction du dernier homme, devenu seul esclave, seul citoyen, seul empereur.

Expliquer ce secret : par les principes de l'*organisation militaire*, du *désarmement des citoyens* et de l'*antagonisme des intérêts*.

Cela est évident, cela saute aux yeux ; mais cela n'empêche pas les sots écrivassiers de l'Université, etc., d'admirer les merveilles de l'empire romain, et de célébrer la grandeur, la magnificence, la clémence et les vertus d'Auguste !!! L'organisme impérial est l'organisme social agissant à rebours, pour l'asservissement et la destruction de l'espèce, tandis qu'il doit agir seulement pour sa multiplication et son bien-être.

14. Fondation de Tibériade par Hérode Antipas. Cette ville, dès son origine, renferme une école de rabbins qui rivalise avec celle de Babylone. On suppose que Jésus, originaire du pays, put profiter de cet enseignement.

Tibère rend à la plèbe les flatteries qu'il reçoit des régents de province : il institue, en l'honneur d'Auguste les jeux palatins. Rome que n'occupent plus les discussions du Sénat et les grands intérêts politiques, se passionne pour les histrions, et se divise en coteries de théâtres.

15. Ravages du Tibre : Assirius Gallus, demande que l'on consulte les livres sibyllins : Tibère nomme deux ingénieurs.

Il réprime par une loi l'indécence des théâtres ;

Le roi de Cappadoce Archélaüs est accusé devant le Sénat, par Tibère, à qui il avait autrefois déplu. Cette affaire cause la mort du vieux roi, dont les États sont réduits en province.

Au peuple qui réclame contre l'impôt de consommation (29 a.), il répond que la solde des légions repose sur cette contribution, et qu'en conséquence, elle est indispensable ; comme aussi il est indispensable que le service militaire soit porté de 16 à 20 ans. (L'objet de l'impôt de consommation était juste en effet ; c'était par là que les Romains contribuèrent tous au service militaire et aux frais de l'exploitation romaine). Quant aux plaintes concernant la durée du service peu fondées, attendu que le service militaire était un métier lucratif et privilégié, qui ne privait pas le soldat des douceurs de la famille. C'était comme la gendarmerie française (4-6).

15. Après la mort d'Auguste on peut dire que le Césarisme a fait ses preuves. Il a eu son héros dans Jules César, son législateur dans Auguste. Que promet-il au monde ? l'esclavage, la corruption, la mort. La multitude fascinée ne le comprend point ; [Comment le comprendrait-elle ? César c'est elle-même ; le Césarisme c'est l'exploitation de l'humanité par un seul peuple. Nous trouverons là une des causes secrètes de la haine du peuple romain pour les chrétiens.] Mais la raison générale le découvre, et la conscience immortelle des peuples veille. En dehors du Césarisme l'esprit humain accomplit sa tâche. Chaque jour vont apparaître des réformateurs, philosophes, théologiens, thaumaturges. Quand on regarde cette activité dévorante des penseurs et des sectes, plus infatigables que les hordes qui battent en brèche les frontières de l'empire, on a pitié de ces misérables Césars, dont la vie n'est qu'une lutte constante, un voyage continuel ou une panique sans fin ; et l'on conçoit la colère qui les saisit contre les faiseurs de systèmes et leurs disciples.

Voici Dosithée, samaritain, maître et disciple tour à tour de Simon le Mage, qui agite la Palestine de son illuminisme ; — un autre Dosithée, qui se dit le messie et entreprend d'emblée la réforme de la religion de Jéhovah.

Voici à Rome, Quintus Sextius, qui marie la doctrine de Zénon à celle de Pythagore, assied le sage à côté de Jupiter, se rend suspect, pour la rigidité de ses principes à la police de César et se fait persécuter, comme homme de vertu et d'idée, préludant ainsi au martyr des chrétiens.

Voici Philon, juif d'Alexandrie, qui fond ensemble Moïse et Platon, et d'un seul jet produit, d'après le livre de la *Sagesse*, un siècle avant la publication du quatrième Evangile une théorie judaïque du *Logos*. Il enseigne que Dieu, l'être suprême, est la lumière primitive, l'âme du monde ; qu'il a créé l'univers, d'après les types qui sont en lui et qui ont été conçus par l'union du *Logos* avec la *Sophia*, c'est-à-dire de l'entendement avec la science, mère de la création ; que ce *Logos*, monde intelligible, monde des germes ou des idées, est Dieu ; qu'il demeure en Dieu, que la *Sophia* dont les rayons éclairent tous les hommes est aussi Dieu, etc.

Telle est à peu près, autant qu'il est possible de se reconnaître dans cette métaphysique toute de métaphores, la trinité de Philon, trinité différente de celles de Platon, des Égyptiens et des Hindous comme de toutes celles qui surgiront après lui, mais dans laquelle on voit déjà se dessiner les traits principaux du dogme chrétien.

Dans la plupart des sectes gnostiques, le *Logos* et la *Sophia* ou la Buach (en grec πνευμα) l'un mâle, l'autre femelle, sont les deux hypostases fondamentales, manifestations précises de l'être divin αγνωϛος, Βυθος, etc.

Il est facile de reconnaître là une allégorie de l'Humanisme où l'homme et la femme, l'*Andro-Gyne* apparaissent comme la plus haute expression visible de l'Être absolu.]

Ainsi, tandis que les Césars bâtissent leur Panthéon, élèvent des temples à Sérapis, à Mithra et font de leur vivant leur propre apothéose, les religions composées, mêlées, commentées, allégorisées, rationalisées, percées par la critique comme le bois par les vers, sont frappées d'une déchéance irrémédiable.

Tout le monde, aujourd'hui est rabbin, scribe, ou peut le devenir ; celui qui n'est pas docteur est prophète ; celui qui dédaigne la prophétie et la philosophie, qui ne possède en soi ni le *Logos* ni la *Sophia*, est à tout le moins thaumaturge, *exorciste*, magnétiseur, ventriloque ; les plus sublimes de tous sont ceux qui, comme Apollonius ou Simon, réunissant la science, la parole et l'œuvre se posent résolûment comme dieux.

« Philon, dit Matter, (*Hist. ecclés.*), avait étudié tous les systèmes. Il s'était approprié surtout le platonisme, mais il ne semblait avoir pillé les nations qu'au profit de la sienne. Au moyen de ce système allégorique, qui a rendu tant de services aux savants jaloux de trouver dans un livre ce qu'ils désirent y voir, il mit dans le Code des juifs tout ce que les sages étrangers avaient eu de plus beau, de plus religieux. Il altéra de cette façon, les croyances judaïques ; mais il fit briller le judaïsme... A ses yeux, les juifs sont consacrés pour être les prêtres et les prophètes du monothéisme dans tout l'univers. »

Philon se donnait, en effet, pour prophète et inspiré. De sa part, ce n'était que modestie.

De quelque manière qu'arrive la fusion, la dissolution, la révolution, qu'importe ! Philon, les Juifs, les Grecs crurent travailler pour eux-mêmes ; ils firent la besogne de la Providence.

16. Tibère renouvelle les lois contre le luxe, et chasse de Rome les philosophes partisans de la morale et de la liberté.

Il fait couper la tête à un ouvrier, qui, dit-on, avait trouvé le secret de rendre le verre malléable, de peur que la révélation de ce secret ne fit perdre leur valeur aux métaux. C'est ainsi que le Césarisme entend l'économie politique et l'ordre !...

Il rétablit la loi de majesté, mais il refuse de réprimer les offenses commises envers la mémoire d'Auguste. Auguste, dit-il, est maintenant divinité : laissons aux dieux le soin de venger les dieux. Toutefois, par un bon sens qui ajoute à l'ironie, il veut que le serment prêté au nom d'Auguste, soit aussi sacré que celui prêté au nom de Jupiter !...

16-17. Germanicus rend les derniers devoirs aux légions de Varus, dont il recueille les ossements. Mais peu s'en faut qu'Arminius ne détruise deux légions, commandées par Cécina, et surprises dans les mêmes difficultés. La victoire lui échappe par l'imprudence d'Inguiomer. Cécina échappe, mais la flotte de Germanicus est détruite par une tempête. Depuis lors, les Romains s'établissent sur le Bas-Rhin, sans tenter de s'étendre de l'autre côté, et se bornent à défendre la frontière de la Gaule, forcés de s'arrêter devant une conquête onéreuse.

Les légions veulent porter Germanicus à l'empire ; il les fait rentrer dans le devoir. Malgré cette modestie, Tibère craint que la Germanie ne devienne pour Germanicus ce que la Gaule avait été pour César : il le rappelle en hâte, et après lui avoir décerné le triomphe, l'envoie en Orient, combattre les Arméniens et les Parthes.

Révolte des Frisons et Bataves sous Varomir, et des Numides sous Tacfarinas. L'empire est à la ration : tous les jours une révolte, tous les jours un ennemi. La bataille renaît de la victoire, sans que l'on puisse espérer d'en finir.

La Cappadoce et la Comagène sont réduites en provinces romaines ; il y avait de quoi prendre. Toute la question est là !...

17. Marobod, roi des Marcomans, est défait par Hermann, aidé des Longobards. Tous les historiens l'ont remarqué : ce qui retarda l'invasion barbare et prolongea jusqu'au v⁰ siècle l'existence de l'empire, c'est que les tribus germaniques n'étaient pas d'accord entre elles, qu'elles se faisaient la guerre en même temps qu'elles pillaient l'empire ; tantôt prenant du service dans les armées de l'empire, tantôt se liguant contre lui. Si, dès le temps d'Auguste et de Tibère, la Germanie avait su se lever comme un seul homme, donner la main à la Gaule, à l'Espagne, à la Numidie, à la Syrie, l'empire était brisé comme un vase d'argile, et s'évanouissait sans laisser même de germe. A cette heure, après 62 ans de despotisme, il n'y avait plus d'organisation romaine, plus de sénat, plus de peuple. C'était fini ; les barbares venant rajeunir le monde opprimé, avant que le Christianisme se fût établi, la fusion des croyances eût été tout autre.

Troubles en Orient causés par les Parthes.

18. Zénon est fait roi d'Arménie par Germanicus. Il venait de régler les affaires de Grèce, et s'était, à cette occasion, brouillé avec Pison.

19. Germanicus meurt en Syrie, empoisonné, selon Tibère, par Pison, qui périt bientôt lui-même d'une mort que l'empereur fait passer pour volontaire. La veuve de Germanicus n'échappe à la jalousie du tyran que par l'appui de Livie.

La même année, le héros de la Germanie, Hermann, est massacré à trente-sept ans, par ses soldats. Vainqueur de

Varus et de Marobod, et devançant son siècle, il s'efforçait
de faire prévaloir parmi les tribus, une politique de coali-
tion qui pouvait les conduire à Rome. Cela le fit accuser
d'ambition; il fut tué. A peine mort, Hermann fut adoré
comme une divinité tutélaire; un temple lui fut élevé sur
la montagne d'Eresbourg ou Stradberg. Il eut ses prêtres et
ses anniversaires. L'apothéose d'Hermann fut-elle une inspiration du génie germanique ou une imitation des Romains?...

Une île apparaît dans la Méditerranée auprès de celle de
Délos.

19. Décret du Sénat qui expulse d'Italie tous les individus infectés des superstitions judaïques et égyptiennes.

Tacite, II, 83.

La vestale Occia, qui comptait 57 ans d'exercice, est
remplacée par la jeune fille de Pollion. Elle fut préférée, dit
Tacite, à celle de Fontaïus Agrippa, parce que sa mère n'a-
vait jamais divorcé!...

— Une loi défend aux femmes de race équestre, de trafi-
quer leurs corps.

Disette à Rome.

Tibère accorde une prime aux marchands de blé.

20. Affirmation du messianisme comme symbole de la
réforme morale et religieuse.

20. Simon, dit le Mage ou le Samaritain, se rend célèbre
en Syrie. Il fut, dit un historien chrétien, faux juif, faux
chrétien, faux prophète et faux messie : ce qui veut dire
qu'à cette époque de dissolution et de rénovation des idées
religieuses, il se trouve placé, malgré lui, dans un point
d'incertitude qui ne lui permit de se déclarer pour aucune
secte, ni d'être lui-même un drapeau. Plein des doctrines de
la Grèce et de l'Orient, ayant pratiqué même les sciences
occultes, il avait reçu le baptême et attendait la communication de l'esprit, pneuma ou *sophia*, lorsqu'il se trouva (35)
face à face avec les disciples de Jésus, récemment crucifié.
L'auteur posthume *des actes des Apôtres*, prétend qu'il leur
offrit de l'argent en échange du Saint-Esprit et du don des
miracles; c'est là une anecdote dont l'absurdité ne peut

trouver créance que dans les lecteurs chrétiens du Nouveau
Testament. Simon cherchait de bonne foi à s'initier à toutes
les doctrines ; il fut repoussé par de grossiers et jaloux sectaires, incapables de le comprendre, et que sa haute philosophie tenait en méfiance.

Simon, élevé dans le judaïsme, considérait toutes les religions, comme un système unique de manifestations diverses
de la divinité. Il pensait que l'Être suprême (το ον, l'être ;
ο εζως, le stable, le permanent; πληρωμα, l'absolu ; — Βυθος,
la profondeur, l'indissoluble ; σιγη, le silence, l'ineffable)
s'était manifesté ou devait se manifester à tous les peuples,
non pas en lui-même, ce qui impliquait contradiction, mais
dans des puissances, δυναμεις, 1° comme *Père*, ou Jéhovah ;
2° comme *Fils* ou Messie; et enfin comme *esprit* ou Pneuma;
ou que ces puissances ou vertus n'étaient que des modes de
l'Être. Il croyait fermement, comme Philon, qu'à toutes les
époques, des hommes privilégiés avaient servi d'organe à
ces manifestations; et c'est en ce sens que, plein de la foi
qui animait les théosophes de son temps, il en vint à s'appeler lui-même *la grande puissance de l'Être suprême;*
ἡ δυναμις του Θεου ἡ μεγαλη, — conséquemment à soutenir,
nouveau Pythagore, qu'il était apparu plusieurs fois déjà
sur la terre, tant en qualité de *Christ* qu'en qualité d'*Esprit*.
N'avons-nous pas vu, au plus fort de la révolution, une secte
d'illuminés se former, annoncer un messie sauveur, et le
trouver dans Robespierre? Et ne voyons-nous pas en ce moment des révélateurs annoncer de nouveau, en vertu de
communications surnaturelles, le *salut de l'humanité?* —
Nous avons vu le *Mapah*, et nous connaissons tel *Christ*, à
qui il ne manque qu'une occasion pour devenir un escroc, un
fou ou un Dieu. — Or, si l'on tient compte du progrès accompli depuis 19 siècles, Simon, Philon, Apollonius, nous
paraîtront de vrais sages, jouissant de toute leur raison,
tandis que les Considérant, les Hennequin et leurs pareils,
sont tout bonnement fous.

En vertu de la même théorie, Simon prétendait qu'en
même temps que le Fils ou Christ se manifestait en sa personne, l'Esprit on Pneuma (*rouach*, du genre féminin) s'était

incarné dans une femme de son temps, nommée Hélène, et
qu'il appelait *la première pensée de Dieu*. Nous retrouvons ici
l'androgyne divinisée de Philon, de Platon, de toutes les théo-
gonies. Cette Hélène était une esclave que Simon avait achetée
à Tyr, et qui, ayant passé par toutes les ignominies de la
servitude, lui semblait représenter d'autant mieux, par ses
souillures, les outrages que subit la pensée divine, dans ses
migrations à travers l'humanité. Simon, comme Osée épou-
sant par ordre de Dieu une prostituée, comme Ézéchiel racontant les fornications d'Oolla et Ooliba, parlait aux Orientaux le langage qu'ils entendaient le mieux. Nous avons ici,
sous une allégorie magnifique, la première idée de la
rédemption de l'âme pécheresse en même temps que le
premier type de l'émancipation de la femme. — Telle est la
trinité fondamentale de Simon, peu différente de celle de
Philon, et dans laquelle il est tout aussi aisé de reconnaître
sous des termes théologiques, un symbole de l'humanité.
D'après Théodoret, la trinité de Simon aurait été plus origi-
nale encore : elle se serait composée, non de trois personnes,
mais de trois couples : *Nôus* et *Epinoïa*, *Phôné* et *Ennoïa*,
Logismos et *Euthumêsis*, que l'on peut traduire : Entendement et Imagination, Parole et Idée, Raisonnement et Réflexion. C'est le dualisme retrouvé dans la trinité même ;
chose qui, en principe, nous paraît inattaquable. Tout être,
toute faculté, a nécessairement, et au moins, deux faces
sous lesquelles, il peut être conçu et expliqué : sans cela il
serait inconcevable et inexplicable, il redeviendrait Βυθος,
ϛιγη, αγνωστος et πληρωμα.

Sur tout le reste, Simon suivait le système zoroastrien,
sur les bons et mauvais anges, l'origine du mal, la métemp-
sychose, etc. Sa morale déduite de sa théosophie était pure :
mais comme toute morale basée sur la distinction des substances, si elle conduisait par son côté au stoïcisme, par
l'autre elle menait au relâchement. Toute législation ayant
été viciée par l'influence des mauvais génies, Simon rappelait les hommes à la loi primordiale, qu'il nommait *loi de
nature ;* et comme Paul le fit plus tard, il enseignait que les
hommes sont sauvés, non pas directement par les œuvres,

mais par la foi et la grâce qu'elle communique. De là, à l'in-différence des actes extérieurs et aux aberrations quiétistes, il n'y avait qu'un pas. Aussi le Simonisme, corrompu après la mort du maître, s'éteignit dans l'immoralité de ses secta-teurs.

Simon le Mage entraîna une masse de population; ses disciples inondèrent la Syrie, la Phrygie, et firent longtemps une concurrence redoutable à la secte chrétienne. C'est à eux qu'il est fait allusion dans les Évangiles, écrits un siècle plus tard : *Il y aura des faux christs et des faux prophètes, qui feront de grands signes et des prodiges, au point d'entraîner dans leur erreur, même les élus!...* Matth. XXIV, 24.

La tradition chrétienne raconte que Simon périt à Rome, dans une joûte qu'il soutint contre Pierre (42). Ayant voulu s'élever dans les airs, comme autrefois Élie, il fut précipité et se tua. Le Christianisme, dans ses commencements, a été si grossier, si fort au-dessous de son époque et de sa propre pensée, qu'après avoir défiguré son fondateur, il n'a eu qu'injures et platitude pour ses rivaux.

Du simonisme sont sortis les *Cléobiens, Gorthéniens, Maz-bothéens, Adrianites, Eutychetes* et *Dosithéens.* Qu'il nous suffise de signaler cette pullulation de religionnaires, que nous allons voir se multiplier à l'infini pendant trois siè-cles, jusqu'à ce que le courant naturel des choses les ramène à quelques grandes écoles, qui se disputeront la prépondé-rance, et se résoudront, avec plus ou moins d'exactitude, dans l'unité.

21. Partout, l'esprit des peuples proteste contre le Césa-risme, tantôt par la doctrine, tantôt par la force. Révolte des Gaulois sous Florus et Sacrovir; la Gaule est couverte de sociétés secrètes, formées par les soins des Druides, qui ne cessent d'exciter la nation contre Rome, et qui prêchent par-tout l'indépendance. La conspiration n'aboutit pas, la Gaule est divisée en elle-même; tout ce qui est riche, influent, est entraîné dans le parti de Rome. Les deux chefs sont défaits, leurs bandes dispersées; eux-mêmes se tuent.

22-24. En Afrique, la révolte n'est pas plus heureuse.

Les Numides sont vaincus par Dolabella ; mort de Tacfarinas.

Tibère se plaint au Sénat du luxe effréné qui appauvrit Rome, et transporte le numéraire aux étrangers, voire aux ennemis (Tacite, ann. III, L III; à citer).

23. Loi de Tibère qui chasse les histrions et pantomimes, pour leurs gestes *séditieux* et *obscènes*.

23. Séjan, préfet du prétoire, pour arriver à ses fins, fait bâtir à Rome même, une caserne pour les prétoriens. De ce moment, dit Tacite, les affaires de l'empire commencèrent à tourner de mal en pis.

23. Tibère *permet* qu'on lui élève un temple à Smyrne. Jadis les dieux sollicitaient, exigeaient les honneurs du culte ; maintenant ils les souffrent, l'athéisme n'a rien trouvé d'aussi fort. Cependant le sombre empereur est frappé dans sa famille. Son fils Drusus est empoisonné par Séjan, qui avait séduit sa femme, et aspiré à l'empire. Tibère se console en persécutant la famille de Germanicus.

— En Judée, le sacerdoce est avili de plus en plus. Anne est distitué du souverain pontificat, et remplacé coup sur coup par Ismaël, Eléazar, Simon. Les gouverneurs romains battent monnaie avec la tiare.

24. Une révolte d'esclaves qui menace d'embraser l'Italie, est étouffée dans le sang, au moment où elle allait éclater (Tacite, Annet, IV, 27).

— Un père est accusé par son fils d'avoir conspiré contre César et d'avoir excité la guerre civile. Il est exilé. Toutefois, Tibère pardonne à Concitius, poète satirique, qui l'avait déchiré dans ses vers,

25. Sénèque, le père; Valère Maxime — Crématius Cordus, historien des guerres civiles, dénoncé pour avoir appelé Brutus et Cassius *les derniers des Romains*, est *mis à mort*.

Ponce-Pilate envoyé en Judée.

25. Pison, prêteur de l'Espagne césarienne est assassiné par une vengeance des habitants (Tacite).

26. Tibère se retire à Caprée, et ne reparait plus à Rome. Il défend, par un édit, à quiconque de *troubler son repos*. De cet antre, il continue de terrifier Rome.

— Pontificat de Caïphus, gendre d'Ananus, sous Pilate,

nouveau gouverneur de Judée. La justice vénale, les rapines, les cruautés, les supplices sans jugement, les massacres du peuple signalent, dit Philon, l'administration de Pilate. Ce qui se passe en Judée est commun à toutes les provinces : la Grèce seule paraît moins remuante ; avant de tomber entre les mains des Romains, elle avait été façonnée au joug, depuis un siècle et demi, par les rois de Macédoine.

26. Révolte des Thraces qui refusent le service militaire. Elle est écrasée d'une manière atroce par Sabinus, qui reçoit pour cela les honneurs du triomphe.

27. Rome, mal bâtie, aux rues étroites, aux maisons à 7 et 8 étages, est désolée par les incendies ! Un amphithéâtre s'écroule à Fidènes. 50.000 personnes y sont écrasées ou blessées.

27. Onze villes d'Asie se disputent l'honneur d'élever un temple à Tibère. Tantôt la révolte, tantôt la servilité ; symptômes équivalents d'oppression. Enfin la préférence est accordée à Smyrne.

27. Scandales à Rome, parmi les femmes. Adultères, prostitutions, divorces ; le scandale est l'assaisonnement de leurs voluptés.

27-28. Cette année, fut célébré, à Jérusalem, le dernier Jubilé, ou anniversaire quinquagésinal des Juifs. Comme on pouvait s'y attendre, au milieu du silence profond où Rome tenait l'univers, il amena une recrudescence des idées messianiques, et détermina les faits dont nous allons rendre compte.

— Négation du Césarisme oppresseur, immoral, inhumain. Prédication messianique de Jean, surnommé le Baptiseur, imitateur d'Elie. Il se porte comme annonciateur, héraut du Messie, ce qu'avaient fait avant lui Dosithée (15), Athronge (2, a.), Theudas (3, a.), Ezéchias (46, a.), le rédacteur du faux Daniel et une foule d'autres. Sous le nom de *Royaume céleste*, il prédit l'arrivée prochaine du libérateur, et pour hâter cette venue, il invite le peuple à la pénitence. Des bandes le suivent dans le désert, au bord du Jourdain, où il leur donne l'initiation baptismale. Hérode Antipas le fait arrêter et enfermer à Machacrons, place forte, sur la frontière de l'Orient.

L'agitation ne cessant pas, Jean est décapité. Après la mort du prophète, ses disciples se dispersent, se répandent hors de la Judée, et vont préluder à la *vocation des gentils*, frayant ainsi la route aux apôtres, comme Jean l'avait frayée à Jésus lui-même./

28. Comme si l'Occident répondait à la pensée de l'Orient, les Frisons se révoltent et s'affranchissent de la tyrannie de Rome. — On exigeait qu'ils fournissent des cuirs d'*Urus*, ou *Aurochs;* faute de quoi leurs troupeaux, leurs femmes et leurs enfants, etc. Les officiers romains sont battus.

28-29. Prédication messianique de Jésus, dit le Christ (C.f. *infra*, 117-160).

۰Recueillons-nous un instant, avant d'exposer la pensée qui va se produire.

Le Césarisme existe depuis soixante-treize ans; il est jugé par ses résultats. A *fructibus eorum cognoscetis eos* semble dire des Césars le nouveau réformateur. Il n'y a rien à en attendre.

A la place du Césarisme tyrannique, immoral, mystificateur, dévorant, attendrons nous un autre empire, un messie, tel que le rêve la populace de la Judée et de Samarie? A quoi bon ? Toutes les dominations se ressemblent, tous les despotismes se valent. *Il n'y a point de salut avec les princes*, dit le Psalmiste; *nolite confidere in principibus!* César, le dernier des christs annoncés dans la vision de Nabuchodonosor, César est la condamnation du messie judaïque ; après César, ce n'est pas un homme, c'est le *rocher détaché de la montagne*, qui vient briser la statue messianique et césarienne. C'est la fraternité et la justice. Laissons donc à César le règne et le glaive ; et à nous l'idée !...

L'idée, c'est le peuple !... Telle est la donnée du galiléen.

Toute idée doit se manifester, non seulement par des symboles, mais par une formule exacte et précise. Alors elle frappe la conscience des peuples — qui la saluent, la reçoivent et ne l'oublient plus.

Jésus est l'interprète, non plus mystique, mais littéral et catégorique, de la réforme *morale* et *sociale*, partant de l'abrogation sacerdotale et césarienne; et conséquemment de la constitution de l'unité et de la liberté.

Jésus, simple artisan de Nazareth, qu'il habite constamment, ainsi que Capharnaüm, sur le lac de Tibériade, avait
pris part, comme tout bon israëlite, aux dévotions du Jubilé.
A la pâque de l'an 28, il s'était rendu à Jérusalem, avait
suivi la prédication de Jean, et avait pris le baptême, affirmant, avec le nouvel Elie, que la régénération était proche ;
mais se séparant du Baptiseur, quant à la manière d'enten
dre cette rénovation.

La patrie de Jésus n'est point ici chose indifférente ; par
son pays comme par sa doctrine, Jésus est également au-
dessus et en dehors de la Samarie et de la Judée. Ni Samaritain, ni helléniste, ni pharisien, ni simonien, l'homme de
Galilée est autre ; sa force comme son crime sera précisément de ne se rattacher à aucun intérêt de parti, de nationalité et de secte. *Quelque chose de bon peut-il venir de Gali-*
lée ? diront de lui les Pharisiens. Nous allons voir.

L'enseignement de Jésus est tout social, ni politique, ni
théologique. Il ne se compromet point dans les vanités ambitieuses du pouvoir, ni ne se perd dans les subtilités de la
théosophie et de la métaphysique. *Neque ambulavi in magnis,*
neque in mirabilibus super me !... Comme le docteur Hillel
(37 a.), il s'en tient à la foi vulgaire, la foi du charbonnier ;
adopte le langage usité, parle comme tout le monde du Père,
du Fils, de l'Esprit, sans donner à ces mots aucune acception dogmatique et spéciale, et s'attache surtout à la morale,
au précepte de justice et de charité, dans lequel il fait consister toute la loi, et qu'il met au-dessus de la liturgie et du
rituel. Comme les Esséniens, dont il dédaigne le rigorisme,
il attaque la bigoterie des Pharisiens, et le matérialisme
insolent des Sadducéens. — Comme les prophètes, enfin, don
il est le dernier et le plus sublime, qu'il surpasse de toute la
distance de six siècles, il se moque du sacerdoce de plus en
plus impopulaire.

Au point de vue de la religion, Jésus, de toute la hauteur
de sa raison et de sa conscience, proteste qu'il n'entend y
changer rien, *non veni solvere legem,* dit-il.

Il n'ajoute ni dogme, ni spéculations, ni commentaire ; il
accepte le culte établi, le dogme vulgaire, la tradition natio-

nale. Il ne théologise jamais. (Faire ressortir ici un fait) : Jésus est la vulgarisation du dogme de l'*immortalité de l'âme* (Cf. 58, etc).

Jésus proteste contre les miracles; il est clair qu'il n'en avait pas besoin. Un socialiste n'a que faire de cela. « Faites ce que je vous dis, et vous verrez, en le faisant, si c'est de mon autorité ou de celle de Dieu. »

Les disciples de Jésus, les plus immédiats, parlent peu de ses prétendus miracles; c'est seulement quand on voulut faire de Jésus un inspiré, un Dieu, qu'on sentit la nécessité de lui en prêter.

Quant au messianisme, alors si fort en vogue, il n'est pas moins explicite dans ses protestations.

[Matter l'avoue : « Ce ne sont pas les vues messianiques qui lui ont suggéré son plan. »]

Sans cesse il défend de dire qu'il est le Messie; — on a voulu voir là une tactique ou un trait de prudence, ce qui ne serait que honteux et ridicule — *Mon royaume*, c'est-à-dire dans la pensée générale, ma messianité, le messianisme que je prêche, *n'est pas de ce monde*, c'est-à-dire n'a rien de politique et de gouvernemental, dit-il formellement à Pilate. Le mot χοσμος qui signifie *ordre de choses*, indique suffisamment la pensée du réformateur (il serait absurde de l'entendre d'un autre monde, de la vie surnaturelle).

Le messianisme spirituel n'a été inventé qu'après lui, comme une déduction du *logos*, le Messie éternel, d'après Simon, Philon, etc., le messianisme est encore une réalité pour Jésus plus que pour Hillel : c'est une révolution !

Mais ce n'est plus un homme, et par cela même Jésus marqua le premier pas du messianisme hors du concret, le premier pas vers la spiritualité.

Cette marche sera si bien suivie, que lui-même finira par disparaître (Cf. 1er du *Chronos*, Zoroastre, ex.)

Il recommande de payer le tribut à César, et en donne le premier l'exemple; à cette occasion, il se moque des chimères des Juifs en leur faisant remarquer ironiquement qu'ils n'ont pas de monnaie à eux, et que celle dont ils font usage

est à l'effigie de César. Étrange conduite pour un Messie !
— Ailleurs, s'emparant de l'exégèse pharisaïque, il dit aux
messianistes : Vous prétendez que le Christ est fils de David :
comment donc David l'appelle-t-il : mon maître ? — Ce qui
signifie que dans la pensée de Jésus, le Christ n'est qu'une
figure antérieure et supérieure à David, à savoir la loi.
On sait comment Jésus reçoit la mère de deux apôtres, qui
lui demande pour eux les premières places dans son
royaume : *Ceux qui aspirent à commander aux autres, ne
méritent que d'être les esclaves de tous.* Dans la prophétie
qu'on lui prête de la prise de Jérusalem, et où se trouvent
mêlés, comme partout dans les évangiles, des lambeaux de
ses discours avec les idées de ses biographes, il recommande
avec force à ses auditeurs de ne point prêter l'oreille aux chimères messianiques : *Si quelqu'un vous dit qu'il l'a vu, qu'il
est dans le désert, n'en croyez rien, n'y allez pas.* Et partout :
Le Messie n'est pas un homme, c'est une idée (en syriaque ou
hébreu, דבר, *debar*, une parole !)

Si, lui fait observer quelque Nicodème, le Messie est une idée
et si cette idée est la tienne, c'est toi qui possède le vrai
messianisme, *Verba Vitæ æternæ habes* ; c'est toi qui es le
Messie. — Soit ! répond le réformateur.

Jésus, en effet, est vraiment le Messie, dans ce sens élevé
de Hillel, de Simon, d'Apollonius, des Gracques, etc., etc.,
et, s'il l'a dit, il a eu parfaitement raison de le dire.

Mais il est anti-Messie, au sens des Juifs, et de tous leurs
prédicants, zélateurs, imposteurs, etc., et il a eu parfaitement raison de le dire aussi.

En Jésus, la révolution morale et sociale acquiert donc
conscience d'elle-même ; c'est ce qui le rend si précis,
si fort, si neuf, si supérieur ; — et comme depuis dix-huit
siècles, le but révolutionnaire posé par Jésus n'a pas été atteint, il est resté après dix-huit siècles aussi neuf, aussi
supérieur, autant dans la circonstance et l'à-propos que
du temps de Pilate et de Tibère.

Qu'est-ce donc, en soi, que la prédication de Jésus ?

C'est la réforme sociale, rien de plus, rien de moins ; —

c'est la liberté, l'égalité, la fraternité, programme éternel
des pauvres et des opprimés.

Comme but, l'égalité des conditions parmi les hommes.

Comme moyen, la réforme des mœurs.

Comme sanction, l'immortalité de l'âme.

Voilà toute la doctrine de Jésus. On peut critiquer ce plan
en faisant voir, d'un côté, que le but, le moyen et la sanction
sont trois choses identiques, qui ne peuvent être séparées,
mais unies, d'autre part, que la parole du réformateur res-
terait absolument sans résultat tant qu'elle ne serait point
appuyée sur une science positive des droits et des devoirs,
du travail, de l'échange et de l'économie sociale. L'important ici, est de savoir s'il a touché juste. Or, c'est ce dont
les haines furieuses qui éclatèrent bientôt contre lui ne
permettent pas de douter.

Jésus est donc par excellence le vrai tribun des peuples ;
sa protestation, qui semble dédaigner César, parce qu'elle
va plus haut et plus loin que César, est dirigée contre l'exploitation de l'homme par l'homme ! Exploitation qui avait
lieu également alors par le sacerdoce, par le patriciat, par
César.

Jésus est la vraie antithèse du régime césarien, patricien,
sacerdotal et usuraire, régime d'hypocrisie et d'intolérance,
régime d'impudicité et de vol, régime de calomnie, de trahison et d'assassinat. Là est son originalité et sa force. Tout
ce qu'on y ajouterait ne servirait qu'à dénaturer sa pensée
et à l'affaiblir. C'est par là qu'il fut, en son siècle, et qu'il est
demeuré l'expression la plus haute du génie populaire, à la
fois pratique et moral ; et que, organe de la conscience des
masses, il a commencé le premier à faire justice de l'illuminisme, du théologisme, de la kabbale, de la théosophie et
de toutes les mysticités de la terre. Comme idée, comme
théorie, rien ne lui est propre, et c'est sa gloire : c'est un
chef d'opposition, et comme chef d'opposition, il est resté
et restera à tout jamais incomparable.

Son style, autant que nous pouvons en juger, sur les fragments conservés pêle-mêle dans la mémoire de ses disciples;
ces phrases, retenues mot pour mot, tant elles avaient frappé

les imaginations ; cette forme de l'apologue, dont il connaît toutes les variétés et les ressources ; la verve de sa polémique ; l'énergie foudroyante de ses réparties, n'ont rien de comparable dans l'antiquité et chez les modernes, et font de lui l'idéal du tribun et le vrai représentant du peuple.

On s'est fort occupé de l'éducation de Jésus : peine inutile. Il est l'élève des prophètes, et plein de l'esprit de son siècle, qui circule dans l'air, et saisit également le riche et le pauvre.

Jésus fut donc, dans toute la rigueur du terme, un anti-messianiste, un Christ et un anti-Christ, comme en sa qualité de prophète et de tribun il était anti-prêtre et anti-César. Là surtout, là seulement, et c'est assez, est sa signification historique et elle ne peut être que là. Toute multiplicité de pensée et d'action, ici, plus qu'ailleurs est impossible. Là est le titre de Jésus à la reconnaissance des hommes et à la postérité.

Nous verrons bientôt comment s'opéra la séparation de la théorie et de la pratique du prophète de Nazareth, et comment son *église*, toute fraternelle d'abord et communautaire, devint le foyer de la théologie et de l'autorité.

Légitimité de la prédication de Jésus, au point de vue religieux : *Unité de Dieu. Immortalité de l'âme* (Cf. *Infra*, f° 111-112).

L'unité de Dieu. — Unité de la raison, de la conscience humaine ; fraternité et solidarité des races. — *L'immortalité de l'âme*. — Progrès indéfini de la raison dans la science, et de la conscience dans la vertu. — Théorie de la non-rétrogradation de l'âme humaine et de la société (Cf. 31, f°, v°).

IMMORTALITÉ DE L'AME

Rassembler des passages desquels il résulte que ce dogme au temps de Jésus, était une *nouveauté*, non pas précisément en philosophie, mais en religion et aux yeux des masses.

Tu as des paroles d'immortalité, dit Nicodème à Jésus.

Voir Tacite, **V**ie d'Agricola, 46. — *Annales*, XVI, 19 et 34 (où il paraît que cette théorie est regardée comme une théorie métaphysique).

Cf. *Caton*, lisant Platon avant de mourir.

Lucien, et ses railleries sur les chrétiens.

Jésus n'admettait point la *résurrection des corps* comme les pharisiens; il prenait ce mot dans le sens métaphysique. Cela n'a pas empêché ses disciples de le ressusciter.

C'est là un point important qui n'a pas été relevé.

Cf. — Sur l'immortalité de l'âme et les incertitudes des Anciens, CICÉRON, *Tusculane de Senectute, Songe de Scipion;* idem, *Pro Cluentio.* — A. 61.

SALLUSTE, Bell. Catilius; *Discours de César.*

JUVENAL : *Esse aliquos manes, et subterranea regna, nec pueri credant, nisi qui nondum œre lavantur* (Satire II et satire XIII; PERSE, 2e satire).

VIRGILE. — *Felix qui potuit rerum cognoscere causas*, etc.

LUCRÈCE, *Passim.* Pline, *Histoire naturelle*, l. II, c. 7. — Pomponace - Spinosa (Bayle, Cf. *Réponses aux questions d'un provincial*, part. III, c. 22).

Cf. Mes *Études sur la philologie sacrée*, passage des Psaumes de l'Ecclésiaste, etc., mal interprété par Bergier, *Dict. théol.* (notamment celui d'Isaïe, c. XIV).

Descartes, Lelaud, Bonnet, cités dans les *notes* de Guinet, avouent que *l'immortalité de l'âme* ne peut se prouver à la raison. — Donc, elle ne vient que par la superstition, et les anciens n'ont pu la connaître.

Cf. HORACE, épit. 16, l. I; *et alibi.*

Mecænas, ses vers sur l'âme. — Le Romain, le Juif, etc., ne se comprennent avec la théorie de l'immortalité. Les jeux du cirque, le droit de conquête, l'esclavage, le droit de vie et de mort, etc., sont des corollaires de la non-croyance à l'immortalité chez les anciens.

Cf. TACITE, passages nombreux sur les soldats.

— Le dogme de l'immortalité avait été de bonne heure décrié par les prêtres qui en faisaient trafic. Les purifications se payaient, les expiations posthumes.—Chez les Druides, on *prêtait sur l'autre vie*. Naturellement les prêtres etaient ceux qui offraient les meilleures hypothèques. — On le regardait comme une cause de lâcheté ! et l'on n'avait pas entièrement tort. — *Vetus ille mos Gallorum occurrit, quos memoriâ proditum est pecunias mutuas, quæ his apud inferos redderentur, dare solitos.* — L'encyclopédie nouvelle se récrie d'admiration devant cet usage.

Minutius Felix. — C'est par peur de la mort qu'ils croient à l'immortalité, dit Cécilius des chrétiens, et c'est l'espérance de revivre qui fait tout leur courage et leur vertu. C'est fondé ! — C. II.

Et ailleurs : *Renacci de ferunt post mortem, et cineres, et favillas : putes eos jam revixisse !...*

— HOMÈRE. *Iliad.* l. 16. Jupiter pleure avec des larmes de sang la mort de Sarpédon, son fils.

HOMÈRE. *Odyssée* : Évocation des *ombres*, par Ulysse, sur une cuve pleine de sang. Ce sont des vampires, non des immortels.

(Cf. *infra*, au 64, f° 48 v°).

28-29. Faire ressortir à Jésus, la marche de l'idée révolutionnaire.

Elle passe par le messianisme, le platonisme, le pythagorisme, l'éclectisme, la kabbale ;

Elle se manifeste partiellement dans les zélateurs, les faux messies, les esséniens, les *évangélistes ;*

Elle se pose déjà plus complète en Apollonius et Simon, mais trop surchargée de théologie, de spéculation, pas assez pratique.

Enfin, elle éclate dans toute sa simplicité, son énergie, son positivisme, en Jésus.

Après Jésus, elle ne peut que s'adoucir, en se développant, se transformer, et perdre. C'est ce qui arrive immédiatement. — Quand nous serons à Augustin, le Christianisme ne sera plus rien de ce qu'il était : nous aurons un culte, une théologie, une superstition, une hiérarchie, tout ce que n'a pas voulu Jésus, tout ce qu'il a nié et combattu, et plus rien de ce qu'il a affirmé et posé.

Ce n'est pas en vain qu'à toutes les époques, au IIe, au IIIe, aux IVe et Ve siècles, de même qu'au moyen âge, et à la réforme, on a accusé l'Église de *corruption* et de *prostitution.*

De temps en temps on s'apercevait de cet abandon de l'idéal de Jésus, et l'on accusait l'épiscopat. Mais l'épiscopat, le Christianisme officiel, assisté du bras séculier, mettait bien vite à la raison les hérétiques...

[On ne sait absolument rien de Jésus, si ce n'est sa prédication et sa passion. Ni sa famille, ni son éducation, ni sa vie, presque rien : il a paru comme l'éclair, pour employer une de ses images : *sicut falgus ab oriente, paretusquæ in occidentem. Ita erit adventus filii hominis.* Tous les détails sur sa vie privée, *apocryphes*. Ce n'était pas au 1ᵉʳ siècle ce qui intéressait le plus, et ce n'est pas non plus ce que l'histoire doive regretter. Mais cette ignorance biographique a fourni matière aux systèmes : de là, la possibilité de déifier Jésus, et de le nier !...]

29. 23 mars. — Jésus est mis à mort par Pilate, à la requête du pontificat.

La date que nous assignons ici à la crucifixion de Jésus, généralement placée à l'an 34, est pourtant une des plus certaines de l'histoire. Elle a d'abord pour elle le témoignage de Lactance et d'autres Pères plus anciens, qui disent formellement que Jésus fut crucifié sous le consulat des deux Géminus; elle est confirmée par les Évangiles, dont les trois premiers ne comptent du baptême de Jésus à sa passion qu'une pâque, c'est-à-dire un an; et le quatrième n'y contredit pas; elle est démontrée, enfin, par l'itinéraire de Jésus pendant la prédication, itinéraire parfaitement motivé dans Mathieu, Marc, Luc et dont Jean seul s'est écarté, sans toutefois y faire d'opposition. Ce qui a fait croire aux trois ans et demi de la vie messianique de Jésus, ce sont les quatre mentions que fait Jean de la pâque, mentions qu'on a prises sans motif pour autant de pâques différentes.

Traqué par la police des prêtres de Jérusalem, et par celle du roi de Galilée, dont il était sujet, repoussé par sa propre famille, odieux aux Samaritains, accusé d'imposture par les pharisiens et les scribes; sommé d'aller à Jérusalem rendre compte au sanhedrin de ses doctrines, Jésus, après avoir erré pendant près d'une année aux environs du lac de Tibériade, sur la frontière de la Galilée et de la Phénicie, dans

la Batanée et la Décapole, ne trouvant plus de sûreté ni au
désert, ni sur la montagne, ni sur le lac, se décide à braver
le péril d'une exposition solennelle. Il s'achemine donc, par
la Samarie, du côté de Jérusalem, descend le Jourdain, le
long de la rive gauche, jusqu'à la hauteur de Jéricho ; puis il
fait son entrée à Jérusalem quelques semaines avant la
pâque, au milieu d'acclamations, les unes sincères, les autres
peut-être perfides, mais qui toutes, dans leur expression
générale, affirmant le messie, étaient une protestation au
moins partielle contre sa doctrine. Le jour, il enseigne dans
le temple, protégé par le respect du lieu, et la faveur de la
multitude ; la nuit il disparaît, sort de la ville, près du bourg
de Béthanie. C'est dans cette retraite qu'il est arrêté l'avant-
veille de la pâque, à la suite d'une délibération du grand
conseil, qui décida sa perte.

Quel fut le motif de la condamnation de Jésus ?

Tout le révèle. D'une part, on ne voulait plus souffrir de
messies : Les prêtres qui voyaient leur pouvoir y périr,
avaient autant d'intérêt à la répression que les Romains ; de
l'autre, on ne voulait pas souffrir d'attaques directes ou in-
directes au mosaïsme, chose non moins redoutable à la caste
sacerdotale, et au parti bigot ; bien moins encore entendait-
on tolérer les manifestations socialistes. Bref, on était résolu
de sévir contre tous les prédicants et sectaires, quels qu'ils
fussent. Toute théorie, en effet, philosophique ou religieuse,
politique ou économique, contient dans le secret de ses
abstractions le corollaire pratique, qui à la révolution des
idées unit indissolublement la révolution sociale. Jésus, continuateur des prophètes, ces anciens réformistes que la
royauté avait livrés au supplice, et dont le sacerdoce était
venu à bout d'éteindre le génie ; esprit sarcastique et positif,
véritable organe de la pensée des masses, marquait le point
précis où l'agitation des idées qui depuis plus d'un siècle
travaillait l'Orient, et à laquelle répondaient le murmure de
l'esclave et le grondement des populations sur tous les points
de l'Empire, devait aboutir à une explosion sociale, à une
application matérielle. Romains, Hérodiens, Pharisiens, Sadducéens, Messianistes, tous devaient s'unir contre lui dans la

même haine : il fut livré, par les prêtres, comme blasphémateur du temple ; par les Pharisiens, comme violateur du sabbat ; par les Sadducéens, comme ennemi de la propriété ; par les Scribes, comme déserteur de la loi et faux prophète ; abandonné des zélateurs et Messianistes, qui l'accusaient de refroidir le patriotisme, et d'être vendu aux Romains ; du peuple, qui le traitait de samaritain ; condamné enfin par Pilate, comme affectant la messianité, la royauté !!...

Pendant longtemps la réprobation qui s'attacha au grand réformateur, fut universelle ; et quelque courte qu'ait été son apparition, cette universalité de haines témoigne suffisamment de la puissance de l'homme et de la profondeur de son œuvre.

Que pèsent aujourd'hui, dans la balance de l'histoire, ces doctrines judaïques, zoroastriennes, hermétiques, platoniques, gnostiques, kabbalistiques, etc., qui, pendant des siècles, oubliant l'idée galiléenne, se disputèrent la possession de l'esprit humain, et la direction de la réforme ? Qu'est-ce que la théologie catholique elle-même, héritière et suprême expression de toutes ces rêveries ? Rien, rien, rien. Une nouvelle évolution de l'humanité a ramené de nos jours une égale explosion des douleurs du peuple ; et, comme au premier siècle de notre ère, elle a abouti à la même conclusion. Justice, morale, liberté, fraternité : Voilà ce dernier mot du XIXᵉ siècle, comme il le fut du premier La parole et l'idée de Jésus survivent donc, plus puissantes, plus grandioses qu'elles ne parurent jamais : le seul homme de toute l'antiquité que le progrès n'ait point amoindri, et qui soit encore notre contemporain.

Changez ce caractère de Jésus, il devient incompréhensible. Sa condamnation, qui frappa tous les esprits par son iniquité, et qui n'eut d'autre cause que la raison d'État, apparaît juste et légitime. Aux yeux de la raison impartiale, il reste frappé d'un soupçon, effet d'une position équivoque. Après dix-huit siècles, nous osons enfin restituer cette grande figure, méconnue des critiques, et ravalée par la théologie au niveau des Césars et des dieux.

La même année que Jésus expire à Rome, à l'âge de

quatre-vingt six ans, une femme dont la fortune commença par l'adultère ; qui, divorcée en pleine grossesse, souilla sa maternité par un amour nouveau ; qui passa sa vie à nouer des intrigues et à préparer des empoisonnements ; exécrable Egérie du plus lâche des despotes, à qui le monde dut Tibère, celui de tous les hommes qui la connût le mieux, qui lui dut le plus, et la détesta davantage : l'impératrice, Auguste et divine, Livie.

ABRÉGÉ DE LA GÉOGRAPHIE DE STRABON (à faire)

30. Après la mort de Jésus, *ses disciples*, que l'on voit s'appeler aussi *jesséens, galiléens, nazaréens, frères, éluts, saints, sauvés, fidèles, croyants*, découragés et abattus, se dispersent. Plusieurs années se passent, durant lesquelles ils ne donnent signe de vie. Pierre, Jacques, Jean, venus à Jérusalem avec leur maître, sont retournés à Capharnaüm, reprendre leurs travaux de pêcheurs. Dans leurs conférences secrètes, ils se confirment de plus en plus dans l'idée que Jésus est vraiment le prophète, que son messianisme est le véritable : alors commence l'élaboration du système.

Le Césarisme et les traditions ont fait jaillir l'étincelle : le Césarisme va la souffler, et accroître sans cesse l'incendie.

31. Séjan conspire pour l'Empire. Tibère le défère au Sénat, qui le condamne à mort. Avec lui périt Velléius Paterculus, historien, ami de ce Fouquet, ancien compagnon d'armes de Tibère.

Pline, le naturaliste, découvre la cause du flux et du reflux.

32. Apollonius de Tyane se voue à la vie pythagoricienne, et commence sa retraite de cinq années de silence. La vie de ce prêtre-philosophe, est pleine d'analogies avec celle de Jésus, telle que la racontent les évangélistes. Sa mère étant enceinte de lui eut une apparition de Protée. Elle lui demande qui elle mettra au monde : moi, répond le Dieu. C'est presque mot pour mot la réponse de l'ange à Marie : *quod nascetur ex te sanctuum !*... Au moment de sa naissance, un éclair tombe du ciel sur l'enfant, remonte au plus haut des airs, et s'évanouit : c'est l'équivalent de l'étoile des mages.

Comme Jésus, Apollonius montre une précocité d'intelligence surnaturelle : dès l'âge de quatorze ans, il s'applique aux plus hautes études, et s'enferme dans un temple avec ses maîtres Euthydème et Eumène.

Comme Jésus, avant de se livrer à l'apostolat, il se prépare par le silence et la retraite ; comme Jésus, il passe sa vie en missions et en voyages ; et sa doctrine, ses maximes, la pureté de sa vie, le merveilleux qui l'accompagne, semblent encore le type sur lequel a été calquée l'histoire anecdotique et miraculeuse de Jésus. Il n'y a guère que le style par lequel ces deux hommes diffèrent ; mais ici c'est le cas de dire que le style, c'est l'homme (31).

33. Philippe, fils d'Hérode le Grand, tétrarque de la Galilée, meurt sans enfants. Ses états sont réunis à la Syrie.

33. Après un silence de quatre ans, les disciples de Jésus se reconnaissent, et songent à organiser leur propagande. La catastrophe du 23 mars avait grandi le prophète de Galilée ; les esprits s'exaltaient au souvenir de sa prédication, que rien ne remplaçait. Il avait laissé quelques disciples puissants, un Nicodème, un Joseph d'Arimathée, un Gamaliel peut-être, qui comprenaient que là était une force dont aucune philosophie ne pouvait approcher. Ils voyaient de plus, que si l'on parvenait à donner aux esprits cette direction, la Judée pouvait être sauvée du fanatisme messiaque, sauvée de la fureur des zélés, sauvée, par conséquent, de la révolte, de la ruine. C'est au sein même de Jérusalem que la secte se reforme ou plutôt se forme. Il n'est plus question de la Galilée. Dans une première réunion, les apôtres invoquent l'esprit, le Pneuma consolateur, παράκλητον, promis disait-on par Jésus, et qui descend sur les disciples en forme de flammes ; symbole de l'égalité des hommes devant Dieu, et de l'abolition du sacerdoce.

Ce n'est autre chose, comme l'on voit, que la mise en scène des idées des Albigeois, Vaudois, quakers, etc., qui nient l'autorité des prêtres ; c'est la démocratie en religion. On adopte la vie en commun ; on préchotte, on fait des réceptions de prosélytes ; enfin l'on commence à affirmer la révélation de Jésus de Nazareth, *homme de Dieu, prophète d'Israël*, fondateur du vrai messianisme, *et ressuscité d'entre les morts*, c'est-à-dire suivant l'interprétation formelle de Paul (I Cor., xv), et le langage du temps, passé de cette vie à l'immortalité. On ajoute qu'il reviendra, et bientôt; car ce qui n'est point mort doit revivre. Élie, ravi au ciel, n'est-il pas revenu en la personne de Jean-Baptiste; et ne l'attend-on pas encore?...

Les prêtres entendent dire que la secte se remue : ils font venir Pierre et les autres, et leur intiment de se taire. Nous ne le pouvons pas, répondent-ils hardiment. Pierre, qui porte la parole au nom de tous est jeté en prison; une influence occulte le délivre. Le Sanhédrin s'irrite : Prenez garde, leur dit Gamaliel, si cette œuvre est du ciel, elle prévaudra malgré vous, et vous serez des impies; si elle est du mensonge, elle tombera d'elle-même et vous n'aurez pas l'odieux de la persécution.

Les *Actes* placent ici la conversion d'un personnage d'importance. Joseph, surnommé Barnabé, de la tribu de Lévi, originaire de Chypre, riche, et qui mit sans hésiter sa fortune au service de la nouvelle école. Joie et exaltation parmi les frères. On répète partout que le *salut d'Israël* est en Jésus de Nazareth.

Quels sont les chrétiens? Ignorants, derniers du peuple, oui : cela est dans la nature du mouvement.

Mais conduits par quelques chefs habiles, dédaigneux des lettres, sciences et arts! Oui, encore : cela devait être dans la donnée de la secte.

Enfin un certain indifférentisme politique, car ils allaient plus loin que la politique; c'est ce que nous remarquerons partout.

Mais négation énergique du vieux monde!

Tout cela plus ou moins judicieux.

34. Un faux christ persuade aux Samaritains qu'il a trouvé les vases sacrés cachés par Jérémie : le peuple le suit en foule, Pilate en fait un horrible massacre. Les prêtres s'indignent, non sans raison, contre les prédicants messianistes, parmi lesquels ils confondent les Nazaréens. C'est à l'occasion de ce

triste événement, attesté d'ailleurs, qu'ils sévirent sans doute
de nouveau contre la nouvelle secte : alors périt Étienne,
homme plein de ferveur et d'éloquence, honoré dans l'église
comme premier martyr. La communauté s'efface : pendant
ce temps d'arrêt, Philippe va porter *la parole* en Samarie.
L'occasion ne pouvait être, en effet, plus favorable. On peut
regarder cette mission de Philippe comme le point de départ
de l'universalisme chrétien, autrement dit la catholicité. On
ouvre d'abord la porte aux schismatiques de Samarie, en
attendant qu'on fasse entrer les incirconcis : ce sera scandale
pour scandale.

Tandis que Tibère épouvante l'île de Caprée de ses débauches, les Saxes, les Sarmates et les Germains ne cessent
d'insulter l'empire. Furieux de sa décrépitude prématurée,
il eût voulu que sa fin fût celle de l'univers. Il se faisait
apporter des victimes pour jouir de leur supplice; quelquefois condamnés et délateurs étaient mis pêle-mêle. Un jour,
las de procédure, il ordonna un massacre général des prisons, et les cadavres entassés aux Gémonies sont ensuite
jetés dans le Tibre, etc.. etc. Couvert de plaies, dévoré de
chancres, incapable de jouir, dégoûté de tout, il avait inventé
une dernière volupté propre à lui seul, et qui laissait loin
derrière elle la pédérastie, l'omnigamie, et toutes les postures
de Vénus : C'était de se faire caresser nu par de petits enfants
nus. Grâce aux dieux, disait-il, parlant de Caligula ; je laisse
au peuple romain un serpent pour le dévorer, et au monde
un phaéton pour l'incendier !...

35. Pilate est accusé par les juifs auprès de l'empereur,
et rappelé : sa disgrâce entraîne celle de Caïphas, qui est déposé du souverain pontificat. L'Église voit la vengeance du
ciel s'appesantir sur ses ennemis; mais elle n'ose encore se
montrer au grand jour, sous la royauté d'un Hérode et le
gouvernement d'un Vitellius.

Rencontre des apôtres avec Simon le Mage, en Samarie. A
peine le Christianisme est né, qu'il est compris du philosophe.
Il sent que là iront les masses ; et comme au dehors du flot
populaire, la philosophie est stérile, il offre son concours,
qui est refusé injurieusement. Ce fut une faute : le Christia-

nisme, s'il avait pu unir ensemble Jésus, Simon, Apollonius, le socialisme, la philosophie, la fusion des cultes, eût fait des progrès cent fois plus rapides : il aurait été invincible. L'exclusion de Simon crée dès ce moment, au sein du grand mouvement révolutionnaire, deux catégories principales, que l'on désigne par les noms de *croyants* et *illuminés* (gnostiques); *psychiques* et *pneumatiques*, et qui tendent mutuellement à s'exclure, brisent la force révolutionnaire et faussent chacun de leur côté, la pensée chrétienne.

Nous verrons, au commencement du IIIᵉ siècle, Clément d'Alexandrie et Origène faire tous leurs efforts pour mettre un terme à cette opposition de la *gnose*.

35-36. Tiridate est envoyé par Tibère pour remplacer Artaban, roi des Parthes. Ce nouveau candidat du Césarisme est battu et chassé par les barbares. Artaban écrit à l'empereur de satisfaire le peuple romain, en se donnant la mort.

Une tradition chrétienne prétend que Tibère, sur la fin de sa vie, proposa au Sénat de mettre Jésus au rang des dieux : autre absurdité qui montre quelle faible conscience les chrétiens eurent pendant longtemps d'eux-mêmes.

36. Quatrième apparition du Phénix : oiseau fatidique annonciateur des grands événements. Que venait-il donc annoncer au monde ? Un nouveau dieu, sans doute Caligula.

37. 16 mars. — Mort de Tibère à soixante-dix-neuf ans. La nature n'agissant pas assez vite, Caligula, âgé de vingt-cinq ans, lui vient en aide : il fait étouffer le vieux tyran sous une pile de matelas. Après tout, il ne faisait que venger son père et sa mère, détruits par le tyran, Germanicus et Agrippine. Celui-là mort, Caligula fait tuer aussi Drusus, petit-fils de Tibère. Ce changement amène sur la scène un nouveau personnage, cher aux juifs, hostile à la secte chrétienne : c'est Hérode-Agrippa, fils d'Aristobule, petit-fils d'Hérode et Marianne, et du sang des Asmonéens. Comme il s'était montré du vivant de Tibère favorable à Caligula, celui-ci lui donna par reconnaissance la tétrarchie de Philippe.

Apollonius de Tyane, ayant accompli les cinq années de silence prescrites par la discipline de Pythagore, commence à répandre sa doctrine dans l'Asie mineure, et vient à An-

tioche, dont il fait sa résidence habituelle. Tout en prêchant
les autres, il ne néglige aucune occasion de s'instruire ; il
interroge tous les sages, pénètre dans tous les sanctuaires,
se fait initier à tous les mystères. Comme Jésus, il enseigne
la morale la plus pure et la plus fraternelle ; comme Simon,
il prêche la fusion des cultes ; comme Platon, il enseigne,
sous la multitude des noms, ses manifestations divines,
l'unité de l'Être suprême. Ses mœurs sont celles d'un élève
de Pythagore ; ses discours, marqués au coin de la philosophie,
ont quelque chose du style des oracles ; son détachement
égale celui des communistes de Judée. Le plus libre de tous
les hommes, par la raison, par la conscience, par le calme
des passions et des sens, il menace hautement la tyrannie,
et recommande aux prêtres de tous les cultes la tolérance.

« Le philosophe, dit-il, s'unira d'amitié avec le plus simple ;
il négligera le rhéteur et le sophiste. Le philosophe fuit la
mollesse, cherche en tout la pureté, a peu de besoins, évite
le méchant, a toujours un bon conseil à donner, sa bourse
ouverte à ses amis, son sang à répandre pour sa patrie, et sa
liberté à garder.

« Pour connaître les choses divines, dit-il encore, il faut
les étudier avec une âme droite et pure, un cœur dégagé de
vices, un esprit sans préjugés, et amoureux de la vérité...
Qu'exigez-vous du sage ? L'art de donner des lois au peuple,
la connaissance de la géométrie, de l'astronomie, de l'arith-
métique, de l'harmonie, de la musique, de la médecine, de
la théurgie, mieux que cela encore : l'élévation de l'âme, la
gravité, la constance, la bonne renommée, la frugalité, l'in-
tégrité des sens, la bonne amitié, la vertu... Ayez de la pudeur pour celui qui en manque, et voilez votre visage devant
celui qui s'enorgueillit d'une sottise. »

Ses principes sociaux sont les mêmes que ceux de Jésus :
« La terre est à tous les hommes, dit-il au satrape qui lui
demandait ses passeports ; c'est notre patrie commune ; elle
m'appartient ainsi qu'à vous ; et j'ai le droit de la parcourir
sans que personne puisse s'y opposer. » — Du reste, Apollonius se soumet comme Jésus aux puissances établies, et leur
paie le tribut.

Sa théologie est encore plus simple :

« Nous sommes tous fils de Dieu... L'âme ne se repose point, rien ne périt; il n'y a que les apparences qui naissent et qui passent; s'il y a passage de l'état d'essence à l'état de nature, il y a génération; s'il y a passage de l'état de nature à l'état de naissance (?), il y a mort. A proprement parler, il n'y a donc ni génération, ni corruption ; il y a succession d'États... » Il est impossible, ce nous semble, de professer plus clairement la théorie du progrès.

« Un tout se résout en parties, dit-il encore; des parties reforment un tout : Voilà l'automatisme universel. » Donc il n'y a rien de permanent et d'absolu, comme le croyait Simon le Mage, et après lui tous les théosophes : « L'essence primordiale, qui est toute en tout; que l'esprit suppose, mais sans pouvoir jamais l'atteindre, est le Dieu éternel qui perd son nom dans les langues (et par conséquent son individualité dans l'ensemble des choses) par la multitude et la diversité des êtres... Tous les êtres ont leur jeunesse et leur caducité, leur période et leur consommation; la mort est l'élévation à la divinité. »

Un dernier trait de ressemblance entre Apollonius de Tyane et Jésus, c'est que, comme celui-ci, il parlait volontiers par paraboles; et que, comme Jésus encore, il se défendait de magie, de sorcellerie, de divination, de prophéties et de miracles. Croyez après cela aux narrateurs imbéciles qui en ont chargé leur histoire.

Il y a lieu de penser que la vie d'Apollonius de Tyane fut composée sur les manuscrits de Damis par Philostrate (198) en vue de contrebalancer la célébrité du réformateur chrétien, ce qui n'empêche nullement que la vie de celui-ci eût pu être illustrée à l'instar de celle-là. Nous, que cette rivalité n'intéresse plus, nous placerons sur la même ligne Jésus, Apollonius, Confucius, Socrate, tous les sages puissants par la parole et la vertu, et nous dirons : Oh humanité, voilà tes saints ! *Ecce dii tui, Israël.*

38. Caligula prend le premier le titre de *Dominus. L'empereur s'amuse!* Caligula fait périr Macron, à qui il devait l'empire, Gemellus, Silanis, et rétablit, à l'exemple de Ti-

bère, la loi de majesté, qu'il avait d'abord abolie. Tous les
dix jours, il *apurait ses comptes*, en condamnant à mort les
prisonniers les plus riches. Pour s'assurer les successions, il
se disait parent de tous les citoyens opulents. Il aimait à se
rouler sur des monceaux d'or. Son règne, plein de proscriptions, de rapines, d'incestes, fut celui d'un fou, d'autant
plus furieux, qu'il était poursuivi d'indicibles terreurs. Il
fit nommer son cheval souverain pontife, et eût voulu que
le peuple romain n'eût qu'une tête pour la couper d'un seul
coup, etc., etc., etc.....

/ A Alexandrie, le gouverneur Flaccus excerce sur les juifs,
en haine d'Agrippa qui venait de restaurer l'empereur, toutes
sortes de vexations et de cruautés. Il les fait piller, fouetter;
il outrage les femmes, brûle les synagogues, les chasse de
leurs maisons, donne leurs biens aux Alexandrins, les fait
tuer comme des bêtes. Flaccus, dans son gouvernement, imitait César. Caligula était régalé par lui de la relation de ces
atrocités; ce qui n'empêche pas celui-ci, par un raffinement
auquel Flaccus aurait dû s'attendre, de faire arrêter tout à
coup ce gouverneur et de le faire périr (40)/

— Les Allemands, défaits par Galba, sont chassés des
Gaules.

— Commencement du royaume d'Adiobène, formé d'une
fraction de la Syrie.

39. Sur la dénonciation d'Agrippa, Hérode Antipas, té-
trarque de Galilée, est déposé par Caligula, et exilé, avec
Hérodias sa femme, à Lyon. La Galilée est donnée à
Agrippa.

/ **40.** Caligula fait un voyage dans les Gaules, s'avance jusqu'à Boulogne, où il bâtit un phare, et fait ramasser des co-
quillages aux soldats. De retour à Rome, il faillit périr dans
la conspiration de Gétulius et Lépidus; sauvé de ce péril, il
se mit en tête de faire placer sa statue dans le temple de Jérusalem et de forcer les juifs à l'adorer. Ce dernier acte
n'était pas peut-être autant un trait de démence qu'un acte
de repression contre le messianisme.

Agrippa et le gouverneur Pétrone, émus de pitié à la vue
de la désolation des juifs, emploient tous leurs efforts à dis-

suader l'empereur. Ceux d'Alexandrie envoient de leur côté une députation pour se plaindre du gouverneur Flaccus; Philon en était le chef.

Partout une haine incroyable éclate contre les juifs; cette haine universelle contre les juifs avait plusieurs causes : leur monothéisme fanatique, leur intolérance; leur *séparatisme,* leurs prétentions avouées à la domination; leur mercantilisme agioteur et plein de mauvaise foi; enfin, leur esprit d'exploitation et de prosélytisme.

Ils sont massacrés en masse en Syrie et dans tout le pays de Babylone. Ces persécutions rendent improbable l'opinion de ceux qui placent vers ce temps un voyage de Pierre, disciple de Jésus et chef de la secte, à Babylone.

— *Ère de Ceylan.* — Propagation dn boudhisme dans le Japon.

41. 24 janvier. Caligula est tué par Chéréas. — Un jour, le centurion demandait à l'empereur le mot d'ordre. — *Jupiter*, lui répond le facétieux César, en faisant le geste obscène qu'on appelle dans les ateliers *le coup du soldat.* Chéréas, plongeant son épée dans le corps de Caligula, répond : *Accipe Jovem ratum.* — Les prétoriens portent à l'empire Claude, cinquante ans, vieil imbécile, amateur de grammaire, qui commence par venger Caligula, à la demande du peuple et des prétoriens, en faisant périr Chéréas.

Le peuple adora Caligula aux funérailles de Tibère; il lui prodigua les noms les plus affectueux : *Sidus, Pullus, Pupus, Alumnus!* Charmant enfant!

— Caligula mort, le Sénat, après quatre-vingt-six ans de despotisme, essaye de rétablir la république. Les consuls le convoquent au Capitole, condamnent la mémoire des Césars, et donnent pour mot d'ordre la *Liberté* aux quelques cohortes qui les avaient suivis.

Cette petite insurrection dure quarante-huit heures. Claude, élu par les prétoriens, accorde l'amnistie, et tout rentre dans le silence (Josèphe).

En Dalmatie, Camillus Scribonianus prend les armes contre Claude, au nom de la république; il est abandonné par ses troupes au bout de cinq jours. La *République,* c'était l'ordre, la discipline; l'Empire, c'était le Donativum et le pillage.

— Claude commence le régime des *donations*, qui deviennent bientôt obligatoires. Il donne à chaque soldat *quina deas* H. S., 27.000 livres (Gibbon, Suétone).

Il paraît qu'il faut augmenter en général les évaluations de Gibbon de 1/7; ainsi, au lieu de 2.700 livres, ce serait 3.000.

— La dragme est évaluée à 90 cent. 1/10, moins que le franc. 70.000 dragmes valent ainsi 63 millions (vérifier).

Ces soldats étaient les vrais romains, le Peuple-roi; levés dans l'Italie et parmi les colons de vraie souche romaine (Tac., am., t. V, 5). Ailleurs, il rapporte qu'Othon les appelle *nourrissons d'Italie, vraie jeunesse de Rome* (hist., 1).

A la nouvelle de la mort de Caligula, les juifs d'Alexandrie courent aux armes et se vengent des Grecs, sur qui ils exercent de sanglantes représailles.

A Jérusalem, par la faveur d'Agrippa, fidèle observateur de la loi, la persécution recommence contre les sectes. Pierre est arrêté; Jacques, père de Jean, mis à mort. Les frères épouvantés fuient, comme au temps de la passion de Jésus et du martyre d'Étienne; ils se répandent dans les villes voisines, Antioche, Chypre, Damas, etc.

Origine et moyens de la propagande chrétienne (Cf. Basnage, *Histoire des juifs*, liv. VI).

Tous les juifs, depuis plusieurs siècles (Introd., 606, 538, 301 *a*), faisaient, en même temps que le trafic des tissus, des bijoux et des épices, le courtage des idées, le métier de propagandistes par tout le globe. Leurs prosélytes, à l'époque où nous sommes parvenus, étaient, au témoignage de Sénèque, innombrables : *Cum interim usque adeo sceleratissimæ gentis consuetudo convaluit, ut per omnis jam terras recepta sit; victi victoribus leges dederunt.* Les femmes surtout prêtaient l'oreille aux nouveautés religieuses, et devenaient pour eux d'habiles missionnaires. (Jos de Bulo, jud. II, act. apôt., XIII). De tous les points du globe, Inde, Bactriane,

Perse, Arabie, Éthiopie, Mauritanie, Espagne, Gaules, Thrace, Macédoine, Pont, Arménie, sans compter la Grèce, l'Italie, l'Egypte, la Cyrénaïque, l'Asie Mineure, la Babylonie, qu'ils remplissent, ils entretiennent des correspondances suivies avec Jérusalem, où ils envoient sans cesse leurs aumônes et leurs dîmes. Sur tout cet empire, qui ne semble exister que pour le pillage et l'oppression, ils étendent le réseau de leur trafic et de leurs idées. Eux seuls sont organisés pour la conquête du monde, si par conquêtes on entend la possession des âmes par l'intelligence et la pensée. Partout ils ont une synagogue, un centre d'opérations. Sans sacrifier rien, ils le croient du moins, de leurs idées, de leurs espérances, de leur orgueil, ils observent les mœurs des nations, leur état politique et social, les ressources agricoles et industrielles, les aspirations des esprits; et, en attendant que le Messie paraisse à la tête de ses légions, ils multiplient le prosélytisme, ils occupent des places de guerre : Babylone, Alexandrie, Cyrène; déjà ils pullulent à Rome; tout cela basé sur le trafic, le change et l'agiotage.

Le juif est par tempérament antiproducteur, ni agriculteur, ni industriel, pas même vraiment commerçant. C'est un entremetteur, toujours frauduleux et parasite, qui opère, en affaires comme en philosophie, par la falsification, la contrefaçon, le maquignonnage. Il ne sait que la hausse et la baisse, les risques de transport, les incertitudes de la récolte, le hasard de l'offre et de la demande. Sa politique en économie est toute négative, toute usuraire; c'est le mauvais principe, Satan, Ahriman, incarné dans la race de Sem, et qui a déjà été exterminée deux fois, par les Grecs et les Romains, une première fois à Tyr, la seconde à Carthage.

Nous qui les voyons maintenant à l'œuvre, s'emparant, de connivence avec les princes, de la richesse la plus essentielle, la plus subtilisée des peuples, dominant les nations par la banque et la bourse, nous sommes à même de comprendre l'action qu'ils exercèrent sur l'empire pendant le siècle qui précéda la chute de leur petit État. Nous concevons qu'après tout leurs projets de conquêtes n'étaient point si absurdes; et que si, à un signal donné, à la première révolte qui éclaterait en Gaule et en Espagne. les juifs de Jérusalem, d'Alexandrie, de Babylone, de Cyrène levaient à la fois l'étendard de la révolte, parmi les populations malheureuses, pleines de leurs usures et de leur prolysétisme, il y avait des chances sérieuses pour un empire messianique, et une succession de la Judée aux Romains. Prendre l'empire d'assaut, par le trafic, par l'argent, par l'idée et par les armes, ce fut un plan qui, s'il ne fût avoué de personne, s'il ne fût le produit d'un conseil ni l'œuvre d'un chef, n'en existait pas moins à l'état concret, quoique peut-être non raisonné, chez tous les juifs de la terre. Il n'y manque que la direction et l'unité.

Telle fut la base sur laquelle vinrent opérer à leur tour les disciples de Jésus, juifs eux-mêmes, ayant en cette qualité accès dans toutes les synagogues, et parlant au nom de cette idée si chère à toute âme juive, le Messie. Sur la propagande judaïque se greffe la propagande chrétienne; celle-ci faisant peu à peu diversion à celle-là, l'affaiblissant, la supplantant, la combattant à outrance, avec un succès qui eût valu aux chrétiens, de la part de l'empereur, autant de faveur qu'elle leur attirait de haine de la part des juifs, si le Christanisme n'eût été par son essence pire encore pour le système impérial que le messianisme lui-même.

— En cette année, les Romains obtiennent quelque avantage sur les Cattes et les Chauques; par contre, la Mauritanie se soulève, pour venger son roi Ptolémée, assassiné par Caligula. Alternatives de bien et de mal dans une situation sans remède et tout à l'heure désespérée.

42/Une tradition fait aller, vers cette époque, Pierre à Rome. Ce voyage, quoi qu'on ait dit, n'a rien d'improbable; il expliquerait ce que dit Suétone, d'un certain Christus, qui fit chasser les juifs de Rome : *Impulsore Christos assidue tumultuantes, Roma expulit.* Nous supposerons, avec Arnobe et autres écrivains ecclésiastiques, que ce fut alors que Simon le Mage et Pierre, qui s'étaient vus, huit ans auparavant, en Samarie, se retrouvèrent en présence. On sait, d'ailleurs, par l'*Épitre aux Romains,* que l'église de Rome était fondée longtemps avant l'époque où elle fut écrite (56); et les actes disent, d'autre part, qu'à la suite de la persécution d'Agrippa, Pierre s'en alla *dans un autre endroit*. L'idée de porter la parole de Jésus à Rome même était d'une trop haute portée, pour qu'elle ne fût pas venue de bonne heure à l'esprit des apôtres, et qu'il n'en saisissent la première occasion.

Nous plaçons, à cette année, les démarches de Paul, l'ancien témoin du supplice d'Etienne, auprès du grand-prêtre, pour être autorisé à aller à Damas, poursuivre la nouvelle secte. Damas faisait partie des états d'Agrippa, prince zélé pour la religion, et favorable à la politique pontificale; rien de plus naturel alors que cette commission politiquement impraticable à toute autre époque; la ville de Damas, avant et après le règne d'Agrippa, était dans l'indépendance absolue de la Judée, et le sacerdoce de Jérusalem ne pouvait y exercer aucune influence.

Pendant cette année, la disette règne en Judée. Les Juifs reçoivent les secours d'une néophyte puissante, Hélène, reine d'Adiabène, sur les confins des Parthes, convertie avec le roi, son fils, Izalis, au Judaïsme.

Que fait César ? Tête sans cervelle, corps sans âme, philologue ridicule, il laisse gouverner sous son nom les affranchis, Polybe, Calixte, Narcisse, Pallas, l'eunuque Posidès et sa femme Messaline, qui en obtient la mort d'une foule de gens riches.

La bourse des suspects était la liste civile des empereurs ! Le monde va tout seul. — Columelle, auteur d'agronomie.

43. Mort subite d'Agrippa; tous les juifs le pleurent, la secte de Jésus voit dans cet événement, qui fut pour la Judée un malheur immense, un coup du ciel. Les soldats romains outragent sa mémoire ; à Césarée, à Sébaste, les Grecs font des réjouissances sur sa mort. Le royaume et la dynastie d'Hérode tombent en dissolution. La politique éclairée d'Agrippa, sa popularité, pouvait seule contenir l'effervescence messianique et gagner du temps ; le temps alors, c'était le salut du peuple. Avec Agrippa, finirent les derniers beaux jours de la Judée; à partir de ce règne, son existence ne fut plus qu'une longue agonie.

Un esprit comme celui de Saül, le persécuteur ardent des

Nazaréens, ne pouvait manquer d'être vivement affecté d'un si grand désastre. Il était en route pour Damas ; un accident de voyage vient assombrir encore ses idées. Il croit que l'œuvre dont il est chargé est réprouvée d'en haut; il s'arrête court, va trouver un disciple de Jésus, Ananie, se fait rendre compte des doctrines de la secte, et se convertit.

Nous plaçons cet événement important, autour duquel gravite, entre l'an 29 et l'an 61, la chronologie chrétienne, d'après le témoignage de Paul lui-même qui, dans la 2ᵉ aux Corinthiens (XII, 2), écrite, selon tous les critiques, vers l'an 57 ou 58, fait remonter à 14 ans et plus, *Ante annos quatuordecim*, la date de sa conversion. Cette date, ainsi fixée, concourt avec tous les faits politiques, et les circonstances de la vie de Paul. En 34, lors de la mort d'Etienne, il était jeune homme, il n'avait pas l'âge requis pour servir de témoin dans une condamnation ; en 42, *huit ans* après. il était dans la force de l'âge, et capable de recevoir une commission aussi sérieuse que celle qu'il sollicitait, en même temps que le pouvoir d'Agrippa la rendait plausible et exécutable. La coïncidence ainsi motivée de la conversion de Paul avec la mort d'Agrippa, nous paraît un trait de lumière de plus dans les ténèbres accumulées à dessein de la chronologie ordinaire.

— Un décret de Claude abolit le culte des Druides, et ordonne la destruction de leurs livres et de leurs monuments. Comment l'imbécile Claude, absorbé dans ses études de grammaire, put-il songer à tout cela. La persécution des Druides était dans l'esprit du Césarisme, sans doute; mais le coup partit des académies fondées par Auguste (13), à Lyon, Autun, Narbonne, Toulouse, Bordeaux, foyers de délation et de trahison contre la nationalité gauloise.

En principe, toutes les religions étaient libres et protégées par les empereurs, mais à la condition de se soumettre au statut impérial. Le Panthéon était le monument de cette tolérance conditionnelle, qui n'était autre chose, au fond, que l'absorption et l'asservissement de tous. Tout culte, qui refusait de s'incliner devant la déité de César, était considéré comme hostile; de là les persécutions ordonnées contre les juifs, les mages, les druides, et finalement contre les chrétiens.

43. Claude passe dans la Grande-Bretagne et la soumet en 13 jours.

La Syrie est reconquise pour les Romains (?).

44. Au Nord, Corbulon défait les Frisons révoltés (28), et fait creuser un canal entre le Rhin et la Meuse. En Afrique, Suétonius Paulinus bat les Mauritaniens, et pousse une excursion jusqu'au Niger (?). La Mauritanie est divisée en deux provinces, l'une dite Césarienne, l'autre Tigitane.

La Judée est gouvernée par Cœpius Fadus pendant la majorité du jeune Agrippa ; ce gouverneur reçoit de Claude l'ordre de sévir contre les habitants de Césarée et de Samarie, qui avaient insulté à la mémoire d'Agrippa. — La raison de cette politique est connue : Agrippa, par sa mère du sang ammonéen et aimé des Juifs, mais suivant la politique d'Hérode, son aïeul, était l'homme qui convenait le mieux aux Césars, pour contenir la Judée.

Fadus détruit un chef de brigands, Tholomée, qui se dit prophète.

Paul, le nouveau converti, après quelques mois de retraite en Arabie, revient à Damas, et se met incontinent à disputer avec les juifs sur le Messie, qu'il affirme positivement être Jésus. Avec lui commence le dogmatisme chrétien, dont il s'agit de bien comprendre la raison, les éléments, le but, et conséquemment la nécessité.

— Jésus, comme il a été dit, ne pose aucun dogme, ne fait aucune révélation, n'innove absolument en rien, ne crée ni formule d'initiation, ni liturgie. Lui-même ne s'arroge aucune dignité supérieure, à l'exemple des Simon, des Philon, etc. Il est tout simplement un enfant des prophètes ; il méprise le sacerdoce et les sectes, et appelle le peuple à la charité et à la morale : *Cela est toute la loi ; et c'est le vrai messianisme.* Tout son Évangile consiste dans cette réforme sociale, *palingenesia*, qu'il compare, relie, identifie presque avec la résurrection. Sa prédication roule perpétuellement sur les deux idées, corrélatives, et pour ainsi dire, complémentaires l'une de l'autre dans sa pensée.

Jésus mort, ses disciples se relèvent et affirment de nouveau, après leur maître, la révolution sociale, ou plus simplement le *Messie* et la *Résurrection*. Ici donc, se posent tout d'abord deux questions fondamentales, sur lesquelles va s'établir la discussion. 1° *Jésus est le Messie.* — Soit, mais qu'est-ce d'abord que le Messie ? Comment faut-il l'entendre ? Au sens littéral, qui est le sens juif; au sens allégorique, qui est celui de Hillel; au sens anagogique ou transcendental, qui est celui de Philon, de Simon, du livre de la *Sagesse*, etc; — au sens social et révolutionnaire, qui est celui de Jésus ?... Le Messie est-il une émanation de la divinité, un ange, un dieu, un roi, un prophète ? est-il *Verbe* ou *Logos*, homme, chose ou idée ?...

De cette question en naissent d'autres : le Messie est dit *Rédempteur* : Quelle est cette rédemption ? d'où vient la servitude humaine ? Quelle est la rançon que doit payer le Messie ? Est-ce de sa vie ou d'un autre sacrifice ? Le Messie peut-il souffrir ? et s'il souffre, comment est-il roi ? 2° *Jésus est ressuscité.* Qu'est-ce qu'une résurrection ?

Dans la pensée de Jésus, telle qu'elle nous a été conservée dans les Evangiles, le mot résurrection répond à ce que nous appelons *immortalité de l'âme.* Quand les Sadducéens l'interrogent et lui proposent cette objection : Une femme a eu de son vivant sept maris; après la résurrection, lequel des sept sera le sien ? Il leur répond : Hommes grossiers, dans l'autre vie, il n'y a plus de noces, plus d'unions charnelles; les hommes sont comme des anges, c'est-à-dire de purs esprits. Mais, l'idée d'immortalité, comme celle d'âme et d'esprit, était trop abstraite pour entrer dans les intelligences à l'aide du langage oriental; et, depuis la captivité, ce dogme, si familier aux races occidentales, avait pris racine, parmi les juifs, sous le nom de *résurrection.* En fait, ce n'était pas l'immortalité qu'affirmaient les pharisiens, défenseurs de ce dogme, c'était la revivification des cadavres.

Nous avons ici la clé du mystère chrétien de la résurrection. Jésus, comme Elie, était entré dans l'immortalité; mais ce n'était pas tout que de le dire, il fallait aux hommes de ce temps l'expliquer; et cette explication entraînait pour

eux cette idée, que le corps du supplicié avait repris vie et
qu'il était monté au ciel ! Et la preuve qu'il en est ainsi, la
preuve que Jésus est ressuscité, et qu'il a été enlevé au ciel,
c'est que, conformément aux idées millénaires, légendes,
mythes, etc., qui circulaient alors, il en reviendra un jour,
porté sur les nues, et que tous le verront et entendront sa
voix. La *preuve* de la résurrection de Jésus, dans les épîtres,
c'est son apparition *prochaine*. Par provision, les apôtres, qui
ont conversé avec lui en témoignent ; d'ailleurs, quelques-
uns parmi eux ont eu des visions ; Jésus leur est apparu ; il a
apparu à Saül, qu'y avait-il de plus ordinaire qu'une vision?
Que ne pouvait-on prouver avec des visions ?...

Tel est donc le thème sur lequel va s'entamer la controverse, controverse inévitable, car elle doit rendre raison de
la loi morale dont Jésus, tout à l'heure le Christ, a fait la
base et la condition de la régénération, mais dont il faut
expliquer l'origine, l'objet, les motifs et la sanction. La
secte nazaréenne avait à exposer sa doctrine sur toutes ces
choses; depuis quinze ans, elle occupait d'elle l'attention, le
moment était venu de parler.

C'est alors qu'arrive Saül. Pharisien, hébraïsant, de naissance et d'éducation; connaissant assez les idées helléniques,
qu'il s'approprie de son mieux, tout en les répudiant, il
apporte à la secte son esprit dogmatique, son éloquence,
son audace, ses inépuisables ressources. Tout d'abord, il
affirme Jésus, comme *Messie*, et *Messie propitiatoire*, immolé
pour le salut de tous; il l'affirme en outre comme *ressuscité*,
et par cette résurrection, nous donnant le gage de la nôtre.
Tel est le *credo* de Saül, que nous allons voir bientôt se développer, franchir les bornes de l'enseignement du maître, au
point de provoquer la protestation des disciples autoptiques.
Mais Paul n'en demeure pas moins l'un des artisans principaux de la messianité de Jésus; le premier, il lui donne une
signification dogmatique et précise, mais dans laquelle apparaît déjà, le syncrétisme chrétien où s'éteindra bientôt la
pensée du prophète de Nazareth.

Ce *credo* est commun à Saül et aux autres, au moins à
partir de l'an 51.

T. I.   9

Il ne diffère de celui de Jésus qu'en un point; c'est que lui, *messie négatif* est devenu *messie positif*, non toutefois dans le sens temporel, mais dans le sens spirituel.

Tout l'effort des apôtres et de l'Eglise primitive, comme on verra, tendit à renfermer le dogme chrétien, dans ces propositions élémentaires.

— Apion, grammairien, écrit contre les Juifs; il révoque en doute leur histoire, combat leurs traditions et s'efforce d'arrêter leur propagande. On peut le regarder comme le premier, mais inconscient adversaire de la religion qui venait d'éclore, et qui, sans le judaïsme, n'eût été rien, ne deviendrait jamais rien. Josèphe le réfuta.

— Philosophie de Sénèque, le stoïcien. Il soutient que Dieu n'est autre chose que l'univers, qui pense, qui vit, qui sent; que le feu est le principe qui l'anime et le consume; mais que, comme le phénix, l'univers renaît incessamment de sa propre destruction. La morale de Sénèque est sans élévation ; elle se réduit à l'hygiène et à l'intérêt bien entendu. Nous naissons tous libres et innocents; il n'y a ni vice, ni mal, de par la nature, qui nous prescrit seulement de ménager notre santé et notre repos, en évitant les excès et les passions. Le pire des tourments est l'ennui ; son remède est la philosophie. Philosophie du désespoir, en vérité !...

Cette morale, qui a conservé à toutes les époques, de nombreux représentants, peut être définie : la négation du principe religieux, la négation de la société. Sous ce rapport, Sénèque est l'expression de la ruine césarienne.

44-50. Troubles intérieurs et changements fréquents de princes chez les Parthes, après la mort d'Artaban III : Vardanis, Gotarzès, Vononès II et Vologèse. Celui-ci règne jusqu'en 90.

45. Vespasien continue la guerre dans la Grande-Bretagne et y gagne plusieurs batailles.

— Nouveaux troubles en Thrace (26), le pays est réduit en province romaine.

45. Un certain Theudas, deuxième du nom, se donne pour le Messie, promet de passer le Jourdain à pied sec et soulève le peuple juif contre les Romains; il est tué avec 400 hommes. La prompte répression de cet insensé fournit un argument de plus à la tolérance de Gamaliel, ainsi qu'au système de Saül. Que pouvait craindre César d'une secte qui disait : Le Messie ! il est venu, il est mort, il est ressuscité, il est au ciel ! Et quel coup pour le sacerdoce de Jérusalem, si, obéissant aux instigations de son ancien agent, il s'était rallié, comme lui, au Prophète !... Le sacerdoce et les pharisiens s'emparent du mouvement, tout était fini pour les zélateurs. La Judée ne dépendant plus d'une espérance, mais s'appuyant sur une réalité, redevenait maîtresse de son avenir : en se faisant initiatrice, en restituant ainsi une base politique à l'esprit nouveau, elle devenait invincible, et tôt ou tard, elle eût subalternisé Rome et César.

— *Secte de Ménandre*, disciple de Simon le Mage, gnostique.

On manque de documents précis pour assigner la date exacte de l'enseignement des successeurs de Simon : on sait seulement qu'ils se suivirent de près, dans cet ordre : Simon, Ménandre, Cérinthe et Basilide, Nicolaüs, Saturnin et Bardesane, Cerdon, Valentin, etc. — La prédication gnostique et kabbalistique s'entrecroise avec celle de l'Évangile ; le peuple va de l'une à l'autre ; on se heurte, on se pénètre ; tout en se combattant, on se fait des emprunts ; à mesure que les chefs s'effacent, les disciples font entre eux des transactions. C'est l'instant créateur : *Mens agitat molem*. Ménandre devient, après Simon, chef de l'école. Simon s'était dit *la grande puissance de Dieu*. Ménandre, plus modeste, se dit *envoyé par la puissance suprême de Dieu*, ambition que Manès, Montan, Mahomet, et bien d'autres ont reproduite.

Ménandre n'ajouta rien, changea peu aux doctrines du maître. Il baptisait en son propre nom, et ce baptême conférait, avec l'immortalité, le pouvoir de vaincre les puissances intellectuelles. Cette immortalité consistait en une jeunesse éternelle, qui rendait les bienheureux aptes à toutes les jouissances du paradis de Mahomet : nouvel exemple de l'impossibilité de faire entrer dans une tête orientale l'idée d'immortalité de l'âme ! Elle n'y entrera jamais, à moins qu'on ne substitue au système de langues sémitiques le système hindo-germanique. La manière de placer la particule affixe ou préfixe, fait ici toute la religion. — Au symbole de l'eau, Ménandre ajoutait celui du feu, représentatif du *pneuma!* C'est à son imitation que l'évangile de Mathieu, III, 11, fait dire à Jean-Baptiste, parlant de Jésus : *Il vous baptisera* dans le Saint-Esprit et le feu!... Les sectateurs de Ménandre se perdent avec le temps dans la masse chrétienne.

— Grand voyage d'Apollonius de Tyane en Orient. Il part d'Antioche suivi d'un seul disciple, parcourt la Babylonie, le Caucase, la Bactriane, et séjourne dans l'Inde, où il fréquente les gymnosophistes, et s'instruit dans la religion de Brahma. Le disciple chéri d'Apollonius, Damis, a été comparé à saint Jean, le bien-aimé de Jésus. On reprochait à Damis son culte presque superstitieux pour son maître, et on le comparaît à un petit chien. « Mais si ce maître est un Dieu, répondait-il, si de sa table il tombe des miettes d'ambroisie, le petit chien a-t-il tort de les ramasser?... » Cette réponse rappelle celle de la Cananéenne à Jésus.

46. L'empire, sans reculer ses limites, étend de plus en plus sa centralisation. Tout deviendra Rome, c'est-à-dire que Rome, forcée de tout absorber, tend à s'évanouir elle-même.

Dans un tout organique, le centre peut se trouver partout; la capitale d'un État, par conséquent, peut être à l'extrémité du rayon géographique, comme au centre. Vienne le jour où l'empire devra se donner à la fois plusieurs Césars, et le siège de l'empire sera tout à la fois Rome, Alexandrie, Antioche, Nicomédie, Constantinople, Paris, Milan; l'empire ne sera pas fini, que Rome elle-même ne sera plus. — La Thrace est réduite en province romaine; Mithridate, roi du Bosphore, est remplacé par Cotyo; mais la Médie-Atropatine est perdue et devient partie du royaume des Parthes.

Mort d'Arria, et Pœtus Cæcina.

Les juifs de Jérusalem sollicitent auprès de l'empereur Claude la faveur de garder la robe pontificale. Cette faveur leur est accordée à la demande du jeune Agrippa. En même temps, il confie à Hérode, roi de Chalcide, oncle du jeune

prince, le droit de nommer au souverain pontificat. Les juifs
de Damas s'indignent de la prédication de Paul, et veulent le
tuer. Il échappe, et déjà couvert des palmes de l'apostolat et
du martyre, il se rend à Jérusalem, où il est présenté aux
apôtres par Barnabé. Ceci se passe, suivant l'épître aux Galates, ɪ, 18, trois ans après la conversion de Paul : il n'y passe
que quinze jours.

Persécuté par les juifs de Jérusalem, comme il l'avait été
par ceux de Damas, il se réfugie à Césarée, et delà à Tarsus,
sa patrie, après s'être entendu avec Pierre (de retour, sans
doute, de son voyage à Rome, en 42).

— Claude retire les troupes de la Germanie. Tandis qu'il
est occupé de littérature, sa femme, Messaline, épouse publiquement Silanus, jeune chevalier, qui, pour comble d'inso-
lence, promet d'adopter Britannicus, le fils de Claude!...
Quel ménage que celui des Césars!

47. Après Fadus, le gouverneur de Judée est Tibère-
Alexandre, neveu du philosophe Philon, renégat du ju-
daïsme, et qui fit crucifier les fils de Judas le Galiléen,
Jacob et Simon, qui marchaient sur les traces de leur père.
Ils étaient chefs des *zélateurs*.

— Pierre se rend à Césarée : là, il reçoit une révélation
concernant les gentils, et baptise Cornélius, centurion, le
premier païen qui se convertit à la foi. En ce temps-là, il
dut y avoir des hommes qui changèrent dix fois de religion...
A qui se rendre, en effet, dans ce chassé-croisé du prosélytisme pharisien, essénien, samaritain, helléniste, galiléen,
gnostique, etc.?... La pensée universaliste est universelle!
C'est le corollaire de l'idée messianique des transportations
de peuples, de la conquête persane, grecque et latine, la conséquence de la souveraineté de César.

48. Tibère-Alexandre est remplacé dans le gouvernement de la Judée par Cumenus.

Mort d'Hérode, roi de Chalcide.

Les vexations des gouverneurs se multiplient ; les soldats
romains insultent à la religion et excitent le peuple à la révolte...

— Le droit de cité est accordé aux Gaulois chevelus.

— L'impudique Messaline et son amant sont mis à mort.

— La plupart des anciennes familles s'étant éteintes dans les proscriptions, Claude fait une promotion de patriciens aux anciens membres du sénat nommés par Auguste et Jules-César. On n'inventait donc rien, on n'avait nulle idée de la révolution qui avait tout changé à Rome, et l'on suivait invariablement les vieilles coutumes.

49. Claude chasse de Rome tous les juifs (19).

La Judée est convertie en province romaine et réunie à la Syrie. Ce nouveau coup porté à l'état juif désole les zélateurs, les pharisiens, le corps sacerdotal, mais donne un nouvel essor aux idées gnostiques et nazaréennes. Le Césarisme, en refoulant le messianisme juif qui l'inquiète, fortifie d'autant la révolution sociale et universelle qu'il n'aperçoit pas. Par un effet de la même mesure, les juifs sont expulsés de Rome pour leurs disputes sur le Messie. On suppose, et tout rend ici la chose probable, que l'expulsion tomba à la fois sur les disciples de Jésus qui s'y trouvaient.

Agrippine, fille de Germanicus, devient, par le crédit de Pallas, épouse de Claude, après la mort de Messaline.

50. Voyage de Barnabé à Antioche : il presse, il organise la mission des gentils, Barnabé semble ici le politique de la jeune église, comme Paul en est le théologien. Le messianisme nazaréen, constitué par eux, pousse sa fortune, et laissant, quant à présent du moins, la question politique, médite la révolution religieuse et sociale du monde.

C'est par les synagogues, répandues dans tout l'empire, que Barnabé médite de commencer l'exécution de son vaste plan. D'abord on s'adressera aux juifs, ce qui fournira l'occasion de prêcher, de discuter, d'attirer l'attention, celle surtout des néophytes ; et si les juifs se refusent, eh bien ! leur diront les apôtres en secouant la poussière de leurs souliers, nous allons aux Gentils ; *ecce convertimur ad gentes !* c'est-à-dire nous écrasons votre messie, nous vous dénonçons aux Romains, nous arrêtons votre prosélytisme, nous vous divisons vous-mêmes !...

Conçoit-on l'effet de cette menace et toutes les colères qu'elle dut soulever ?

— Les Cattes sont vaincus ; les Celtes de la Grande-Bretagne, révoltés, sont ramenés à l'ordre par Vespasien. Fondation de Cologne, *colonia Agrippina*. Quelles pauvretés que
ces victoires, ces triomphes, ces colonies du Césarisme, à
côté de la conspiration de Barnabé.

51. Barnabé va chercher Paul à Tarsus, et le ramène à
Antioche. Sous l'inspiration de ces deux hommes, les disciples de Jésus, longtemps en doute sur la nature et la
forme de leur *foi*, prennent une résolution décisive, qui ne
peut être comprise que des juifs contemporains, de ceux là
surtout qui résidaient en Judée, et parlaient syriaque : ce
fut de s'appeler messianistes, en grec χριϚιανοί, dont nous
avons fait *chrétiens*. Ce nom, qui paraît leur avoir été d'abord
donné par les juifs, avec autant d'ironie que de maladresse
(1. Petz. iv, 16), ils s'en parent aujourd'hui avec énergie et
orgueil. Par cet acte d'usurpation dogmatique, ils se portent
comme les vrais enfants d'Israël, les héritiers des promesses ;
ils annulent pour les juifs le droit aux bénéfices de la messianité, en leur rendant ce nom désormais inacceptable,
odieux ; l'antique foi d'Abraham, de Moïse et des prophètes,
c'est la *foi chrétienne !* Le messie ne venant pas, ils le posent ;
et ce messie, ce n'est plus un mythe, c'est une réalité ; c'est
tout à la fois un prophète, un propitiateur, une religion ! Tout
à l'heure ce sera le *Logos*, Dieu et homme tout ensemble.
Puissance du fait accompli ! Il n'y avait plus à disputer sur
la valeur et la légitimité du messie Jésus, mort depuis vingt-
deux ans, qui ne s'était manifesté que dans les solitudes de
la Bétanie et du lac de Tibériade, n'avait paru à Jérusalem,
inconnu de tous, que pour y consommer son sacrifice. Il
avait passé, il régnait dans le ciel, à la droite du Père. Qui
pouvait le nier ? Et quelle différence avec un Théodus, un
Barcoziba ?...

Avec l'élément social soulevé par Jésus, et qui reste au
fond de la doctrine, qu'on peut laisser dormir sans qu'il
perde jamais de sa puissance fascinatrice, la nouvelle secte,
baptisée du plus grand nom de l'Orient, peut braver les sarcasmes des anciens messianistes, la colère des zélateurs, les
anathèmes du sacerdoce juif, les mépris des gnostiques et

philosophes. Elle peut se passer de théologie, de poésie, de philosophie, d'érudition, de science, voire même de sens commun. *Credo quia absurdum!* Elle a la multitude. Et la multitude, Simon le Mage l'avait bien compris, c'est elle qui fait les dieux et les Césars.

Toutefois, ces immenses avantages n'étaient pas sans inconvénients. Barnabé se trompe s'il croit avoir coupé court aux spéculations et aux disputes. Par cela même qu'on affirme Jésus comme Messie positif, tandis qu'il ne s'était donné lui-même qu'une valeur de négation, on judaïse, on rétrograde. Où s'arrêter alors ?... Que retiendra-t-on, que rejettera-t-on du judaïsme ? Quelles concessions seront faites à l'idolatrie ?... On fait pis encore : on rouvre la porte à la théologie et au fanatisme, on suscite un dogme qui tôt ou tard étouffera la pure morale de Jésus, tuera l'élément révolutionnaire et social du Galiléen, et ressuscitera ce sacerdoce qui l'a assassiné.

— Agitations dynastiques parmi les Suèves et Arméniens.
— Commencement de la monarchie lombarde.

52. Un conflit éclate entre les habitants de la Galilée et ceux de la Samarie, pour cause de religion.

Les Galiléens étaient obligés pour aller à Jérusalem de passer par le pays des Samaritains. Les habitants de Naïm insultent les pèlerins ; ceux de la Judée s'en mêlent : on se massacre, le deuil est au comble. L'affaire est déférée à l'empereur qui, après de longs débats, donne raison aux juifs. Il est fait allusion dans les évangiles à ces scènes, auxquelles les chrétiens demeurent étrangers. L'union entre eux, à ce moment, est parfaite ; les affaires de la société, dans le meilleur état. Plus que jamais ils s'éloignent des conspirations politiques, qui désolent la Judée et irritent les Romains.

Comme l'état de la Judée et la sévérité de l'administration romaine laissaient de moins en moins d'espoir à la propagande, Paul et Barnabé, après être venus à Jérusalem conférer avec les apôtres, retournent à Antioche : là ils sont nommés tous deux à l'*apostolat des nations.*

— Tiridate, roi d'Arménie, par la protection de Vologène,

roi des Parthes, chasse les Romains de la Georgie, et la réunit à l'Arménie.

A Rome cependant, intrigues du palais, scandales d'administrations, dilapidations du trésor. Claude fait construire un large aqueduc, sur lequel il donne aux Romains le spectacle d'un combat naval. Le peuple-roi s'amuse !

52. *Les Dokètes* ou *fantaisistes.* — (Cf. Cotelier, qui dit que nier que les Dokètes aient paru du temps des apôtres, c'est nier qu'il fait jour à midi. — Nous sommes entièrement de cet avis). Du moment que les disciples de Jésus eurent pris le nom de *chrétiens*, ils se trouvèrent, par le fait, engagés à rendre raison de la messianité qu'ils attribuaient à leur maître (44), et par conséquent, obligés de prendre parti sur les questions posées dès longtemps, concernant le Christ. Le Christ est-il un pur homme? Le Christ, au contraire, est-il ange, ou dieu? Est-il, comme on peut l'induire du livre de la Sagesse, le même que la *sophia*, ou le Λόγος de Philon, Simon, etc.?

Dans ce dernier cas, comment le Christ s'est-il fait homme? Comment a-t-il apparu, en Jésus, etc.?

« Suivant la pneumatologie orientale, adoptée par les juifs, depuis leur retour de l'exil, les intelligences du monde supérieur sont trop pures et trop ennemies de la matière pour s'y unir en paraissant parmi les hommes; ils ne prennent donc qu'une illusoire apparence du corps humain. Jésus-Christ, intelligence du premier ordre, n'avait pas pu déroger à ce principe; et, c'était l'avilir que de le confondre, même pour son enveloppe, avec la matière. » Ce n'était donc qu'en apparence que Jésus-Christ avait pris un corps, qu'il avait souffert, qu'il avait été crucifié, etc. (MATTER, *Hist. du Gnostic.*)

Ces questions agitèrent beaucoup les premiers chrétiens, sans amener d'abord ce que l'on appela plus tard *schismes* et *hérésies :* l'orthodoxie n'existant pas, il ne pouvait y avoir d'hétérodoxie. Elles surprirent d'abord les apôtres, qui naturellement y étaient étrangers par leur éducation, et ne s'attendaient guère à voir tant de discussions sortir d'une idée qui leur apparaissait à eux limpide et simple.

Paul, dans la première à Timothée, semble y faire allusion, quand il lui recommande de garder le dépôt évangélique et de fuir les nouveautés et les *antithèses* de la fausse science, etc.

52. *Secte des Nazaréens* ou *Minéens*.— Ils portent aussi le nom de *frères*, qu'on continue de leur donner jusqu'au temps de Justin le Philosophe (141-165). En prenant le nom de *chrétiens*, Paul et Barnabé choquent, par cette nouveauté, les disciples puritains de Jésus, qui se séparent, et forment dès lors, sous le nom primitif de Nazaréens, une secte nouvelle, la plus ancienne du Christianisme.

Les Nazaréens maintinrent donc l'enseignement primitif, et rejetèrent, avec la hiérarchie sacerdotale, qui ne tarda pas à s'établir dans l'Église, tout dogme nouveau. Ils eurent leur évangile à part, récusant, dit Matter, la mission de Paul, comme une apostasie de la loi, dont Jésus n'avait pas donné l'exemple; et rejetant les épîtres, écrites dans une langue étrangère à celle du maître. Du reste, ils affirment avec les chrétiens, ou les chrétiens affirment avec eux, un règne *temporel* et à venir du Messie, règne qui fait pendant plusieurs siècles l'espoir et l'objet même de la chrétienté.

L'erreur, ou le droit des Nazaréens,—au point de vue de la philosophie, ce fut une erreur; au point de vue de l'Église, c'était une vérité, — fut de croire que la fidélité au Christ consistait dans l'exacte conservation de ses préceptes, et dans l'exclusion de toute idée ultérieure. *Tout passe*, même le Christ et l'Évangile : les Nazaréens en seront eux-mêmes la preuve. L'action des idées les pénétrant, ils se confondent d'abord (55) avec les Ébionites, puis avec les Elxaïtes (105) et par ces derniers se rapprochent de la Gnose. A la fin, on ne les aperçoit plus, dans la généralité des chrétiens.

53. Félix, affranchi de Claude, est fait gouverneur de Judée, en place de Cumasu.

Agrippa, roi de Chalcide, reçoit en sus les tétrarchies de Philippe et de Lysanias, savoir : l'Iturie, la Trochonite et l'Abylène.

L'année suivante (54) Néron y ajoute une partie de la Pérée et de la Galilée. Les deux sœurs de ce roi, Drusille et

Bérénice, épousent la première le roi d'Emestre, la seconde le roi de Cilicie, qu'elles quittent bientôt après.

On voit par ces détails quelle est la pratique des Romains vis-à-vis des peuples vaincus : tromper, autant que possible, l'esprit national, en maintenant des ombres de rois affectionnés au pays.

52-55. Mission de Paul et Barnabé. Ils visitent ensemble la Syrie, l'île de Chypre, la Pamphilie, la Pisidie, Iconium, Zystra, Derbé, en Lycaonie ; reviennent à Iconium et Antioche de Pisidie, poussent jusqu'à Attalie, et rentrent, après trois ans de courses, à Antioche de Syrie rendre compte de leur mission. C'est dans ce voyage à Cypre que fut converti le proconsul Sergius Paulus, qui devint le patron de Saül, et lui donna le nom qu'il porta depuis : Paul. Le système de ces missions consiste, ainsi que nous l'avons indiqué (51, 50, 41) à se présenter dans les synagogues ; à affirmer devant les juifs de la dispersion, comme on les appelait, la venue du Messie en la personne de Jésus, affirmation que les missionnaires soutiennent à leur manière, de textes des psaumes et des prophètes. Partout Paul et Barnabé étonnent, scandalisent, soulèvent des répulsions furieuses, et font quelques disciples, comme eux dévoués et ardents. On les traite d'apostats ; on leur reproche de diviser la nation, d'entraver la conquête, etc. Les néophites cependant se montrent plus dociles : rien de plus naturel. Le christianisme naissant pouvait offrir plus de latitude à des esprits imbus d'idées philosophiques et polythéistes, que le vieux jéhovisme, qui, malgré les accommodements des hellénistes et des pharisiens, faisait trop sentir encore son étrangeté et son insuffisance.

Aussi le christianisme, non content de voler aux juifs leur tradition messiaque, leur volait encore leurs néophytes ; s'emparait à leur place de la *gentilité :* ils avaient semé, il recueillait !...

54. 13 *octobre.* Mort de Claude, empoisonné par Agrippine. Néron, âgé de dix-sept ans, prince de la jeunesse, fils adoptif et gendre de Claude, est proclamé par les prétoriens d'avance achetés. Sénèque et Burrhus, principaux auteurs de cette usurpation, partagent la faveur du nouveau César ; Si-

lanus et Narcisse, qui s'étaient montrés peu favorables, périssent tous deux, l'un par le poison, l'autre par le suicide.
Et Sénèque, et Burrhus, et Agrippine elle-même viendront
tout à l'heure parler au jeune César de vertu!...

Corbulon est envoyé contre les Parthes.

— Apollonius de Tyane revient de son voyage de l'Inde, et
s'établit à Ephèse. Les populations l'acclament; les villes lui
demandent conseil; les oracles rendent hommage à sa piété
souveraine. Partout il est accueilli avec respect; et partout
il reprend le vice, censure les mauvaises mœurs, exhorte les
citoyens à changer de vie. D'Ephèse, il parcourt l'Asie-Mineure, étonne tout le monde par ses discours et sa manière
de vivre.

55. La paix est faite avec les Parthes par les soins de Corbulon. La paix! ce fut, quand les Parthes voulurent bien
l'accorder, tout ce que Rome pouvait obtenir de ce côté-là.

Projet de jonction de la Saône et de la Moselle, par
L. Verus, gouverneur de la haute Germanie. Tous ces canaux
que creusent les Romains entre l'Yssel supérieur et l'Yssel
inférieur (11-100), entre le Rhin et la Meuse (44), entre la
Haute-Saône et la Moselle, ont pour but de couper le pays
et de le rendre inaccessible à l'invasion (?)

Des bandes de brigands remplissent la Judée, la Galilée et
la Samarie : on les désigne sous le nom de *Sicaires*.

Des bandes infestent le pays, et prêchent la révolte contre
les Romains.

Partout surgissent les faux prophètes, les faux messies :
plusieurs sont mis à mort. Eléazar, l'un d'eux, saisi par
Félix, est envoyé à Rome, chargé de chaînes.

Secte de Cérinthe. — Cérinthe, juif d'origine, fut plus chrétien et moins ambitieux que Simon et Ménandre. Il ne se dit
ni puissance de Dieu, ni envoyé par elle, ni messie, ni prophète : seulement, il se prétendait en relations avec les
anges, ce qui pour le temps était fort modeste. Comme les
Nazaréens, il désirait la conservation du rit mosaïque, en
même temps qu'il niait les traditions subséquentes des juifs.
Comme eux aussi, il voyait en Jésus un homme, fils de Joseph et de Marie, qui, s'étant élevé à une haute sainteté, avait

mérité de recevoir de Dieu le père la communication du
Christos, vertu ou émanation divine que les uns faisaient
identique au *Logos* (15), les autres au Pneuma (101 a.). Cette
opinion de Cérinthe sur la messianité de Jésus est l'une
des plus anciennes, peut-être la première, qui se produit,
avec une certaine précision, dans la chrétienté. Elle ne
prévalut point ; l'Église était trop jeune alors pour prendre
parti sur une question aussi grave ; et quand il lui fallut se
décider, elle ne pouvait plus revenir à Cérinthe. C'est ainsi
que le chef d'école, pour avoir eu une opinion à l'époque où
l'Église n'en avait point, où l'orthodoxie n'existait pas, fut
déclaré hérétique, et retranché, après sa mort, de la communion.

Cérinthe enseigna à Éphèse, concurremment avec Paul,
Jean et Appollonius de Tyane. Avec Philon, la Kabbale, le
Zend-Avesta, il séparait profondément le principe divin du
principe de la matière ; attribuait la création à des esprits
subalternes ; parfaitement à même d'apprécier les idées des
apôtres sur Jésus, son caractère et sa doctrine, il les rejetait sans hésiter, et leur opposait un *Évangile* qui reçut par
la suite le nom d'Évangile de Cérinthe.

— *Secte des Ébionites.* — Il n'y eut jamais d'Ébion, chef
des Ébionites. Ce nom, qui a la même racine que l'hébreu
Job, עֶבְיוֹן signifie pauvre, affligé, malheureux : c'est l'analogue du *sans culotte* de 93. Jésus était le messie du prolétariat : c'était le gâter, le faire déchoir que de l'élever, comme
faisaient Paul et Barnabé à la dignité messiaque. Les Ébionites, exagération du nazaréisme, expriment donc la même
idée et le même fait : savoir que Jésus fut avant tout l'apôtre
de la révolution sociale, annoncée, non à un peuple, mais à
tous les malheureux de l'humanité.

56. Cette année doit être considérée, après l'an 27 et l'an
51, comme la plus célèbre, dans les fastes du Christianisme.

(Cf. *Amica Collatio* entre le juif Orobio et le chrétien
Limborch, au sujet de l'abrogation du rite mosaïque par les
chrétiens).

Le dogmatisme de Paul commence à porter ses fruits. Des
dissensions s'élèvent parmi les chrétiens d'Antioche, au

sujet des prescriptions judaïques ; les uns veulent maintenir la loi de Moïse, les autres la déclarent inutile. Paul s'emporte contre Pierre, l'insulte ; la zizanie est dans le troupeau.
l'*Évangile* de Pierre, c'est ainsi que chaque docteur messianique designait son enseignement, de même que celui de
Jésus, de même que celui de Jean le Baptiseur, plus con-
forme à l'ancien prophétisme, et ayant surtout en vue la réforme de la société et des mœurs, ne touchait point au mosaïsme : *Je ne suis pas venu abolir la loi*, avait dit Jésus,
mais lui donner exécution. Or, cette loi, étant en substance
la charité et la justice, la réforme du culte était une œuvre
inférieure, indigne de la majesté messíaque.

L'évangile de Pierre, de même que la doctrine de Simon
le Mage et d'Appollonius, tendait donc, quant à la question
religieuse, à faire prévaloir un système de tolérance universelle, laissant à chacun le soin de choisir le rite qui lui
plaisait le plus ; aux juifs la circoncision, aux païens le prépuce.

Paul, au contraire, niait intégralement le mosaïsme, et
l'abolissait. Au rite ancien, suranné, épuisé, disait-il, il prétendait substituer un rite nouveau. Moïse, les prophètes,
selon lui, avaient préparé, annoncé le Christ. Celui-ci venu,
la loi transitoire disparaissait devant la loi éternelle. Ajou-
tons que la rivalité des deux apôtres s'aigrissait des prétentions de leur amour-propre. Pierre revendiquait l'honneur d'avoir le premier inauguré l'Évangile parmi les gentils (47) et, protestait contre la qualité d'apôtres des nations
que s'arrogeaient Paul et Barnabé.

(Cf. Morheins, *De rebus Christianis ante Constantinum ma-
gnum*.)

La question était on ne peut plus grave. Le prudent Barnabé n'osa seul la résoudre, et se montra plein d'hésitations.
Il ne s'agissait de rien moins que de changer, du tout au
tout, la religion. Par là, on sortait de la tradition prophétique, supérieure au formalisme du culte, supérieure aux
traditions comme aux nouveautés ; on s'écartait du plan de
Jésus, qui avait posé la question palingénésique sur le
terrain social sans toucher au dogme ; chose plus redoutable

encore, et qui déjà faisait crier les Nazaréens et les Ébionites (59-65). On subordonnait la pratique régénératrice à
la théologie, les œuvres à la foi, non plus la foi aux œuvres;
on faisait dépendre la justification de la grâce, non de la
liberté !...

On convint de déférer la chose à une assemblée générale
qui se tiendrait à Jérusalem,

Jésus, dit Grotius, (*De veritate relig.*) *circumcisus erat;
cibus utebatur judaïcis, vestitu simili; paschata et alios dies
festos, religiose observabat, signos sanavit sabbato, ostendit
non tantum ex lege, sed et excerptes sententiis, talia opera
sabbato non interdicta.*

Sans doute, mais la question est de savoir si Jésus agissait par condescendance prophétique, ou par une véritable
adhésion.

Concile de Jérusalem. — La date de cette réunion est fixé
par Paul, dans l'épître aux Galates II; la 14ᵉ année de sa
conversion; en comptant l'an 43 pour 1ᵉʳ, le concile tombe
l'an 56. — Paul et Barnabé s'y rendent d'Antioche. Le moment est grave; la circonstance solennelle; la question, tellement posée qu'il est impossible, ce semble de l'ajourner et
de s'y prononcer. Mais la solution n'est pas moins scabreuse,
il s'agit de prononcer entre Pierre, le chef de l'apostolat
et de la société nazaréenne chrétienne, le dépositaire de la
pensée de Jésus, et Paul le converti; Paul qui n'a pas entendu le maître; mais dont la parole est si utile à l'église,
si redoutable aux juifs, et dont la prédication à elle seule a
fait pour la gloire du nom chrétien autant que tous les autres. Que va répondre le Saint-Esprit?..

En y réfléchissant un peu, on jugera, ce nous semble que
l'auguste assemblée ne pouvait condamner ni Pierre ni Paul;
que d'un côté, engagée de plus en plus par son opposition
au judaïsme et par le nom de *Chrétien* qu'elle avait adopté,
elle ne pouvait sans manquer à son origine, se lancer dans
la voie du dogmatisme, toute large ouverte devant elle par
le génie affirmatif de Paul. La décision devait donc être un
compromis, laconique autant que faire se pourrait, où les
amours-propres seraient sauvés, et les difficultés sérieuses

esquivées. Après avoir entendu les conclusions de Jacques, jeté le blâme sur les *brouillons* qui, sans mandat apostolique troublaient l'église, et rendu un éclatant hommage au zèle de Paul, Barnabé présent et votant, l'assemblée par l'organe de son président, rend ce décret : *Il a plu au Saint-Esprit et à nous de n'imposer à l'observation des fidèles qu'une chose, c'est de s'abstenir de toute viande présentée aux dieux et de fornication.* (Act. xv, 28, 20.)

La défense de l'idolâtrie devait avec le temps, devenir un arrêt de proscription contre la société romaine tout entière, contre la langue, les usages de la vie et tout.

Tous les actes de la vie impliquaient une commémoration des dieux : libation, etc.

C'est ainsi que parmi nous, le *Bénédicité*, le *signe de la croix*, la *messe du Saint-Esprit*, le *Baptême*, la *Première communion*, etc., etc., etc. Le Christianisme n'a fait peu à peu que changer les *mots*; au lieu de *Jupiter te bénisse*, on a dit Dieu te bénisse. — Immense contrefaçon! c'est en quoi petit à petit consisterait le Christianisme. (158, 196.)

Cérémonies du mariage; 1er de l'an; fêtes; funérailles; *le serment* (défendu par Jésus); festins, illuminations, la langue entière, tout était *plein des dieux!..*

La belle besogne que le christianisme a faite! Comme si là était l'essentiel de la vie!..

Cela allait devenir une terrible affaire! *Recogita sylvam, et quantæ latifent spinæ*, dit Tertullien.

L'image, le nom, les emblèmes des dieux étaient partout; une foule d'industries étaient à bas. Il eût fallu s'abstenir de toucher à la monnaie; il paraît qu'il y eut dispense, et même très facile à cet égard.

Ainsi, on ne fait plus de la circoncision une nécessité, ce qui est certes un pas de géant pour une assemblée de juifs, et qui résidant à Jérusalem, avait à garder de si grands ménagements, mais on ne la condamne pas non plus; — d'autre part, on n'affirme aucune proposition dogmatique, ni sur le Christ, ni sur le Verbe, ni sur la résurrection, ni sur la foi, etc. Sans pour cela condamner les spéculations de Paul. On allait au plus pressé, à la bonne harmonie, à la concorde.

Comme tous les gouvernements placés en présence des op-
positions qui naissent de leur principe, l'église débute par
un provisoire et un replâtrage. Pierre et Paul peuvent se
tenir tous deux pour satisfaits et se donner le baiser de paix :
l'anathème est tout entier pour le polythéisme.

Mais le concile en déployant un tel rigorisme à l'endroit
des cérémonies polythéistes, qui, par leur multiplicité em-
brassaient tout le détail de la vie, alors qu'il se montrait si
indulgent pour le judaïsme, si large en matière de dogmes,
si plein de complaisance pour des individualités, le concile
faisait preuve d'une politique détestable, et de petitesse d'esprit. Le Christianisme n'a rien à attendre du judaïsme que
haine, persécution, anathème, et il le ménage ; tout son avenir est du côté des gentils, des idolâtres et le concile se
montre inflexible et impitoyable. Il y a pis, il se montre in-
conséquent... Qu'est-ce que le Christianisme, d'après l'enseignement de Jésus, et l'esprit des jeunes communautés ?
l'antithèse du Messianisme juif, comme du Césarisme ; l'é-
mancipation des prolétaires et des esclaves. Son caractère
est donc tout à la fois anti-judaïque, anti-romain, par contre
universaliste et fusionniste : il devait donc dans la sphère supérieure où il se plaçait, montrer la même tolérance, indifférence pour les religions polythéistes, comme le mosaïsme
lui-même. Par là il s'élevait, sans effort, sans luttes, au-
dessus de tous les cultes, il les dissolvait, les absorbait, il
les incorporait ; il tuait *l'idolâtrie* sans paraître y toucher,
le mosaïsme sans faire de scandale : il régnait par l'universalité de son idée, sans passer par aucun antagonisme.

Toutes les religions, avait dit Simon le Mage, ne sont
que le système des manifestations du même Dieu ! Le concile de Jérusalem, en parlant d'*idolâtrie* et de *fornication*,
comme l'ancien décalogue, se replaçait au point de vue étroit
du mosaïsme ; il se montrait inférieur aux Simon, aux Apollonius, aux Philon, aux Aristobule, il judaïsait. Et par ce
judaïsme, il posait le principe de l'intolérance chrétienne ;
il posait en même temps celui de l'intolérance du polythéisme ; il semait, sans s'en douter peut-être, le germe des
persécutions.

Du reste, et comme on devait s'y attendre, la réconciliation des deux apôtres, qui paraît avoir seule préoccupé le
concile, ne fut que superficielle. De ce jour, il y eut dans
l'église chrétienne, du fait de ses propres fondateurs, et par
leur faute, deux tendances contraires : celle de Pierre, plus
pratique, plus large et plus simple dans sa formule ; moins
encline à la métaphysique et aux raffinements, capable de
tout admettre sans se diviser jamais parce qu'elle faisait de
la morale pure, de la justice et de l'action économique, sa
base immédiate ; — celle de Paul, théologique, dogmatique, exclusive, intolérante ; pour qui la charité et la justice, et toutes leurs conséquences sociales étaient de peu,
si elles ne reposaient au préalable sur la foi, si elles n'a-
vaient pour condition et principe un dogme antérieur et
supérieur.

Tant que vécurent les deux apôtres, l'Église, heureuse des
succès de Paul, mais vivement alarmée de ses tendances,
s'efforça de maintenir l'unité et la paix : c'est ce qui se voit
par la deuxième épître, attribuée à Pierre, mais qui parut
certainement après sa mort, où il est fait allusion à *certaines
choses de difficile entendement, qui se trouvent dans les
lettres du très cher frère Paul* (2 Pat. III, 16). A la fin, la
dogmatique l'emporte ; le système de Paul a prévalu (87),
c'est celui que les Bossuet et les Bourdaloue ont enseigné,
et d'après lequel ils ont composé leurs sermons (v. Maury,
de l'Éloquence de la Chaire).

A partir de ce moment, les chrétiens, ni juifs, ni païens,
négateurs de tous les cultes, sont en fait des athées ; et, devant le sens commun et la loi, ils en méritent le titre, au
même titre que le philosophe grec qui niait tous les dieux,
et, n'admettant à leur place qu'une pure intelligence, fut
appelé *Noûs*. — C'est le communisme chrétien.

Le concile terminé, Paul et Barnabé retournent à Antioche, passent quelques semaines ensemble, et se préparent
à une nouvelle mission. Mais, au moment du départ, ils se
séparent : Barnabé demandant pour acolyte Jean, nommé
Marc, dont Paul ne voulait point. Ce Jean-Marc, dans la précédente mission, avait témoigné de son opposition aux idées

de Paul ; Barnabé aurait voulu former pour l'apostolat des gentils un triumvirat qui lui eût assuré la prépondérance, et dont la majorité modérée aurait contenu le fougueux disputeur ; ce que précisément celui-ci ne voulait pas. Chacun s'en fut donc de son côté ; Barnabé, avec Marc, passe en Cypre. De ce jour, il n'est plus question de lui.

— Tandis que ces questions, desquelles dépend le salut de l'empire et l'avenir de l'humanité, se débattent dans un conciliabule de Jérusalem, que fait César ? Quelle pensée, quel enseignement produit le gouvernement impérial ? Rien. Néron se livre à sa perversité précoce, le Sénat est aplati, le peuple plus servile que jamais. Il n'y a plus ni vie ni esprit dans cette société dissoute ; la divinité n'habite plus le Capitole : c'est de la matière organique, ce n'est plus un organisme, ce n'est pas un peuple. Le système se soutient uniquement par son poids, *mole sua stat ;* et les choses vont en vertu de l'impulsion reçue.

— Un Égyptien se vante de faire tomber d'un mot les murs de Jérusalem, et se fait suivre de 400 hommes armés. Il est anéanti avec sa bande par le gouverneur Félix.

— Guerre entre les Gètes et les Sarmates.

— Annæus Cornutus, philosophe.

56-57. Paul, avec Silas, son coadjuteur, visite en courant la Syrie, la Cilicie, la Phrygie, la Galatée, la Mysie, la Troade, la Samothrace, et arrive à Philippe, où il est fustigé sur la dénonciation des juifs, puis relâché en raison de sa qualité de citoyen romain. De là, il passe à Amphipolis, Apollonie, Thessalonique, où il occasionne une émeute des juifs ; puis il tombe à Bérée, s'arrête un instant à Athènes, où il convertit, suivant Eusèbe, Denys l'Aréopagite, et vient à Corinthe, où il séjourne dix-huit mois. C'est de Corinthe qu'il écrit son épître aux Romains, celle aux Galates, et les deux aux Thessaloniciens. — Les écrivains apostoliques n'ont pas conservé le récit des courses de Pierre, Barnabé et autres ; mais on peut juger qu'ils ne se reposèrent pas, et qu'en peu d'années la secte chrétienne, s'étant créé à l'instar et par le moyen des synagogues des correspondances dans la plupart des villes de l'empire, fut en mesure de procéder d'ensemble à la révolution religieuse et sociale.

— *Épître de Paul aux Romains.* — Cette épître est le premier monument écrit du Christianisme. Elle fut composée sous l'inspiration de la dispute qui avait amené le concile; elle est dirigée contre Pierre et adressée à ses ouailles, que Paul prend d'avance pour juges, en attendant qu'il aille les endoctriner en personne. On peut l'appeler l'*Évangile de la grâce et de la prédestination.*

Depuis quatorze ans que Paul a embrassé la foi nazaréenne et s'est constitué son orateur vis-à-vis de la gentilité, il a eu le temps de méditer son système; il n'hésite plus à le présenter aux chrétiens comme l'expression fidèle de la pensée du fondateur. Arrêtons-nous y un instant.

— L'*Épître aux Romains* soulève la question capitale, celle qui doit décider de la vie ou de la mort du Christianisme, en tant que religion spéciale et *sui generis*, et conséquemment de la vie ou de la mort de toute religion. Il s'agit de savoir si la morale et la justice dont Jésus avait fait l'objet principal de sa prédication existent par elles-mêmes dans l'humanité, antérieurement et supérieurement à toute révélation surnaturelle, ou si elles dépendent d'une institution préalable, d'une communication *ad hoc* de la divinité. Dans le langage du temps, la question est, si, pour arriver à la justification et conséquemment au royaume céleste, il est nécessaire de *croire*, ou s'il suffit de *pratiquer ;* si les *bonnes œuvres* constituent la *foi*, ou si c'est la *foi* qui, donnée *a priori*, fait le mérite et la valeur des bonnes œuvres.

Pour Pierre, Jacques, Jean, comme pour Jésus, les prophètes, et tous les sages de l'antiquité, la question n'était pas douteuse. La morale est l'essence de la religion; le dogme duquel sort la forme du culte est chose secondaire, qui peut varier à l'infini selon les temps, et par elle-même indifférente. Ainsi, la religion, c'est-à-dire la morale, distinguée du culte et de la théologie, supérieure à l'un et à l'autre, les subalternisant, les déclarant, au fond, indifférents, et sans valeur par eux-mêmes, la religion, ainsi entendue, aboutit à l'équivalence des cultes, partant à leur égale abolition.

C'est ce qu'apercevaient très bien les juifs et tous ceux qui, admettant la révélation mosaïque, se voyaient poussés à cette conséquence mortelle par les novateurs, de regarder, en fin de compte, la révélation de Moïse et tout l'Ancien Testament, comme chose en soi insignifiante, inutile. Mais, par la même raison, on se demandait ce que signifiait la mission de Jésus, que l'on concevait comme un prophète, un homme inspiré de Dieu, et que l'on faisait déjà messie et verbe.

Vous venez, disait-on aux chrétiens, abolir la loi, et cela, prétendez-vous, en vertu de la révélation de Jésus, dont vous faites part aux gentils, sans au préalable les faire passer par l'initiation mosaïque. Il s'ensuit donc, tout d'abord, que la loi de Moïse a été donnée sans utilité, que le juif n'a rien reçu de plus que le gentil, et qu'après tout, il importe peu de sacrifier à Jupiter, à Jéhovah, ou à Mithra, pourvu que l'on soit juste. Mais, s'il en est ainsi, la mission de Jésus n'a pas plus d'utilité providentielle que celle de Moïse ; le Christ, la résurrection, le baptême, le don du Saint-Esprit, tout cela est de peu ; il n'y a toujours que les bonnes œuvres spontanément et librement accomplies, sans influence ni du précepte ni de l'intérêt, mais par la seule conformité de la conscience à la loi sociale, qui puissent conduire l'homme à la sainteté, à la justification. Donc, le Christianisme, comme le Mosaïsme, comme le Polythéisme, se résolvent dans la morale, qui est tout ; la foi n'est de rien, pas même la foi à l'Être Suprême.

Cette doctrine était, en effet, selon nous, celle, non seulement de Pierre et des apôtres, mais de Jésus, comme de Simon, d'Apollonius, de Hillel, des prophètes et de Moïse lui-même, celle de tous les sages et de l'humanité tout entière, qui élève la raison pratique au-dessus de la raison spéculative et met celle-ci au service de celle-là : c'est la doctrine de la liberté de penser, de l'indifférence philosophique, de la tolérance religieuse, la vraie doctrine politique et sociale. Pour la justifier, au point de vue des apôtres et de la mission de Jésus, il n'y avait qu'une chose à dire, c'était que la révélation de Jésus avait précisément pour but de mettre fin aux révélations et que le Christianisme consistait en ceci,

que les *œuvres* étaient supérieures à la *foi*, et que toutes les
formes du culte n'étaient qu'une symbolique variable, servant à inculquer et représenter la morale, comme les langues
servent à représenter et inculquer les idées.

Paul, malgré la subtilité de son génie et la profondeur de
son éloquence, ne put s'élever à cette hauteur. Pour lui, le
précepte moral n'était point donné immédiatement dans la
conscience ; *l'homme animal*, comme il disait, était par lui-
même incapable de le concevoir ; *animalis homo non perci-
pit ea quæ sunt Dei.* Ce principe supposait un auteur supérieur à l'humanité, une sanction hors d'elle.

Oui, disait-il, point de justification, point de salut sans
les bonnes œuvres ; sur ce point je suis d'accord avec Céphas. Mais les bonnes œuvres elles-mêmes, d'où tirent-elles
leur valeur devant Dieu ? Qu'est-ce qui nous induit à les
produire ? Rien ne se fait sans cause : il faut donc, pour que
les œuvres soient valables en vue du salut, et qu'elles se
produisent, qu'il y ait un principe qui les produise et les
fasse valoir. Ce principe, c'est la Foi, la Foi qui vient de
Dieu, la Foi qui est donnée gratuitement à l'homme, gentil
ou juif ; la Foi qui est supérieure à la révélation d'Abraham
et de Moïse, dont cette révélation n'a été que la forme provisoire, comme la révélation de Jésus en est la forme définitive ; la Foi, enfin, qui est aujourd'hui offerte à tous, en
Christ, victime expiatoire du péché. Niez cela, et, ajoutait
avec une clairvoyante perspicacité le subtil apôtre, il n'y a
plus de foi sur la terre que la foi à l'homme, il n'y a plus de
religion que la religion de l'humanité. Il n'y a point de
Dieu !... Maintenant, qu'est-ce que la Foi ? C'est la substance
du bonheur éternel que nous devons espérer pour prix de
nos œuvres, *sperandarum substantia rerum ;* l'argument des
choses invisibles, de l'absolu, *argumentum non apparentium ;*
ou, pour parler comme le vulgaire, c'est la croyance en la
parole de Dieu, l'abandon à sa providence ; ou. comme dira
600 ans plus tard Mahomet, la résignation à sa volonté,
Islam, et Paul concluait par des exemples : Abraham, David,
les prophètes se sanctifièrent tous par leurs œuvres ; mais,
premièrement, ils eurent la foi, ils crurent aux mystères et

aux promesses, et c'est ainsi seulement que leurs œuvres purent leur être comptées à justice, *et reputatum est illi ad justitiam...* Au contraire, les gentils, n'ayant pas reçu la foi, sont tous et fatalement corrompus ; ils ne produisent pas d'œuvres bonnes, témoins les philosophes, dont l'apôtre peint les mœurs sous les traits les plus hideux.

Il faut l'avouer : l'argumentation de Paul était embarrassante pour des hommes qui, apôtres d'une religion nouvelle, admettaient, au moins dans une certaine mesure, la nécessité d'un formalisme dogmatique et sacramentel, royaient aux révélations, aux mystères, aux prophéties, aux miracles, à des préceptes révélés à son de trompe, au milieu des éclairs, sur le Sinaï, etc., etc. Quoi donc ! Pierre n'enseigne-t-il pas le Messie ? la resurrection ? Ne confère-t-il pas le baptême et le Saint-Esprit ? n'invoque-t-il pas les écrits des prophètes ? ne vient-il pas de rompre, à la fois, et avec la circoncision et avec l'idolâtrie ? Prétend-il aujourd'hui, lui, l'ami, le dépositaire de la pensée de Jésus, le chef de la pensée du maître, enseigner une morale sans autorité, une charité sans symbole, une justice dépourvue de sanction, une régénération sans liturgie, sans adoration et sans sacrifice ?...

Assurément, ni Pierre, ni Jésus lui-même ne s'étaient rendu compte aussi profondément de leur tendance : mais il n'est pas moins vrai qne cette tendance, commune ainsi que nous l'avons observé à tous les religionnaires de l'époque, était la leur, et ce qui est plus grave, c'est que l'Evangile qu'ils prêchaient n'avait réellement de grandeur et d'originalité que par là. C'était la pure tradition des prophètes : point de sacrifices, avait dit Isaïe ; Dieu mangera-t-il la chair de vos taureaux, et boira-t-il le sang de vos boucs ? — point de temple, avait dit le Psalmiste, le ciel est sa demeure ; — point de sacerdoce, avait dit Moïse, car tous prophétiseront. L'universalisme dans l'idée, la démocratie dans la religion, c'est l'abolition du rite et du dogme ; c'est par conséquent l'affirmation de la liberté, comme principe de justification, le contraire en tout de ce que disait Paul.

Indépendamment de cette tendance prononcée des apô-

tres, il leur était facile de réfuter la théorie de la foi de Paul
par ses conséquences ; et si lui les poussait invinciblement
à l'indifférence religieuse, eux pouvaient l'acculer à l'immoralité.

Si, pouvait-on lui dire, hors la foi, point de justice ; si la
morale n'existe que par la promulgation de la loi, il s'ensuit que les bonnes œuvres ne sont qu'un fait d'obéissance ; conséquemment que c'est de la loi, non de la conscience, que naît la distinction du bien et du mal ; que là,
où la loi est inconnue, il n'y a ni crime, ni délit, *ubi non
lex, nec prevaricatio* ; et réciproquement que tout ce qui ne
vient pas de la foi, est essentiellement péché, *omne quod non
est ex fide peccatum.* Il en est de la morale tout entière
comme de l'adultère, qui n'a de réalité que par le fait de la
coexistence des époux ; que l'un des deux vienne à mourir,
le survivant ne peut plus être adultère : *si mortuus fuerit vir
ejus, soluta est a lege viri, ut non sit adultera si fuerit cum
alio viro.* Donc, en dernière analyse, toute société qui n'a
pas reçu la foi est essentiellement immorale ; donc, par la
même raison, celui qui n'a pas la foi n'a aucun motif snffi-
sant d'observer la justice, de s'abstenir du vol, de l'adultère
et de l'homicide, ce qui est profondément subversif de toute
société, de toute humanité. Comment, alors, Dieu a-t-il tant
tardé à nous donner la foi ? Pourquoi ne l'a-t-il pas donnée
au commencement ? Pourquoi pas à tous les hommes ? Il
fait donc acception des races, *personarum acceptor Deus ?* il
y a donc des prédestinés à la gloire, et des prédestinés à
l'enfer ; et le salut n'est point le prix de la justice, mais
l'effet de la faveur, c'est une grâce !... Paul ne recule devant
aucune de ces conséquences ; elles ne lui semblent que des
raisons de plus d'embrasser la foi !...

Les apôtres protestèrent contre cette monstrueuse théorie
(v. 59, 66, 80) ; mais sans toutefois reconnaître la légitimité
des objections de Paul, sans avouer la leur, dans sa fran-
chise et son intégralité. Il va sans dire que l'Eglise est restée
dans la même indécision : affirmant à la fois la liberté et la
grâce, la nécessité de la foi et de ses œuvres, fulminant
tantôt sur les docteurs qui penchaient pour Pierre, tantôt

sur ceux qui penchaient pour Paul, sans vouloir comprendre qu'un tel syncrétisme était essentiellement instable et contradictoire.

Epître aux Galates. — Dans cette apologie, Paul, avec un redoublement de zèle contre Pierre qu'il se vante d'avoir repris lorsque celui-ci judaïsait et qu'il tourne en ridicule ainsi que Jacques, Jean et tout le collège apostolique, essaie une transaction entre la théorie de la prééminence de la foi, et celle de la suffisance des bonnes œuvres. Cette transaction était devenue nécessaire par la désertion que Paul voyait se former autour de lui. « Quoi ! dit-il, vous abandonnez votre missionnaire, celui qui vous a appelés, pour suivre un autre doctrine ? *Tam cito transferimini a me in aliud Evangelium !* Mais tous les raisonnements de cet esprit naturellement lucide tournent insensiblement contre son propre paradoxe, si bien qu'il finit par conclure en faveur de ses antagonistes : « En Christ, dit-il, c'est-à-dire dans la religion de l'humanité, il n'y a ni Grec, ni juif, ni maître, ni esclave, ni mâle, ni femelle. Toute distinction de culte et de rite s'efface ; il ne reste que la justice et la pureté... Ni la circoncision, ni le prépuce ne sont de rien, mais la foi, *qui agit par l'impulsion de l'amour...*

Les fruits du nouvel esprit sont la charité, la joie, la paix, la patience, la bonté, la douceur, la longanimité, la foi (elle arrive ici en dernier), la modestie, la continence, la chasteté. Avec de telles vertus, il n'y a pas de loi, c'est-à-dire pas plus de rituel que de dogme ; l'autorité même devient inutile.

Dans les deux *épîtres aux Thessaloniciens*, écrites la même année, Paul semble aller plus loin encore : il identifie la foi et la justice, et, autant qu'on peut les distinguer, recommande aux *fidèles* de ne pas trop se livrer à la première. Faut de la foi, a-t-il l'air de dire, pas trop n'en faut. Ce nouveau tempérament lui était commandé par l'ardeur des néophytes, que l'arrivée prochaine du Christ (44) effrayait. « Je vous en conjure, leur dit-il (v. Thess. II), ne vous laissez point émouvoir ; *le jour du Seigneur n'est pas si proche !* Il faut qu'auparavant vienne l'antechrist, chose peu probable, dans un temps de foi et de charité comme le nôtre. »

57. — En Judée, les affaires deviennent de plus en plus malheureuses. Une querelle s'allume entre les Syriens et les juifs, qui, toujours suspects aux Césars, perdent leur droit de cité. Le schisme se met dans le sacerdoce jérosolymitain ; le haut clergé s'arroge la totalité des fonds envoyés par les provinces, et laisse à la misère les simples prêtres. Sujet de triomphe pour les chrétiens qui nient l'utilité du sacerdoce.

Mais les malheurs de la patrie ne calment pas les haines religieuses. Accusé par les juifs de Corinthe devant le proconsul d'Achaïe, Paul quitte la Grèce et revient à Ephèse, où il séjourne environ deux ans. Là, un autre disciple de Jean-Baptiste, nommé Apollo, qui, dit naïvement le livre des *Rites*, ne savait presque rien de Jésus et n'avait jamais entendu parler de la communication du Saint-Esprit, se rencontre avec Paul chez Aquila : les deux sectes fusionnent. Là il rencontre aussi la concurrence des exorcistes juifs, qui chassent les diables par le nom de Salomon, et qui, s'étant avisés mal à propos d'invoquer celui de Jésus, furent saisis eux-mêmes du démon, et devinrent possédés. D'Éphèse, Paul fait des courses à Antioche, Césarée, en Phrygie et en Galatie, et lance plusieurs épîtres nouvelles : les deux aux Corinthiens, une à Timothée, et une à Titus.

58. — Corbulon s'empare de l'Arménie, et de la ville d'Artaxata. Les Sarmates, par contre, font irruption dans la Gaule : guerre entre les Cattes et les Hermandures, pour la possession des sources salées de la Saale.

La ville de Londres est fondée ou rebâtie par les Romains.

Amours de Néron et Poppée.

58. — Troubles graves à Césarée, entre les juifs et les Grecs. Les juifs prétendaient à la possession de la ville, bâtie par un de leurs rois (22 av.), les Grecs refusent de reconnaître ce titre et appellent à leur aide Félix qui commence par faire main basse sur les juifs et les envoie plaider leur cause devant Néron.

58. *Epître première aux Corinthiens.* — Cette épître est tout à la fois une apologie et un manifeste. Sous ce double rapport elle mérite, autant que celle aux Romains et celle

aux Galates, d'être étudiée de près pour la connaissance des
mouvements et des idées de l'Église primitive.

Paul était profondément blessé de la conduite des autres
apôtres à son égard, qui, non contents de désavouer sa prédication, lui reprochaient de n'avoir pas vu le Christ, et de
méconnaître son Évangile. Si je ne l'ai pas vu, disait-il, au
moins il m'est *apparu*, ce qui, pour le temps, pouvait être
considéré comme tout un. Le doute élevé sur la légitimité de
son apostolat le brûle et lui arrache un torrent d'invectives.
Peu s'en faut qu'il ne dise pas comme Jean-Jacques : *Mon
mandat? je le prends dans mon talent et ma conviction....* Il
jette le sarcasme à pleines mains sur Apollo, Céphas, les
grands apôtres, les *baptiseurs*, les *parleurs de langues*, *qui
croient être quelque chose*, et qui ne sont rien du tout ! Il se
plaint avec amertume *qu'un autre* vienne bâtir sur ses fon-
dements ; il avertit les Corinthiens de ne point écouter ces
usurpateurs, qu'il anathématise !... Monument curieux des
querelles apostoliques.

Comme manifeste, ou plutôt, suivant l'expression de Clément d'Alexandrie, comme *Évangile*, la première aux Corinthiens est du plus grand intérêt. Pas un mot ni de la
Trinité, ni du Verbe, ni de l'incarnation du Saint-Esprit, ni
de toutes les histoires racontées 60 ou 80 ans plus tard dans
les soi-disant évangélistes, rien de la naissance de Jean-Baptiste, de la crèche de Bethléem, des mages, de massacre des
innocents, de la fuite en Égypte, de la tentation au désert,
de la transfiguration, de la résurrection de Lazare, de celle
de Jésus, de son ascension, etc., etc. Paul ne sait, ne dit
absolument rien de toutes ces choses; ce n'est pas que déjà
l'on ne commençât d'en parler ; toutes ces idées étaient
prévues et *prédites* et vieilles déjà de plusieurs siècles. Paul,
à qui ces bruits arrivaient, se borne à y faire quelques allusions méprisantes : les spéculations théosophiques, qui finiront par envahir l'église de Jésus, il les traite de fausse
science, de *gnose mal nommée* γνωσις ψευδονομος ; il se
moque et des généalogies du Messie, et de celles du Verbe ;
pour tout le surplus de ce qui concerne la vie miraculeuse
de Jésus, il le traite de contes de vieilles femmes.

Rien de tout cela, suivant Paul, ne constitue le vrai Évangile. Qu'est-ce donc que le Christianisme?

Le christianisme, tel qu'il ressort de la première aux Corinthiens, est la palingénésie morale et sociale, laquelle a pour symbole et pour gage l'immortalité de l'âme, dont Jésus, victime expiatoire des péchés du monde, présentement au ciel, a été le premier bénéficiaire. C'est en vertu de cette immortalité, ou *résurrection*, mot dont Paul explique largement la signification métaphorique et spirituelle, que Jésus s'est fait connaître comme Christ, non pas Christ-Dieu, mais Christ de Dieu (iii, 23), démonstration qu'il renouvellera par son retour, qui doit arriver incessamment; voilà tout le christianisme de Paul, et, selon nous, c'était immense.

Tout porte ici sur un seul principe, la résurrection. Mais qu'est ce que la résurrection, se demande Paul, *quomodo resurgunt mortui?* Cela veut-il dire que le cadavre, enseveli ou enfermé dans le cercueil, sous un monceau de terre et de pierres, doit reprendre vie, et recommencer son existence? Cela est absurde, répond Paul, la chair et le sang n'entrent pas dans l'autre monde, *Caro et sanguis regnum dei possidere non possunt.*

Et alors, il reprend l'analogie dont s'était servi Jésus, analogie fondée sur un phénomène mal observé d'histoire naturelle : de même que le grain doit *mourir* pour reproduire l'épi, et que la substance de l'épi n'est pas la même que celle du grain, mais une autre substance ; de même l'homme doit mourir pour renaître, et son âme, ayant dépouillé ce corps de terre, revêtir une substance céleste : c'est ainsi que Jésus est ressuscité, et c'est dans ce corps nouveau, qu'il est apparu aux apôtres et à moi, et qu'il se montrera à tous les hommes.

Il y a loin de là au dogme de la résurrection, professé depuis dans l'Église : et il est aisé de comprendre comment, sans supercherie, mensonge, sans mythe ni légende, s'est formée, pour les chrétiens, la croyance à une résurrection charnelle de Jésus.

Quant à la morale, Paul a presque oublié sa théorie de

l'épître aux Romains : « La charité est le TOUT de l'Évangile ;
la foi n'en est que la *partie*. Nous avons établi trois choses,
la foi, l'espérance et la charité ; mais la plus grande des trois
est la charité (XIII, 13). Paul recommande en conséquence
d'observer la charité dans les agapes, « où l'on voit les riches
manger à part, et se saouler, tandis que les pauvres meurent
de faim. Est-ce cela, dit-il, avec indignation, qu'a enseigné Jésus, lorsqu'il institua l'eucharistie ? » Et il rappelle
alors, comment, de même qu'autrefois les Hébreux, pour
échapper à l'ange exterminateur, durent manger en famille
l'agneau propitiatoire, de même les chrétiens, s'ils veulent être sauvés, doivent manger symboliquement le Christ,
la victime anthropophysique dans le repas fraternel.

L'âpreté de langage de Paul dans cette première épître
ayant déplu au Corinthiens, il se hâta de leur en expédier
une seconde, en apparence pour expliquer la première, mais
en réalité pour faire ses excuses. Mais tout en s'excusant,
Paul gronde encore : le moi, *nosmetipsos*, revient sans cesse
sous sa plume, il vante ses visions, ses travaux, sa science,
qui le placent au-dessus même de Moïse. Cependant il garde
la communion avec l'église de Jérusalem, alors centre de la
chrétienté, à qui les chrétiens envoyaient leurs collectes
de tous les points de l'empire, et dont un seul mot de
désaveu eût suffi, à ce moment, pour anéantir l'orgueilleux
apôtre.

L'épître à Timothée et celle à Titus, sont toutes de discipline et de réglementation intérieure. *L'episcopos*, ou surveillant, dans chaque communauté, est un ancien *presby-
teros*, choisi par les autres anciens, pour présider aux réunions, diriger les conférences, gérer les affaires de la société, et pourvoir à tout ce qu'exigent ses intérêts. *L'episcopos* est donc, comme tous les fidèles, laïc, puisque dans
une démocratie religieuse, tout le monde étant prêtre, tout
le monde est laïc, époux, père de famille, ayant ses affaires
particulières, de commerce, d'industrie ou autres, à qui
Paul recommande seulement de donner l'exemple des vertus chrétiennes. Un point, qui le tourmente surtout et qu'il
recommande à l'évêque, c'est de mépriser les nouveautés, de

fuir les disputes inutiles, les spéculations théosophiques, les
superstitions populaires, et les subtilités de la Gnose.

On dirait, à lire cette épître, que ce n'est plus le même
homme; et que Paul s'est converti pour la seconde fois au
christianisme.

— Révolte générale en Bretagne, excitée par la prise de
l'île Mona, siège principal des druides. La persécution, commencée sous Claude (43), porte ses fruits sanglants, et prélude à celle qui attend à leur tour les chrétiens. Les Bretons,
soulevés par leurs prêtres, après avoir détruit les colonies
romaines, sont défaits : leur reine Boadicée s'empoisonne; le
druidisme est poursuivi à outrance. On brûle ses livres, on
détruit ses monuments, on anéantit, avec le culte de l'ancienne Gaule, sa langue, sa philosophie, son histoire : ce sont
les œuvres du césarisme, uni aux académies.

— Agrippine est poignardée par Néron : telle mère, tel
fils; tel peuple, tel empereur. Cette femme altière, du sang
le plus noble de Rome, qui pour arriver à la pourpre avait
empoisonné (?) son premier mari; qui, pour assurer l'empire
à son fils, avait empoisonné le second; qui avait deshérité
son beau-fils, et fait périr ses partisans; aussi vicieuse et
plus cruelle que Messaline, conspirait contre Néron, qui la
tenait éloignée des affaires. L'habitude du sang empêcha le
peuple d'apercevoir le parricide, il applaudit au châtiment
de l'intrigante. Sénèque fait le panégyrique de Néron; le
Sénat l'absout. Ce sont les mœurs des Césars.

59. L'apologie du parricide en plein Sénat passe nos
idées; l'effronterie d'un si grand crime a besoin d'explication. L'empereur, qu'on ne l'oublie pas, était inviolable (22),
impeccable (45). Rome ne pouvait supporter l'empire des
femmes; et les mœurs étaient peu favorables à ce sexe.

Or, Agrippine aspirait au couronnement; elle avait offert
l'*inceste* à Néron, comme une volupté nouvelle; lui dégoûté,
elle l'avait menacé. Contre une telle mère, ne pouvait-il
faire ce qu'avait osé l'ancien Brutus contre ses enfants ?...

— Épître de Jacques, dit le mineur, frère ou cousin de
Jésus, évêque de Jérusalem, aux juifs de la dispersion. Son
objet est de réfuter les idées pernicieuses de Paul touchant

la prépondérance de la foi sur les œuvres. Il établit fortement ce principe, que *croire, agir*, en morale et en religion,
ne sont pas deux, mais un. La distinction de ces deux choses
n'est qu'affaire de dialectique, une pure abstraction de langage, pour la commodité du raisonnement.

« Ne vous y trompez pas, dit Jacques, la pureté de la vie,
voilà, en définitive, tout le christianisme. Soyez donc exécu-
teurs de la parole, *factores verbi*, et non pas seulement auditeurs, car celui qui écoute et n'agit pas ressemble à un
homme qui passerait sa vie à contempler son image au jour
de sa naissance !...

« La vraie religion c'est de produire des œuvres de charité,
et de se garder pur devant Dieu. Ne croyez pas, mes frères,
que Dieu fasse acception de personne. C'est à l'œuvre qu'il
faut juger le chrétien, non à la profession de foi. Que diriez-
vous, si, dans vos réunions, deux hommes se présentant,
l'un en habits somptueux, un anneau d'or au doigt, l'autre
en vêtements pauvres et d'une contenance modeste ; tout
l'honneur était pour le riche, et le dédain pour le pauvre ?
N'est-il pas vrai qu'il serait injuste de juger de la vertu de ces
deux hommes par la différence de leurs manteaux ? Il en
est ainsi de la religion. La foi, sans les œuvres, est morte ;
la foi, ô homme vain (Paul) n'a de mérite que par les œuvres !

« Ne devenez point dogmatiseurs, mes frères ; car la manie
de disputer est une peste parmi les hommes. Là, où il y a
tant de discours, il y a peu d'action ; là où la spéculation
abonde, la justice est pauvre... D'où viennent parmi vous
toutes ces discordes ? Serait-ce par hasard que la foi vous
manque ? Hélas! non : c'est que vous manquez de justice et
de charité. Donc, amendez-vous ; ne recherchez pas les opinions de vos frères ; n'accusez pas leur foi ; ne tourmentez
pas leur conscience ; ne vous faites point inquisiteurs de leurs
sentiments. Qui êtes-vous pour juger des idées des autres ?
soyez timides, modestes, puis pleins de charité ; et Dieu s'ap-
prochera de vous, soyez-en sûrs : il ne s'inquiètera pas de
savoir si vous avez ou si vous n'avez pas la foi. »

Pas un mot de théologie, dans cette épître qui conserve une
franche saveur des discours du Galiléen. « O riches, s'écria-

t-il, pleurez et hurlez sur les fléaux qui tout à l'heure fondront sur vous! La pourriture s'est mise dans vos greniers, et la teigne a dévoré vos hardes; votre or et votre argent ont été rongés par la rouille, sans que vous donniez rien aux pauvres. Eh bien! la rouille et la poussière, la teigne et la pourriture s'élèveront contre vous en témoignage; et vous mangeront la chair comme le feu. Ah! vous avez cru vous amasser des trésors, et vous n'avez amassé que la colère. Le salaire des ouvriers que vous avez avalé crie contre vous, et ce cri a frappé les oreilles du Dieu-Sabaoth. »

59. Parti d'Éphèse, Paul inspecte les côtes de la Méditerranée, la Troade, la Macédoine, la Grèce, touche Assos, Mitylène, Chio, Samos, Milet; de là passe à Cos, Rhodes, Tatare, Cypre, Tyr, Ptolémaïde, Césarée, et arrive enfin à Jérusalem. Ces missions à vol d'oiseau, sur un bâtiment marchand faisant échelle à tous les ports, ne se peuvent comparer qu'à celles de François-Xavier, le jésuite qui baptisait d'une seule fois, à coups de goupillon, des milliers d'Indiens dont il ignorait la langue, croyant gagner le monde à Jésus-Christ.

Le voyage de Paul à Jérusalem paraît avoir été déterminé par l'opposition que soulevaient ses idées. Dès son arrivée, sur les représentations des frères, il accomplit les cérémonies judaïques pour échapper à l'animadversion des juifs et éviter tout scandale, il se rend coupable des mêmes inconséquences qu'il reprochait à Pierre, et qui avaient provoqué la décision solennelle du concile (en 56). Malgré les rétractations et ses équivoques, les juifs irrités par les notes qu'ils recevaient sur son compte de leurs frère dispersés, veulent le lapider. Le tribun Lysias lui sauve la vie en l'arrêtant; il l'envoie à Césarée, où il est gardé à vue jusqu'à l'arrivée de Festus.

59-68. Apollonius de Tyane parcourt la Grèce, l'Italie, la Gaule et l'Espagne. Tous les réformateurs de cette époque se comportent exactement de même. C'est une imitation des anciens philosophes Pythagore, Thalès, Solon, Platon, Hérodote, etc. Mais ceux-ci parcouraient le monde pour s'instruire, et rapportaient ensuite dans leur patrie le trésor de leurs connaissances; maintenant ils voyagent pour convertir l'humanité. A Troie, Apollonius passe une nuit sur le tombeau d'Achille ; à Lesbos, il converse avec les prêtres d'Orphée. Il prêche publiquement à Athènes, se fait recevoir, non sans quelque difficulté à cause de sa réputation de magicien, aux mystères d'Eleusis, visite Lacédémone, Olympie, s'applique partout à réformer les abus qui s'étaient introduits dans le culte, et partout ses conseils sont accueillis avec vénération. En Grèce, comme à Antioche et à Éphèse, Apollonius dut se rencontrer fréquemment avec les missionnaires chrétiens ; mais il s'adressait à un monde différent ; tandis que les apôtres n'étaient intelligibles qu'aux juifs, et ne se montraient que dans les synagogues et à leurs néophytes, lui s'adressait à toutes les religions, et haranguait dans les temples et places publiques. Les travaux d'Apollonius ne durent pas moins influer sur la réformation générale, et servir au travail des chrétiens. Dans quelle mesure ? c'est ce que ses historiens, qui ne songeaient qu'à opposer Apollonius à Jésus, n'ont eu garde de nous apprendre.

60. Le prophète Élie apparaît au rabbin Siméon ben Jochaï, et lui révèle les mystères de la kabbale. Cette date peut être considérée comme le point de départ de la rédaction du *Zohar*, ou livre de la lumière, le second et le plus important des monuments kabbalistes (v. 75). Siméon ben Jochaï vécut jusqu'au commencement du iie siècle. — Ainsi, quatre mouvements religieux, distincts et nettement accusés, nous apparaissent à cette époque dans l'Orient, et l'empire, en dehors des sectes dont l'existence est antérieure à l'ère vulgaire : 1° le mouvement kabbaliste (v. 25) conduit à cette heure par Siméon ben Jochaï ; 2° le mouvement gnostique, commencé par Philon et Simon, continué par Ménandre et Cérinthe, et qui tend à s'assimiler le mouvement chrétien ou à s'absorber en lui ; 3° le mouvement chrétien, commencé par Jésus ; 4° le mouvement de fusion polythéiste, entrepris par Apollonius, et que nous verrons par la suite soutenu par les empereurs et affirmé par Julien. Ces quatre courants ne veulent avoir rien de commun ensemble, et paraissent, si l'on ne consulte que leurs représentants, se repousser mutuellement. Pour l'histoire, qui juge de plus haut, et à distance, ils sont également légitimes ; ils représentent chacun un élément nécessaire de la réforme; ils s'influencent réciproquement, se rectifient et se complètent; et, sous le nom de catholicisme, ils finiront par se fondre l'un dans l'autre et ne former plus qu'un système.

Épîtres de Paul aux *Éphésiens*, aux *Philippiens* et aux *Colossiens*, écrites de Césarée pendant la captivité de Paul.

L'authenticité de la première a été contestée et très mal défendue; nous n'en voulons pour preuve que ces mots du chapitre II : « Vous avez été sauvés gratuitement par la foi, qui est un don de Dieu, et ne vient pas de l'homme; — nullement par le mérite de vos œuvres; n'ayez pas l'orgueil de le croire. » — Paul, persécuté par les juifs, était-il mécontent des apôtres qui l'avaient fait judaïser, qui lui avaient arraché depuis deux ans concession sur concession, et qui, dans l'intérêt de la société jérosolymitaine, l'avaient peut-être défendu avec mollesse?... Quoi qu'il en soit, Paul, dans la lettre aux Éphésiens, qui paraît être la même que celle aux Laodécéens, qui n'existe plus, revient à sa théorie de la foi, à laquelle il trouve un nouvel argument dans le fait même de la conversion des gentils. « Qu'étiez-vous, dit-il, à ses convertis, avant d'avoir reçu la foi du Christ? Vous étiez dans les ténèbres de l'idolâtrie, véritablement *morts par le péché*, sans Christ, sans religion (*hospites testamentorum*, c'est-à-dire étrangers à toute révélation d'en haut), sans Dieu. Depuis quand êtes-vous ressuscités à la vertu? Depuis quand connaissez-vous ces divins préceptes de morale, qui constituent la foi?... Sans doute, depuis que l'annonce vous en a été faite par Paul, serviteur du Christ. Car tous, tant que nous sommes, et ceux qui s'appellent *circoncision* et ceux qu'on appelle *prépuce*, nous n'avons de mérite et de vertu, nous ne pouvons donner de bonnes œuvres que par la foi!...» En conséquence, Paul insiste de nouveau sur le précepte de la morale, qu'il semble, en effet, présenter aux gentils comme des nouveautés, et dont la révélation est un argument invincible de la théorie de la grâce.

Les lettres aux Philippiens et aux Colossiens respirent les mêmes sentiments : *c'est Dieu qui produit en vous le vouloir et le faire*, dit-il aux premiers... — Et aux seconds, se fon-

dant sur le principe de la résurrection, il dit que le chrétien
est un homme nouveau ; qu'avant l'Évangile, l'humanité était
morte, c'est-à-dire sans morale,, sans vertu, sans soutien ; et
que c'est par l'Évangile et par la résurrection du Christ
qu'elle est devenue capable de vertu et de sainteté...

Dans le courant de cette année, le gouverneur de Judée,
Félix, fut remplacé par Festus.

Paul, accusé par les juifs, eut de nouveau à s'expliquer
devant Festus, le roi de Chalcide Agrippa, et sa sœur Bérénice, la même qui fut aimée de l'empereur Titus. A cette
heure, il est le personnage le plus célèbre, non seulement
de la chrétienté, mais de la Judée, de la Syrie, et de tout
l'Orient. Il profite de son origine pharisaïque pour jeter la
division parmi les juifs en affirmant la résurrection ; puis, il
se met à l'abri de la fureur des juifs et de la juridiction des
prêtres, en invoquant sa qualité de citoyen, et faisant appel
à César. Sur cet appel, Festus décide que Paul sera envoyé
à Rome : quel coup de partie ! Paul est bien sûr que son messianisme tout *spirituel* ne saurait faire ombrage à César ; il
est victime des juifs messianistes de l'ancienne école, les
vrais ennemis de l'empire ; et c'est parce qu'il s'oppose à
leur fanatisme, parce qu'il leur prêche la vraie doctrine,
amie de César, qu'on le lapide et qu'on l'accuse. Que César
daigne l'entendre, qu'il lui fasse justice, et le Christianisme,
absous par César dans la personne de l'apôtre Paul, va se
prêcher par tout l'empire, avec approbation et privilège de
l'empereur ! — Pierre est éclipsé.

— Corbulon soumet l'Arménie, donne le gouvernement
à Tigrane, et revient en Syrie.

60. Les juifs de Césarée perdent leur cause par l'in
fluence de Burrhus (58), et sont privés du droit de cité.
Tout le pays est en ébullition ; on conçoit le motif qui fit agir
Néron : il ne voulait pas augmenter la puissance des juifs.

61. La guerre continue entre les Romains et les habitants
de la Grande-Bretagne, une armée de 80,000 insulaires est
dispersée. Cette guerre me semble faire le pendant de celle
qui éclatera bientôt en Judée. Au fond de la Gaule et dans la
Grande-Bretagne, comme dans la Palestine, la religion

couvre la nationalité. — Il faudrait vérifier cette conjecture?...

En Orient, les Parthes, un moment refoulés par les Romains, se rejettent sur l'Inde.

— Parti de Césarée, sous escorte, sur la fin de l'an 60, Paul arrive à Rome en janvier 61. Il séjourne près de deux ans dans cette capitale, libre, mais sous la garde d'un soldat, et attendant la justice de César.

61. Festus sévit contre les sicaires et les prédicants, et en fait périr un grand nombre. Un imposteur, qui s'était créé une foule de partisans, est vaincu avec sa bande par les troupes romaines, et tué.

Le préfet de Rome, Pédanius Secundus, est tué par un de ses esclaves, par l'effet d'une jalousie sodomitique. La loi voulait que tous les esclaves qui se trouvaient dans la maison au moment du meurtre, et qui en étaient censés complices, fussent mis à mort.

Ceux de Pédanius Secundus étaient au nombre de 400.

Le peuple, ayant horreur d'une pareille exécution, le consul Cassius harangue le Sénat, et conclut à l'application de la loi. — Un sénateur, Cingorius Varron, demandait qu'en outre, les *enfants* d'esclaves fussent déportés; Néron s'y oppose, en disant que *la pitié n'ayant pas fléchi l'antique usage, la vengeance ne devait pas non plus l'aggraver.*

62. La persécution, ravivée par l'éclat et le scandale de la prédication de Paul, sévit à Jérusalem contre les disciples.

Après la mort du gouverneur Festus, et pendant l'intérim qui suivit, le pontife Ananus, fils d'Ananus et beau-frère de Caïphas, convoque un sanhédrin, et fait condamner à mort et lapider quelques transgresseurs de la loi, entre autres Jacques, parent de Jésus, évêque de Jérusalem.

Jacques fut remplacé par Siméon, autre parent de Jésus. — Cet acte arbitraire, dit un écrivain juif, excite des murmures parmi les citoyens paisibles, qui adressent leurs plaintes simultanément au roi de Galilée, Agrippa, et au nouveau gouverneur Albinus. Par l'influence de ces deux hommes, Ananus est privé du souverain pontificat. — Ainsi, le gouvernement romain se montre favorable à la nouvelle secte, et refoule de tous côtés les prétentions des juifs, extermine les sicaires, crucifie les messies, leur ôte le droit de cité dans les villes, etc. Le désordre, la corruption, la violence, l'hypocrisie sont au comble.

Sous prétexte de messianisme, les sicaires pillent, rançonnent, assassinent. L'ancien grand prêtre Ananias, si rudement apostrophé par Paul, enrichi des dépouilles du bas clergé, et d'intelligence, à la fois, avec les sicaires et le gouverneur Albanus, qui tire ainsi double profit de la superstition, tantôt en recevant ses présents, tantôt en lui faisant la guerre... Un pauvre paysan, du nom de Jésus, se fait l'organe des malheurs publics; pendant sept ans, nuit et jour, il ne cesse de crier par la ville : *Malheur à Jérusalem!*

Mort de Marc, évêque d'Alexandrie. Ce Marc est différent de Jean-Marc, compagnon de Barnabé. Il avait fait de nombreux prosélytes, parmi les thérapeutes, qui, en Égypte, de même que les esséniens en Palestine, formaient la transition entre les juifs et les chrétiens. On lui attribue le 22ᵉ évangile rédigé plus de quatre-vingts ans après lui. C'est parmi les thérapeutes que naquit l'ascétisme des Antoine, Pacôme et autres.

À peine Corbulon est de retour en Syrie, que les Arméniens et les Parthes se révoltent de nouveau, et reprennent l'avantage.

63. Corbulon reprend le commandement de l'armée d'Asie et marche contre les Parthes. Défaite et captivité de Tiridate. — D'un autre côté le droit de cité romaine est accordé aux habitants des Alpes-Maritimes; la même faveur, rendue aux Achéens. Au Nord, les Sarmates menacent l'empire.

Secte de Nicolaüs. — Tout ce qu'on sait de lui, d'après Irénée et Clément d'Alexandrie, est qu'il fut un des sept diacres choisis par les apôtres pour servir les intérêts de la communauté de Jérusalem (*Act.*, VI, 5); qu'il était d'Antioche; qu'étant époux d'une jolie femme, et passant pour jaloux, il offrit de divorcer et de la céder à quiconque voudrait l'épouser; que du reste Nicolaüs était très chaste, et que ses filles gardèrent toutes leur virginité. — Quoi qu'il en soit des mœurs du diacre Nicolaüs, dont la biographie seule a le droit de s'enquérir, et qui ne sont de rien à l'histoire, il est certain que la communauté des femmes devait tôt ou tard, et logiquement, résulter du principe de la communauté des biens, qu'affirmaient tous les apôtres, et qui faisait dans l'origine toute la vertu du nazaréen, du chrétien et de l'ébionite; que cette négation du mariage résultait en outre des espérances du millénarisme (v. 120, 170) et de l'idée orientale fondée sur le principe de la distinction des substances, de l'indifférence des actes de la chair, et de l'épuration de l'âme par l'avilissement du corps. Il est très probable que dans l'esprit de Nicolaüs l'idée de la chasteté était tellement exaltée, qu'à force de ravaler l'union conjugale, elle faisait du mariage même une chose indifférente, inférieure à la charité et à la pureté : principe qui, tôt ou tard, devait conduire à la plus complète promiscuité.

Ainsi marchent les religions, les philosophies et les sciences; ainsi marche l'humanité. La vérité se constitue peu à peu, par l'application des principes et l'application des conséquences : à peine formulé, le principe social de Jésus vient se heurter au communisme, et se voit forcé de rétro-grader. Aussi voyons-nous Paul, dès cette époque, refréner avec rudesse les tendances les plus légitimes du christianisme : *Obéissez aux puissances*, dit-il à ceux qui voudraient se révolter contre César; *toute puissance est établie de Dieu!* — *Esclaves, soyez soumis à vos maîtres*, ajoute-t-il en renvoyant au bourgeois Philémon son esclave fugitif, Onésime. Et sur le mariage, il est tellement exclusif, si partisan de l'indissolubilité, qu'enchérissant sur Jésus lui-même, il dit : *Si l'un de vous a une épouse adultère, et qu'elle consente à rester avec lui, qu'il ne la renvoie pas. Ce n'est pas le Seigneur qui vous dit cela, c'est moi!...* (I Cor. VII, 12.)

Cette année 63, Paul, rendu à la liberté par ordre de Néron, recommence sa propagande. Il parcourt de nouveau l'Asie, la Grèce, la Macédoine, l'Archipel, établit partout des évêques à lui, continuant la polémique à la fois contre Pierre, contre les juifs et contre les gnostiques.

64. Un incendie détruit la ville de Lyon ; Néron envoie des secours aux habitants.

Lui-même, à ce qu'on assure, fait mettre le feu à Rome, et accuse les juifs et les chrétiens, c'est-à-dire tout ce qu'il y avait dans la ville de plus décrié, de l'attentat. Ces malheureux, enduits de poix et attachés à des poteaux, sont brûlés vifs, la nuit, en guise de cierges. Ce supplice atroce et bouffon montre que la police romaine s'obstinait à les confondre, et voyait également, dans les uns et les autres, des ennemis de l'empire.

[Cf. *Tacite*, Annal. xv, *Suétone* et *Dion*.

Sur l'emplacement des jardins de Néron, qu'éclairèrent de leurs flammes les chrétiens, a été bâti l'église de Saint-Pierre...]

[— Suivant Gibbon, les chrétiens auraient été dénoncés par les juifs.

— Résumer l'histoire de l'incendie de Rome, d'après Tacite ; rapporter les textes de Suétone et de Dion ; — insister sur l'obscurité profonde des chrétiens à cette époque, et leur *infamie*, non pour les charger, mais pour montrer par cet exemple la vérité de ce principe, que les commencements de la révolution chrétienne ne pouvaient pas ne pas surgir du plus bas de la société. — Jésus est *le plus radical des radicaux* ; sa secte, la plus radicale : de là, son obscurité, l'horreur qu'elle cause, etc.

Toute l'histoire de Jésus et des chrétiens doit être écrite d'après cette vue.

A coup sûr la secte chrétienne devait sembler peu de chose à Tacite, et même aux auteurs de l'*Histoire augustine*, qui n'en ont jamais dit un mot ; — et nous la traiterions de même, si elle avait passé comme celle de Simon, etc.]

Ainsi la tactique de Paul ne profitait qu'à lui seul ; elle compromettait le christianisme, sans bénéfice pour les chrétiens. Aussi voit-on, dans la 2e à Timothée, après sa seconde arrestation, que Paul se plaint de la défection qui avait lieu autour de lui : *Tout le monde m'a abandonné, dans la première affaire*, dit-il ; *personne ne m'a prêté assistance, mais Dieu, qui voulait que je prêchasse les gentils, m'a tiré de la*

gueule du lion. — (Citer, à cette occasion, les passages de
Tacite et de Suétone. Ce dernier dit des chrétiens : *Genus
hominum superstitionis novæ et maleficæ.*)

[Tacite. *Annales*, xv, 44 — parle d'une *multitudo ingens*,
qui furent dénoncés. Ce mot est relatif : pour le supplice
auquel on les destinait, c'était une multitude; relativement
à la population de Rome, c'était rien.

Lors de la découverte des bacchanales (   ), le Sénat, qui
craignit un instant que la masse du peuple ne fût engagée
dans ces infâmes mystères, ne découvrit, tout compte fait,
que 7,000 personnes. L'horreur de Tacite pour les chrétiens
est la même que celle de Tite-Live, cf. xxxix, 15, 16, 17
(cf. *infra*, au 249 et 386).]

En Judée le gouverneur Albinus a pour successeur Florus,
pire que tous ses devanciers. Les travaux du temple, commencés sous Hérode Cigan, sont terminés, et laissent sans
ouvrage 18,000 ouvriers.

—Philète et Hyménée interprètent la résurrection dans le
sens spirituel, et comme transition du péché à la grâce. Ils
disent, en conséquence, que la résurrection n'est pas à venir,
qu'elle est venue, comme le Christ lui-même. Cette doctrine
ne diffère de celle de Paul qu'en ce qu'elle rejette la résurrection des corps, c'est-à-dire la théorie d'une renaissance
dans un corps céleste, comme l'enseignait Paul (I Cor. xv).
Par où l'on voit que si, dès l'origine, les chrétiens disputèrent sur le sens de la résurrection, ils s'accordaient du
moins à ne pas la prendre dans le sens littéral et matériel du
mot, comme l'Église l'a fait depuis. — Paul dit de ces deux
docteurs, qui le contrariaient : *Je les ai donnés au diable!*
Quelle réfutation !

65. Cette année marque le commencement de la guerre
de Judée.

Plus on réfléchit sur les causes de cette guerre et les circonstances qui la firent éclater, plus on reste convaincu de
cette triste vérité. c'est qu'elle était inévitable. Mais, chose
plus triste encore et qui va sembler un paradoxe, plus on
réfléchit à ce qu'étaient l'empire et la Judée, plus on se sent
disposé à reconnaître, malgré l'immense disproportion des

forces, que si la Judée avait obéi à une direction intelligente et unitaire, elle aurait pu être victorieuse et abattre sous ses coups le colosse impérial.

La guerre était inévitable. — Rome ne voulait ni ne pouvait laisser vivre, dans son empire, aucune nationalité. Déjà, la communauté du culte polythéiste lui avait soumis les Grecs, les Africains, les Orientaux, la Gaule et l'Espagne; le druidisme venait d'expirer sous la proscription de Claude, sans causer aucun ébranlement. Florus et Sacrovir (21) avaient été détruits, avec leurs bandes, comme de simples brigands; ce qu'il y avait de plus influent, de plus honorable, de plus éclairé dans les Gaules, adorait le génie de César (12 av.) et s'était livré aux Romains (13). Il en était autrement en Judée; malgré l'infériorité de sa politique, de sa littérature, de son industrie et de ses arts, sa religion était incomparablement supérieure; et cette religion lui faisait une nationalité indomptable. Il fallait tuer cette force vive, qui ne se pouvait soumettre....

La Judée, avec une direction unitaire et habile, pouvait vaincre : si l'événement rend l'hypothèse désormais inutile, les circonstances de l'époque ne lui conservent pas moins sa probabilité. Il y avait 110 ans que César avait vaincu à Pharsale, 108 que Brutus et César avaient succombé à Philippes, 96 qu'Auguste avait obtenu l'empire à Actium. Depuis un siècle, le monde faisait la rude expérience de la tyrannie romaine; il avait pu juger à l'œuvre et le système césarien et les Césars eux-mêmes.

Après la mort d'Auguste, le désespoir des nations et la décadence de l'empire s'étaient accrus en raison égale et parallèle; des symptômes de dissolution éclataient de toutes parts; les Parthes, les Bretons, les Frisons, les Sarmates le menaçaient; les sectes religieuses et philosophiques mugissaient à l'intérieur comme un concert de réprobation; les empereurs et les proconsuls, les prétoriens et la plèbe, ne songeaient qu'à dévorer, dans une perpétuelle orgie, les dépouilles de l'univers.

L'indomptable Judée, rendue à la vie politique sous Hérode le Grand, et après lui sous Agrippa, pouvait offrir un point d'appui solide à l'insurrection, en devenir l'âme, et, en s'emparant du mouvement, réaliser peut-être, dans une certaine mesure, l'utopie messianique. Que lui fallait-il ? au dedans, contenir les multitudes ; au dehors, poursuivre la propagande et s'assurer des places, en satisfaisant à toutes les conditions de fusion des cultes, de haute tolérance et de rénovation sociale, posées, en Orient et en Occident, par les guerres d'esclaves, de castes et de nationalités, et les missions gnostiques, philosophiques et chrétiennes. Sans doute, de telles conditions étaient à peu près impossibles à remplir à la Judée, avec son sacerdoce avare, l'orgueil de ses pharisiens, le fanatisme de ses zélateurs, l'indiscipline de sa race ; et c'est pour cela que la Judée a succombé ; — mais à ne tenir compte que de l'état de l'empire au moment où éclata la guerre, ces conditions, considérées en elles-mêmes, eussent suffi pour renverser l'édifice des Césars, et rendre au monde la vie et la liberté........

A la pâque de l'an 65, le gouverneur de Syrie, Cestius Gallus, passant près Jérusalem, le peuple en masse se jette à ses pieds et le supplie d'avoir pitié de la misère où le jettent ses gouverneurs. L'émotion est au comble ; Florus répond à la plainte des juifs par un rire sardonique ; Cestius se contente de dire qu'il s'occupera de la chose, et part pour son gouvernement. Depuis ce jour, la tyrannie de Florus ne cesse de s'accroître (c'était un ami, un protégé de Néron), et de provoquer la patience du peuple. Un fait qui témoigne de l'attente générale, et dont fut témoin Cestius Gallus, c'est qu'à la pâque de cette année, il fut immolé 255,600 têtes de bétail, et que l'on compta à Jérusalem plus de trois millions de personnes, trois millions d'hommes implorant à genoux la pitié de leurs exploiteurs !

De toutes parts des prodiges se manifestent : on entend, on voit des armées se heurter et combattre dans les airs ; on a entendu une voix du sanctuaire crier : Partons ! comme si le dieu national, cédant aux évocations de l'ennemi, passait dans le camp des Romains. Cestius Gallus avait promis de parler à l'empereur ; mais Florus, qui se sait dénoncé comme l'ont été tous ses prédécesseurs, ne respire que vengeance. Un jour de mai, 3,600 personnes sont massacrées dans Jérusalem, sans cause. Le lendemain, les charges de cavalerie recommencent contre le peuple ; des milliers sont tués dans les rues et les maisons. Alors, les habitants se soulèvent ; les soldats sont accablés du haut des toits ; les zélateurs s'emparent du temple et de la forteresse Antonia, dont ils massacrent la garnison. Florus, contraint de quitter la ville, se retire à Césarée, où il fait son rapport à Gallus. En vain le roi Agrippa recommande aux juifs la soumission ; d'affreux massacres de juifs, exécutés par les officiers romains à Césarée, à Damas, à Alexandrie, dans toutes les villes de Syrie et d'Égypte, portent la fureur nationale au comble ; le parti modéré est entraîné dans la révolte, la Samarie suit elle-même, et la malheureuse Judée est lancée sans retour dans une lutte à mort.

Des bandes insurrectionnelles parcourent le pays, saccagent les villes, chassent les Romains, exerçant d'affreuses représailles que les Syriens et les Grecs leur rendent à usure. Gallus, assisté des rois de Comagène, de Chalcis et de l'Iturée, vient bloquer Jérusalem (Atare) ; il est forcé de lever le siège, poursuivi dans les montagnes, avec perte de 6,000 soldats, et la Judée évacuée peut se dire libre !...

Il est facile de voir, par ce court résumé, que les juifs remplissaient les villes des pays environnants, depuis Cyrène, en Afrique, jusqu'à Babylone et Tarsus, en Cilicie ; et que les massacres, qui furent ordonnés par les généraux romains, à la nouvelle de l'insurrection sur le Jourdain, ne furent qu'une mesure de prévoyance contre la propagation de l'incendie. D'où venait donc cette étonnante multiplication d'une race détestée, à moitié errante, au milieu de nations en pleine décadence, d'États, de sociétés, de religions qui de toutes parts s'affaiblissaient ?... Elle venait, nous ne craignons pas de le dire, de la moralité supérieure de la race juive, moralité qu'elle tenait uniquement de sa religion, non pas telle qu'elle l'avait pratiquée avant la transportation de Babylone, mais telle que la lui avaient refaite les auteurs de la restauration, au commencement du v⁰ siècle. Les nations ne déclinent pas par la souffrance ; elles

s'affaiblissent et meurent par la démoralisation. Pour démo-
raliser la Judée et la mettre au niveau des autres peuples,
il eût fallu tuer en elle, non pas seulement le messianisme,
auquel la plupart ne croyaient guère, mais ce monothéisme,
qui, dans sa signification la plus élevée, faisait de la loi
morale l'essence même de la divinité, un objet de *foi*, comme
disait Paul, et presque de superstition. /

Tandis que ces événements se passent en Orient, une
conspiration éclate contre la vie de l'empereur. Pison, Sénèque, Lucain, Epicharis, sont envoyés à la mort. L'apologiste
du parricide meurt en vrai stoïcien.

66. — Néron fait périr Burrhus et Pallas, répudie Octavie,
et épouse Poppée. Il part ensuite pour la Grèce, dépouille le
temple de Delphes ; mais il n'ose se présenter à Eleusis,
épouvanté par la voix de l'hiérophante, qui écarte des mystères les impies et les scélérats. Les juifs le considèrent
comme l'*antéchrist*. Ce nom maudit, que les juifs et les
chrétiens donnèrent par la suite à tous les empereurs, devient le signal de la révolte et le cri de guerre de l'Orient
contre Rome. L'occasion s'annonce favorable ; l'horizon paraît sombre. Cependant vers cette époque, d'après Josèphe,
Néron montre quelque bonne volonté pour les juifs, à la
sollicitation de Poppée et du comédien Aliturus.

66. — La guerre étant déclarée, les juifs s'occupent d'organiser leur défense. Toute la nation est compromise : les
zélateurs sont les maîtres. Des chefs militaires sont créés
pour le commandement de la capitale. Josèphe, l'historien,
reçoit le commandement de la Galilée, et parvient en peu
de temps à créer une armée de 60,000 hommes.

Toute l'année 66 se passe en préparatifs, qu'amoindris-
sent déjà, dans une race réfractaire à l'action collective, les
divisions et les haines.

— Néron, de son côté, donne le commandement des troupes à Vespasien. Il fait périr Soranus et Thraséa, reconnus
coupables d'une vertu sans reproche.

Voir Tacite Ann. XVI, les causes de la condamnation de
Thraséa. Elles révèlent une vive opposition au Césarisme,
dans tout l'empire. Thraséa était une tête de colonne : cha-

que jour, dit le délateur, *les journaux de Rome sont lus pour savoir ce que Thraséa a fait ou n'a pas fait !...*

La mort de Thraséa est sublime. Il appelle le questeur chargé de son supplice: *Regarde, jeune homme,* lui dit-il, *et apprends à mourir.* Puis il fait de son sang une libation à JUPITER LIBÉRATEUR !...

— Pétrone et autres périssent dans le même temps. Le Sénat est décimé. La conspiration de Vinicius fait de nouvelles victimes ; Corbulon, dépouillé de ses charges, accusé devant l'empereur, est forcé pour prix de ses services, de se donner la mort. Le tyran part ensuite pour la Grèce, faire une tournée d'artiste ; il concourt à tous les jeux ; pour s'assurer plus de suffrages, il déclare la Grèce libre ; reçoit 1800 couronnes, quoiqu'il soit tombé dans le stade à Olympie ; fait briser les statues des anciens vainqueurs, tuer ses concurrents, et paye, de la remise des impôts, les applaudissements des Grecs (Cf. supra, an 62).

Épître de Pierre; dernière épître de Paul. — Les deux apôtres sont à Rome, dans cette Église, la plus ancienne, selon toute apparence, après celle de Jérusalem, qu'a fondée Pierre, et à laquelle Paul a adressé son premier écrit. A cette heure, qui semble la dernière pour la malheureuse Judée, leur patrie, pour cette terre de promission, qui a produit le Christ. vont-ils se réconcilier? A y regarder de près, leurs lettres semblent porter des traces évidentes de raccommodement. Chacun, en écrivant de son côté, évite de son mieux toute parole qui pourrait réveiller la brouille et les malentendus. Mais pourquoi n'agissent-ils pas de concert? Pourquoi ne pas unir leurs noms?

Dans une commune circulaire, alors qu'ils parlent tous deux comme chefs de l'Église, et au nom de cet esprit, ennemi du particularisme? On a conservé treize épîtres de Paul, une de Pierre, une de Jacques, trois de Jean, une de Barnabé, sans compter les livres apocryphes, qui viendront bientôt. Tous ces écrits sont ès noms d'auteurs dont chacun écrit, témoigne de son autorité privée, de sa certitude personnelle. Quoi! Jésus est venu fonder à la place de la synagogue l'Église, c'est-à-dire la fraternité, l'union, l'harmonie; et cette Église, au milieu des controverses qui divisent ses chefs, elle garde le silence? Une seule fois, au concile de Jérusalem, elle prend la parole, et c'est pour esquiver les questions! Elle laisse Paul dogmatiser, Pierre protester, Jacques réfuter, Jean récriminer. Je vous dis ceci, moi, appelé par une révélation spéciale, dit Paul. Je vous dis cela, moi, le compagnon des travaux, et l'égal d'âge de Jésus, dit Pierre. Où donc est la parole chrétienne? où l'Église? où la foi?...

La lettre de Pierre est datée de Babylone, c'est-à-dire de Rome, selon la plupart des critiques, auxquels nous nous rallions volontiers. [Babylone était déjà déserte, dès cette époque. Cf. Malte-Brun.] Elle est encyclique : plus mesuré dans son langage que Paul, moins impétueux que Jacques, Pierre ne dispute point, ne réfute aucune opinion, ne se permet aucune allusion. Seulement, comme malgré la brièveté de ses paroles, il est visible que son intention est de dire tout, de ne rien omettre d'essentiel; comme cette épître, en un mot, est l'évangile de Pierre, il est facile d'en conclure que ce qui excède ses proportions n'est point de Jésus, conséquemment doit être regardé comme non chrétien. Quelle est donc la parole de Pierre, et que porte son évangile?

Que Jésus est le *Christ de la régénération*, à la fois sociale et transcendentale; que pour arriver à la seconde, à laquelle Jésus nous a ouvert la route, il faut absolument passer par la première, en autres termes, que pour mériter l'immortalité céleste, il faut réformer nos mœurs, pratiquer la charité, et vivre saintement; qu'il n'y a pas un instant à perdre, car le Christ doit apparaître bientôt, pour juger tous les hommes et récompenser ses élus. Voilà tout Pierre : et si l'on veut se reporter au temps, on reconnaîtra, ainsi que nous l'avons déjà fait observer, à propos de la prédication de Jésus (28-29) et de l'épître aux Corinthiens (58), que c'était immense. Réforme générale des mœurs, révolution sociale, et comme sanction divine et surnaturelle, immortalité de l'âme, exprimée par le terme concret de résurrection, quel plus vaste plan que celui-là? Et de quelle uti-

lité pouvaient être les spéculations des gnostiques, et la
théorie de la foi et de la prédestination de Paul, devant l'im-
minence de cette consommation universelle, que tous prêchaient et attendaient?... Toute addition, quelle qu'en fût
l'importance, la probabilité, devenait superflue; elle gâtait
la simplicité et la majesté de l'Évangile, et rejetait le Christianisme naissant dans les abus du pharisaïsme, de la philosophie et de la gnose.

Paul, en conservant le style et l'allure qui lui est propre,
se tient, dans ses trois dernières lettres (2 Tim., *rit. Phil.*),
dans les mêmes limites. Il revient sur les faux docteurs,
qui mêlent à la fois des *contes* et des *généalogies* sans fin,
il recommande de s'en tenir à *son évangile*, la première aux
Corinthiens (58) et de fuir les *judaïseurs*, les partisans de la
circoncision, les chercheurs de questions et *faiseurs de systèmes.* Pour le tout, il fait consister le Christianisme, comme
Pierre, dans ce double principe que Jésus est le *Christ de
la régénération et de l'immortalité qui ne tardera guère;*
deux choses qui se résument dans une seule, l'AMOUR.

Ici donc, les deux apôtres, tout en conservant leur indi-
vidualisme, sont unis de doctrine : comment l'Église ne les
a-t-elle pas suivis? Comment, au lieu de s'en tenir à cette
profession de foi, si grandiose dans sa simplicité, si radicale, et alors si neuve, la réforme des mœurs et de la société, et l'immortalité de l'âme, est-elle revenue, par la
suite, à la théorie de la *foi*, si subversive de toute saine
morale, si pleine de contradictions? Comment a-t-elle admis plus tard une partie de ces *contes* et de ces spéculations
gnostiques, que réprouvaient Pierre, Paul, Jean, Jacques, et
qui ont fini par s'introduire dans la catéchèse chrétienne?...

Un fait significatif, ce sont les recommandations instantes
des deux apôtres sur les questions les plus brûlantes de la
réforme : l'égalité des biens, l'esclavage et le gouvernement.
*Que les esclaves soient soumis à leurs propriétaires, même mé-
chants; et que tous obéissent au gouvernement établi!*... Recommandation inspirée par la prudence, sans doute, dans
les temps difficiles où l'on se trouvait; mais qui ne pouvait
plus arrêter le mouvement donné par la puissante voix du

Galiléen. Le Christianisme est, sans doute, avant tout, moral ; il a aussi son côté religieux ; mais il est encore révolutionnaire et social ; c'est ce que les masses se chargent de temps en temps de rappeler à leurs docteurs.

Une légende raconte que Pierre, étant à Rome, en sortit un jour pour fuir la persécution, et rencontra Jésus qui y entrait. sa croix sur les épaules. — Où, allez vous, maître ? dit l'apôtre étonné. — Je vais me faire crucifier une seconde fois, répondit le prophète... N'est-ce pas une allégorie de la reculade de Pierre ?

En même temps que Pierre et Paul, Apollonius de Tyane vient à Rome, malgré l'édit de proscription lancé contre les philosophes et les magiciens.

Déjà le sage Musonius, estimé le second après Apollonius, avait été mis aux fers ; rien ne peut arrêter Apollonius. Ses disciples épouvantés l'abandonnent, comme ceux de Jésus au jardin des Oliviers : il avance toujours. Il se présente devant le consul Télésinus, qui lui permet de visiter les temples : mais quelques paroles de lui, contre Néron, ayant été dénoncées, il est forcé de quitter Rome, et passe en Espagne.

67. Au printemps de cette même année, Vespasien, accompagné de son fils Titus, entre dans la Palestine. A l'approche des Romains, les soldats de Josèphe se débandent ; lui-même s'enferme dans Josaphat, la plus forte place de la Galilée. Elle succombe le 1ᵉʳ Thammouz (milieu de juin) ; toute la population mâle est massacrée ; les femmes et les enfants, voués à l'esclavage. Le commandant Josèphe, échappé par miracle, est épargné par Vespasien, à qui il s'attache, après lui avoir prédit l'empire.

— *C'est toi*, lui dit-il, *qui est le Messie prédit par le prophète !*... Les villes de Japha, Joppé, Tarichée, Gamala, éprouvent le même sort. La prise de la forteresse de Giscala termine sa campagne : les Romains prennent leurs quartiers d'hiver à Césarée et Scythopolis. Les Samaritains, attaqués dès le début sur la montagne de Garizim, avaient été promptement soumis.

Ainsi voilà déjà la Judée isolée, et cernée. Elle ne pouvait

s'insurger, avec quelque chance de succès, qu'en insurgeant
avec elle l'Égypte, l'Afrique, la Syrie, où les juifs étaient si
nombreux et si forts. en agissant de concert avec les Gaulois
et les Espagnols, soulevés à leur tour, et en appelant les
Germains et les Parthes. La haine des populations contre les
juifs les accable, avant même que les Romains n'arrivent;
et bien loin qu'ils aient un plan de formé avec les nations
comme eux sous le joug, ils n'ont pas même d'organisation
intérieure, ni de centre d'unité. Maîtres de Jérusalem, les
zélateurs signalent leur gouvernement par des atrocités sans
nom, et qui font regretter la tyrannie des gouverneurs. Les
membres de la famille d Hérode, les riches, sont arrêtés
comme suspects, et périssent par le fer, ou dans les prisons.
Le pontificat est adjugé, au sort, à un paysan ignare, qui
devient la risée des zélateurs eux-mêmes. Le peuple, indigné, se révolte contre les zélateurs, qui appellent à leur aide
20,000 Iduméens; la guerre civile éclate dans la ville;
en un seul jour, on compte 12,000 cadavres. L'anarchie
est au point que Vespasien crut que, pour réduire Jérusalem, il lui suffirait de l'abandonner à elle-même.

Pierre et Paul sont mis à mort par ordre de Néron : tout
à la fois comme philosophes, magiciens et juifs. Le martyre
de Paul fait oublier la conduite équivoque qu'il avait tenue
cinq ans auparavant (60, 64). Le successeur de Pierre, à ce
qu'on croit, fut un nommé *Linus*.

68-69. [Résumer ici les cinq livres d'*Histoire* de Tacite.
En 68, révolte de Vindex dans la Gaule Celtique.

Révolte de Galba; il est proclamé empereur en Espagne,
et appuyé par le gouverneur de Lusitanie, Othon.

La révolte de Vindex est comprimée par Virginius Rufus
en Germanie.

Révolte à Rome, parmi les gardes de l'empereur, à l'instigation de Nymphidius.

Le 11 juin, fuite et mort de Néron. — Galba est reconnu;
— Nymphidius tué; — Virginius se soumet.

Galba haï pour son économie, et ses allures républicaines.
— (72 ans.) — On accuse sa vieillesse.

Il se donne pour César le jeune Pison, et il s'attire ains

la haine 'd'Othon, jusque-là son ami, qui dès ce moment conspire, et caresse les prétoriens. — Règne sept mois.

Le 15 janvier 69, les prétoriens acclament Othon (37 ans), abandonnent Galba et Pison qui sont mis à mort.

Mais l'élection d'Othon déplaît aux légions de Germanie, qui proclament Vitellius (57 ans).

Les deux prétendants marchent l'un contre l'autre, et se rencontrent à Bédriac, dans la Gaule Cisalpine.

Le 16 avril, défaite et mort d'Othon. Règne trois mois.

Vitellius se rend odieux à Rome par la licence de ses troupes, et ses débauches.

Les légions de Syrie proclament Vespasien (59 ans).

Celles du Danube se joignent à lui : elles entrent en Italie, et battent Vitellius à Crémone.

Vitellius fuit à Rome, verse des flots de sang, met le feu au Capitole, le 19 décembre.

Le 20 décembre, arrivée de Vespasien ; prise de Rome ; saccage. Vitellius est jeté aux gémonies.]

68. La guerre civile et la révolte en Occident, et le détraquement de l'empire, viennent un moment en aide à la Judée.— Révolte de Vindex, dans les Gaules, et de Galba, en Espagne. Apollonius de Tyane n'y fut pas étranger : il avait excité fortement le gouverneur de la Bétique à proclamer l'insurrection. C'est le trait le plus beau de la carrière et de la philosophie d'Apollonius, d'avoir compris mieux qu'homme de son temps que la régénération religieuse et sociale avait, pour condition première, la réforme sinon la destruction du Césarisme. Néron, abandonné de tous, se tue. Galba, Othon, Vitellius, proclamés empereurs presque en même temps, l'empire semble au moment de se dissoudre. La Batavie, la Germanie, l'Orient, agités par les Parthes, tout frissonne. Jamais le danger ne fut plus grand, et jamais l'à-propos mieux saisi, si, aux deux extrémités de l'empire, les nations mécontentes se donnaient la main.

L'immense commotion arrête court Vespasien. Pendant toute l'année 68, il se borne à consolider sa conquête, assure la soumission de la Galilée, et continue lentement ses approches. Les villes de Lydda et de Jamnia se soumettent. Jé-

richo, abandonnée de ses habitants, est prise sans coup fé-
rir. Mais tous ces succès sont peu de chose : il faut qu'un
grand coup soit frappé ; il faut, non seulement sauver l'empire, mais le raffermir ; et cela ne se peut que par une grande
victoire.

Cependant Jérusalem, en proie aux zélateurs, éprouve
toutes les horreurs d'une ville prise d'assaut. La terreur est
à l'ordre du jour : perquisitions, pillage, massacre, guerre
civile, tel est le spectacle quotidien que présente cette malheureuse cité. On dirait que les juifs, par leurs indicibles
fureurs, envient aux Romains la gloire de leur destruction.
Les habitants, saisis d'épouvante, cherchent à fuir ; les zélateurs s'opposent à l'émigration : quiconque tente de s'é-
chapper est considéré comme traître, et mis à mort.— O Jérusalem, disait Jésus, j'ai voulu te rassembler sous mon aile,
comme la poule rassemble ses petits, et tu ne l'as pas voulu !...
C'est à cette heure, en effet, que le messianisme du Galiléen
dut apparaître comme le vrai salut du peuple ! /

Aurinia, druidesse, célèbre chez les Cottes.

69. Vitellius, pendant sept ou huit mois de règne, dé-
pense pour sa table cent trente millions (Gibbon). Cf. Tacite
et Suet, sur ce César.

69. / L'empire, malade, semble se purger lui-même ; en
quelques mois, la puissance césarienne passe de Galba à
Othon, d'Othon à Vitellius, de Vitellius à Vespasien.

Galba est trahi par ses soldats mécontents du prix qu'il a
payé l'empire.

Le peuple ou les légionnaires, c'est tout un, se regarde
comme volé. Il fait acte de propriétaire en réclamant le *donativum* et en fixant sa quotité !...

Galba est livré à Othon, surenchérisseur, qui le fait périr
avec Pison, déjà élevé à la dignité de César.

Après trois mois de règne, Othon est défait à son tour
près de Crémone par Vitellius, qui jouit de l'empire huit
mois.

La chute du Capitole et l'incendie du temple de Jupiter
arrivèrent sous Vitellius ! — Cf. les auteurs.

Un incendie dévore le temple de Jupiter ; les livres sibyl-

lins y sont brûlés. L'épouvante est générale dans l'empire et
gagne jusqu'aux chrétiens, qui, plus que jamais, attendent
la fin du monde. Cet événement effraie si fort le polythéisme,
qn'il y est fait allusion dans l'Apocalypse (XIII, 3) écrit sous
Trajan, plus de quarante ans après.

Mais les légions de Germanie et de Syrie ont proclamé
Vespasien, qui commence par s'assurer l'Égypte, et se prépare à passer en Italie.

En ce moment Apollonius de Tyane était en mission à
Alexandrie, entraînant tout le peuple par sa doctrine et ses
miracles. Le premier il salue Vespasien du nom d'Auguste,
et lui applique, ainsi qu'avait fait Josèphe, la légende messianique, rapportée par un historien latin (à vérifier) : *Judœæ
à profecti rerum potirentur.* — Apollonius part ensuite pour
l'Éthiopie!

Il était temps pour Rome de tomber en des mains vigou-
reuses. Dans le même temps, on apprend la révolte de Civi-
lis et de Salinus, le premier descendant des anciens rois bataves; le deuxième préfet des Gaules. En apparence, ils
n'agissaient que pour Vespasien qui. étant le plus éloigné,
laisse toute latitude à leur initiative. Au fond, ils ne songent
qu'à affranchir leur pays et à chasser les Romains. Enfin
Vespasien arrive, défait Vitellius à Crémone : alors l'insurrection gallo-batave finit, comme les précédentes, par la
perte des conjurés, et une aggravation de servitude. La
vieille nationalité gauloise est traînée au Capitole, dans la
personne de la druidesse Velléda.

70. Jérusalem désolée voit enfin arriver Titus. Faut-il
dire un ennemi ou un libérateur? Telle est la rage des partis, dans la ville, qu'on ne saurait dire. en présence du récit
de Josèphe, lequel valait le mieux pour Jérusalem, de rester
au pouvoir des insurgés, ou d'être prise par les Romains. La
quantité de juifs qui périt par des armes fratricides est in-
calculable. Ces hommes, qui disaient combattre pour la cause
de Dieu, se livrent à des actes de férocité et de sacrilège sans
exemple. Leur courage fut indomptable, sans doute, mais
tint de la brute plus que du guerrier. Ils ne se rendirent que
dans la mort. Titus fut obligé d'enlever successivement trois

enceintes de murailles, puis la forteresse Antonia, puis le temple, qui ne fut véritablement emporté que par le feu (10 décembre, incendie du temple). Une multitude fanatique, tous les prêtres, sont égorgés et brûlés avec l'édifice. Suivant Josèphe, la guerre de Judée fit périr par le fer des combats 1,337,490 personnes, sans compter une multitude innombrable, détruite par les maladies, la famine et le désespoir.

La prise de Jérusalem met fin à l'existence politique des juifs, bien plus, à leur nationalité. Nous les verrons sous Adrien tenter un dernier et impuissant effort, qui n'ajoutera rien à leur gloire, et à la pitié de la postérité. Maintenant Vespasien peut dire : Jupiter est Jupiter, et César est son Christ. Jéhovah est mort pour l'éternité. Désormais, il ne reste aux enfants d'Israël, en attendant qu'ils entrent dans la communion de l'humanité, qu'une consolation : c'est de dire avec les chrétiens que le Messie est venu, que les siens ne l'ont pas connu, et qu'il ne paraîtra qu'à la fin des siècles.

———

Question. — Eût-il mieux valu, pour le progrès de la civilisation et de la liberté, que la Judée fût victorieuse dans la lutte, et le Césarisme abattu ?

En un mot, la défaite des juifs a-t-elle été un malheur ou un bien, un progrès ou un retard pour l'humanité ?

Réponse. — Pour peu qu'on juge les faits d'une raison impartiale, on restera convaincu, pensons-nous, que la vérité, le progrès, les mœurs, la société, n'avaient rien à gagner d'un côté plus que de l'autre. Sans doute le jéhovisme, qui donnait tant de vitalité à la race juive, valait mieux que le polythéisme gréco-latin ; mais déjà lui-même ne suffisait plus ; la formation spontanée, depuis plus d'un siècle, des écoles gnostiques et kabbalistiques, du Christianisme et du néopythagorisme, le prouve surabondamment. Sans doute

encore, la corruption césarienne était affreuse : mais la conquête messianique, pour laquelle combattaient les juifs,
eût-elle offert au monde plus d'avantages? Les Tibère, les
Caligula, les Néron furent des monstres : mais qu'eussent
été, à leur place, les Jean de Giscala, les Simon Gibras, les
Éléazar, tous ces tigres sans génie, sans patriotisme, sans
nul amour de l'humanité, sans respect des libertés nationales?... Supposons, pour un instant, les Romains vaincus,
la Judée triomphante : qu'arrive-t-il? La Gaule et l'Espagne,
la Macédoine et l'Afrique se soulèvent ; la Grèce et l'Asie Mineure suivront, s'il leur reste encore assez de souffle pour
courir aux armes.

Les barbares entrent de toutes parts dans l'empire ; le tu-
multe est au comble : la Judée, qui a pu vaincre par le concours de toutes les nations soulevées avec elle, est impuissante à les coordonner : il y aurait contradiction à ce qu'elle
eût abattu César au nom de la liberté, pour substituer ensuite
son propre despotisme au despotisme de César. Une anarchie
générale, pareille à celle qui mit l'empire en danger vers le
milieu du iiiᵉ siècle, soulève les provinces les unes contre
les autres ; partout surgissent des empereurs, des rois, des
messies, des tyrans, jusqu'à ce que la loi des armes ramène
une domination qui recompose en tout ou en partie, comme
Dioclétien, Maximien, etc., l'empire disloqué. Dans cette
hypothèse, comme dans l'autre, le mouvement religieux et
social poursuit son cours : car les hasards de la guerre peuvent bien modifier et changer la condition politique des peuples ; ils ne peuvent rien sur les idées.

L'humanité, engagée dans une impasse, ne pouvait se sauver par la passion et la force : il n'y avait de ressource que
dans le travail libre des intelligences. Aussi, après avoir
donné des regrets à ces millions d'innocentes victimes, après
avoir applaudi à la vertu patriotique des juifs, après avoir
maudit le fanatisme et la tyrannie, dont le concours fatal
amena la destruction d'un peuple, on se dit avec tristesse :
non, la liberté et le progrès du monde n'étaient pas avec les
juifs ; et puisqu'ils ne pouvaient, pour le salut du monde,
rien de plus que Rome elle-même, mieux eût valu qu'ils se

soumissent en attendant des temps plus heureux. Qui sait ce qu'eût produit cette forte race lorsque l'empire, déjà à moitié ruiné, eut à se défendre encore contre l'invasion musulmane? Le fanatisme insensé des zélateurs a tué la Judée et compromis la civilisation du monde.

———

DEUXIÈME PÉRIODE

DE 71 A 193 APRÈS JÉSUS-CHRIST

Elle embrasse : 1° l'apogée du Césarisme ; 2° la naissance de la théologie, par la gnose, et de la hiérarchie épiscopale.

La période qui s'ouvre à la prise de Jérusalem est tout à la fois le plus mauvais temps du Christianisme, dont toute la gloire se réfugie dans une élite de quelques penseurs, et le plus brillant du Césarisme. La vie faiblissant d'un côté semble renaître de l'autre. La série des empereurs, Vespasien, Tite, Domitien, Nerva, Trajan, Adrien, Antonin, Marc-Aurèle et Commode, marque l'exaltation de la puissance romaine et la dépression du mouvement révolutionnaire. Un instant, on pourrait croire que la réforme peut s'opérer par les empereurs, et que le Christianisme va s'éteindre. Le mouvement inverse commencera après Commode.

Beau temps du Césarisme.

Les honnêtes gens à la place des scélérats. Grande leçon ! Des honnêtes gens ne sont pas un organisme, une institution, la liberté, la justice !...

L'empire est un ordre faux, qui ne peut ainsi subsister. Pas de garantie, pas d'organisme.

Toutefois, une chose arrivera : avec les Antonins, le Césarisme achève de s'implanter.

Résumons ici les motifs de conversion et les points de transition du polythéisme conservateur au Christianisme révolutionnaire.

1° Simplicité de la doctrine primitive et petit nombre de ses dogmes; — commune à tous les sages de l'antiquité.

2° Négation du despotisme romain, césarien et messianique; — commune à toutes les provinces.

3° Négation de l'esclavage et de la conquête; — sentiment commun à tous les peuples.

4° Négation de l'aristocratie ou du patriciat; — vulgarisée depuis les Gracques.

5° La morale,
6° Le monothéisme,
7° L'immortalité de l'âme, } ou le pneumatisme commun aux hommes de tous les cultes; — c'est-à-dire application à la société de principes restés jusque-là dans le domaine de la spéculation.

8° Le platonisme; — partout répandu.

9° Le fusionnisme; — commun aux spéculateurs de toutes les religions.

10° Unité humanitaire; — formule qui résume tous les motifs précédents.

Après avoir montré ces points de transition, montrer la nécessité du mouvement dans cette direction, d'après les faits bien constatés :

Il est de LOI que deux principes ne peuvent agir l'un sur l'autre sans s'altérer réciproquement. (Cf. page 205.)

Excitation constante du Césarisme ou prétorianisme, par sa tyrannie, ses débauches, ses crimes, ses spoliations, etc. — Cette excitation, peu ou point remarquée, agit comme cause permanente, comme impulsion, force motrice, plastique et directrice.

D'abord, le Christianisme est une négation pure : — messianisme du Galiléen.

Puis, il devient l'antithèse du Césarisme : — communisme primitif, millénarisme.

Ensuite, il est concurrent; la société épiscopale, concurrente à la société civile et prétorienne; mais déjà présentant plusieurs ressemblances, corrélations et analogies.

Plus tard encore, fin du IIIe siècle, le Christianisme épiscopal est en mesure de se faire accepter par les Césars, et de remplacer le parti des philosophes, des hommes d'État et des soldats, toutes les antiques traditions.

Alors, l'alliance se confirme, et l'épiscopat copie en tout l'empire, dans sa centralisation, son unité de loi, sa discipline, son gouvernement, et tend manifestement à se résoudre, comme l'ancienne aristocratie romaine, en monarchie ou papauté.

Du reste, mêmes dispositions anémiques dans la vieille société et dans la nouvelle; mêmes vices et mêmes vertus; même épicurisme et même stoïcisme; même rage de jouissance, et même mépris du bien-être et de la mort.

La logique du mouvement césarien est facile à saisir et n'a pas été plus remarquée, et elle produit aussi parallèlement celle du Christianisme. (Cf. f° 55, verso.)

1° Le conquérant ou le fondateur ; — J. César.

2° Le politique adroit, souple, hypocrite, *clément, honnête* et déjà réactionnaire au soldat et à la plèbe; — Octave.

Puis, la tyrannie ayant acquis une force suffisante, 45 av. 14 ap. — 59 ans, le César devient plus machiavélique, plus rude, plus noir, plus perfide, plus impitoyable ; — C'est Tibère.

4° La tyrannie consolidée, ne redoutant plus rien, JOUIT; — Caligula, Claude ou plutôt Messaline, Néron, Othon, Vitellius. — Galba proteste trop tôt au nom de la vertu; il est écrasé. — Orgie et dissolution.

5° Néron est allé trop vite; révolte générale. — L'empire en péril apprend aux Césars que leur tâche est plus ardue qu'ils ne croient et qu'il faut prendre au sérieux leurs fonctions : — Période des administrateurs; — de Nerva, 96, à la mort de Pertinax, 193. — Cet intervalle est coupé par Domitien et Commode, sous lesquels le Césarisme se donne du *bon temps.*

6° Le prétorianisme sort alors du Césarisme; Sévère en donne la raison. Sans la plèbe et sans le soldat, le Césarisme n'avait pas de raison d'existence :

Cf. — Confiscations d'Auguste en 42 av., et distributions;

organisation de la solde et de la retraite prétoriennes; mécontentements sous Tibère.

Le *donativum* sous Claude, devenu un droit sous les Antonins. — Heeren leur reproche de ne l'avoir pas aboli : c'é-le prix de la pourpre et la condition de l'adoption.

7° Le prétorianisme s'épuise bientôt lui-même, par ses abus, ses mécomptes, ses guerres civiles, son opposition à toute réforme civile, et à toute équité : de Septime-Sévère, à Dioclétien persécuteur, 193-303, les empereurs ne sont tous que la conséquence du principe prétorien.

Or le mouvement parallélique du Christianisme est tout à fait similaire, et presque adéquat :

1° Le fondateur : — Jésus le Galiléen.

2° Les politiques : — Paul, Barnabé, le Concile de Jérusalem; déjà les *accommodements* et *adoucissements*.

3° Les politiques plus hardis, c'est-à-dire les supplantateurs du judaïsme et du pontificat d'Aaron, double défection au principe chrétien ; — le Christianisme se fait religion et sacerdoce; comme le Césarisme sous Tibère se fait droit divin et dynastie; (de Clément pape, et les auteurs des épîtres aux Hébreux, Barnabé, etc., à ...) — Sous eux Jésus devient Dieu, comme les Césars.

4° Le Christianisme tombe dans le sensualisme ; rêves lubriques du messianisme, les agapes.

5° Il soulève contre lui les païens, les philosophes, les hommes d'État : *Celse, Lucien, Crescent*, etc., dénoncent les orgies chrétiennes ; — alors réaction contre lui; constitution de l'épiscopat, administrateur, justicier, prêcheur, dogmatiseur, etc.

6° Anarchie épiscopale, et protestation de la plèbe, qui revendique ses droits. — Les évêques dépendant du peuple par l'élection, mais omnipotents par la délégation;

7° Après la persécution de 303-313, l'épiscopat ayant fait alliance avec César, l'influence populaire s'arrête peu à peu, et l'épiscopat s'affranchit d'elle comme le Césarisme du soldat.

Les faits démontrent la réalité de ce parallélisme des deux mouvements : — La raison prouve qu'il était inévitable. —

Les hommes n'agissent qu'en vertu de leurs idées; et ils ne reçoivent leurs idées que de l'expérience, soit qu'ils la combattent, soit qu'ils y adhèrent.

C'est ainsi que ni le Christianisme ni le Césarisme ne peuvent être compris, et l'histoire romaine, de César à Augustule, est incomplète et fausse, si l'on sépare l'Église de l'empire; si, en rapportant les causes, on ne fait voir la correspondance des effets, et *vice versa*.

Rien que d'humain, d'empirique, en tout cela : c'est la partie la plus curieuse des annales de l'humanité, et la moins comprise.

Le mouvement chrétien réagit à son tour sur le mouvement césarien :

Ainsi, les tentatives de réforme religieuse et morale de S. Sévère, de Julia Domna, de Décius, de Valérien, de Tacite, de Claude, et antérieurement de Marc-Aurèle ;

Ainsi, les débauches, quasignostiques, d'Héliogabale ;

Ainsi, le tolérantisme dévot d'Alexandre ; celui plus prudent de Philippe ;

Ainsi, la réaction de Julien ;

Ainsi, l'esprit si *anti-prétorien* de Tacite, de Probus, etc.

Tout cela provient de la réaction chrétienne, exercée sur la société générale, et par suite sur la politique des Césars.

Non seulement, tout ce qui se produit a une cause; mais tout ce qui se produit devient cause, à moins qu'il ne se produise dans le vide, ce qui est absurde...

Important. C'est le fait le plus considérable de l'histoire de l'Église et de l'empire. A bien marquer.

Il est de LOI, dans la nature et la société, que deux principes agissant l'un sur l'autre s'altèrent réciproquement.

De là, à mesure que le Christianisme agit et se propage, pénètre le monde romain, l'espèce de décadence continue qu'il subit, jusqu'à ce que les deux éléments soient complètement mélangés, et en équilibre.

Ce mouvement rend *à priori* raison de la transformation chrétienne, tant dans les mœurs que dans les idées, et l'or-

ganisation qui se manifeste aussitôt depuis les apôtres jusqu'à Augustin, dernier terme de la *décadence* chrétienne.

— Augustin, adversaire de la *liberté*, ennemi des dona-
tistes et circoncellions, théoricien de la papauté.

— Par là s'expliquent, *à priori :*

Le mouvement gnostique, — qui crée le dogme;

Les agapes, et débauches communautaires, qui provo-
quent l'opposition au millénarisme;

Les empiètements de l'épiscopat, qui crée la hiérarchie;

Le mouvement arien, dernière expression de la gnose et
du Christianisme primitif.

Quand le Césarisme se fait officiellement chrétien, le
Christianisme est devenu lui-même césarien;

Il ne reste de son énergie primitive, et de l'IDÉAL qu'il
avait posé, que les *moines* et *cénobites*, c'est-à-dire qu'il est
devenu un MYTHE.

— Peut-on dire que nous savons l'histoire?

2ᵉ SECTION. — DE 71 A 193

L'empire, lors de la guerre de Judée, et de la commotion
qui l'accompagna, avait été blessé à mort, dit l'Apocalypse,
quasi occisum in mortem...; — la victoire de Titus le releva,
et plaga mortis curata est.

La force allait donc s'augmenter encore : toutefois, la leçon devait porter ses fruits. Le Césarisme sent qu'il n'existe
plus seulement pour dévorer, qu'il lui faut encore adminis-
trer, gouverner et défendre. La jouissance romaine est confirmée, et va se poursuivre sans nulle réclamation, sans
obstacle. La protestation sociale des peuples expire sous le
char triomphal de Titus : mais il faut mettre plus d'ordre
dans l'exploitation, faire valoir, en bon patricien, le domaine
romain, et tirer de la servitude de tous, sans détruire les
races, tout ce qu'elle peut rendre. Le désordre des *services* a
amené l'insurrection, il faut la réprimer.

Une longue période de prospérité commence pour le Césarisme, et se soutient avec de faibles oscillations, jusqu'à la mort de Commode, pendant un laps de cent vingt-deux ans. Pendant tout ce temps, Rome jouit sur le monde d'une autorité incontestée. Les empereurs se succèdent sans trouble : quant à l'extérieur, les luttes que soutiennent les généraux romains contre les barbares n'affectent pas plus la sécurité générale, que les razzias exercées par nos généraux sur les tribus de l'Atlas n'exercent d'influence sur la Bourse de Paris.

La révolution est-elle donc vaincue? Va-t-elle suspendre son cours, changer d'allure ou de drapeau? Que deviendra le Christianisme, frappé du même coup que le judaïsme, et qui, attendant toujours l'arrivée du fils de l'homme, voit fuir les armées et les générations, la gloire des Césars monter jusqu'au ciel, et ses espérances s'évanouir?...

Si jamais une révolution dut paraître anéantie, écrasée, confondue, ce fut à coup sûr le Christianisme, après la victoire de Titus. Aussi allons-nous voir son action se ralentir, la propagande se modérer, l'élément social se dissimuler, la démocratie primitive s'effacer : à peine jeté dans le monde, le Christianisme entrer en pleine décadence. Le plus faible effort, de la part des empereurs, suffirait à l'absorber, c'est-à-dire à l'éteindre...

Qu'est-ce donc qui fit le salut du Christianisme?

En quoi consiste la faute des empereurs?

La période que nous allons parcourir va nous l'expliquer.

Le Christianisme, chassé de sa patrie, avec le judaïsme, éclipsé par la gloire des Césars, démenti par les événements; désavoué, renié par ses apôtres qui n'osent répéter les harangues de leur Christ; relégué parmi les derniers de la multitude, qui se livrent à toutes les aberrations du communisme; le Christianisme trouve son salut dans le génie de quelques esprits spéculatifs; il se met à se raisonner lui-même : en un mot, il se fait théorie, système. — C'est la GNOSE.

La Gnose a été le salut du Christianisme...

Qu'eussent donc dû faire les Césars? Poursuivre les chefs

d'école? Non : aller au-devant de la conscience populaire, qui sollicitait un enseignement supérieur; en un mot, se mettre à l'œuvre de rénovation qu'essaya, mais trop tard, Julien. Sans doute, c'était, au fond, reconnaître la légitimité de la réforme chrétienne : mais ce n'est qu'à de telles conditions que se soutiennent les aristocraties et les despotismes : à la condition de s'amoindrir continuellement par des concessions volontaires...

Or, c'est à quoi ne songèrent point, ou pas assez, ou trop tard, les empereurs.

La cause du mal subsistant donc, toujours, à savoir, l'usufruit des nations par le peuple romain, manifesté en César, mais avec un degré d'énergie, une intensité, une sécurité, une apparence de légitimité, qui ne laissaient aux opprimés que le désespoir : le Christianisme, c'est à-dire la protestation, demeurée jusqu'alors à l'état de sentiment, d'aspiration, apprend à se poser en face d'une oppression devenue systématique, systématiquement. Il se fait peu à peu, par l'élaboration de son principe et la réformation des communautés, doctrine et organisme, *idée* et *chose*.

Jusque-là il avait existé comme *foi, espérance, charité*, symbolique et désir; il avait agité les cœurs, frappé comme l'éclair les intelligences; il ne disait rien à l'entendement, il ne se posait pas dans la réalité. Il était en puissance du devenir; véritablement, il n'était pas.

C'est à cette création du Christianisme, et comme spéculation, et comme institution, que nous allons assister...

Le mouvement chrétien, dans son fondateur, est éminemment social et démocratique, anti-sacerdotal, anti-hiérarchique.

Ce caractère dut produire tous les effets des partis populaires. Les chefs, ceux qui impriment l'élan, sont d'abord suivis : ceux-là, usés ou morts, ont pour successeurs des médiocrités. La médiocrité est inséparable de la démocratie, il faut qu'elle ait son tour : il faut qu'après Sieyès, Mirabeau, la Gironde et Danton, vienne Robespierre. Après Pierre, Paul, Jacques et Jean, c'est le règne des inconnus. Ils tiennent les sociétés chrétiennes; ils sont évêques, tribuns, diacres : ils se font puritains, conservateurs, exclusifs, intolérants, stationnaires : ils tiennent à distance les capacités, les calomnient, les excommunient. C'est l'épuration jacobinique.

Le gnosticisme eut pour *cause éloignée* le mouvement général du fusionnisme commencé depuis plusieurs siècles ; — pour cause *immédiate*, la prédication apostolique elle-même.

Le gnosticisme est essentiellement chrétien : il est le Christianisme cherchant à rendre raison de lui-même, et travaillant à se poser dans la spéculation comme dans la morale, essayant sa théologie.

Où est la doctrine ? Où sont les principes ? La génération de l'idée chrétienne, où est-elle ? La signification véritable de sa formule, quelle est-elle ?

Rien de tout cela n'était donné ; et c'est ce que cherchèrent les *gnostiques.*

Le Christianisme, à partir de la mort des apôtres 68-71, vit surtout, comme idée, de la gnose. Sa gloire est là. C'est la gnose qui l'agite, qui le presse, qui le pousse, qui lui imprime l'élan, qui le passionne, qui le chante, qui le systématise, qui le fait théologie, poésie, esthétique, théologie et socialisme.

[Noter la grande hypocrisie chrétienne, c'est-à-dire la corruption de la morale du Galiléen et de ses apôtres : les observances à la place de la vertu, tours de force ascétiques, les vanités pythagoriques et monacales substituées à la grandeur d'âme et à l'amour du prochain.

Critique judicieuse à faire après Gibbon : mortifications, jeûnes, abstinences, ascétisme, etc., etc. — Puérilités qu'on n'ose plus soutenir ! mais qui trouvaient leur raison d'existence dans la réaction que leur imposaient les débauches impériales.]

71. *Réaction du Césarisme sur les provinces.* — Les derniers soldats du messianisme juif, commandés par Éléazar, fils de Juda le Galiléen, sont exterminés jusqu'au dernier, avec leurs femmes et leurs enfants, dans la forteresse de Masada, à l'orient du Jourdain ; — son dernier monument, l'Oniou, bâti près d'Alexandrie par Onias, 230 ans avant J. C., est détruit. La politique romaine ne laisse aux juifs ni temple, ni autel : point de monument à son Dieu, pas même la pierre de Jacob. Des mesures nombreuses de répression sont prises contre ce malheureux peuple, dans lequel sont confondus les chrétiens, forcés, comme leurs adversaires, de payer tribut au dieu du Capitole.

[Après la ruine de Jérusalem, l'Église apostolique, dirigée par des juifs convertis, ou nazaréens, se retire à Pella : elle se sépare de plus en plus des gentils que Paul a autorisés à rejeter le fardeau de la loi mosaïque.]

Quelle va être maintenant la conduite des chrétiens ?

Quelques écrits sans date, mais dans lesquels il est facile de reconnaître l'inspiration des circonstances vont nous l'apprendre : ce sont : l'*épître aux Hébreux*, l'*épître de Barnabé*, la *deuxième épître de Pierre*, le *quatrième livre d'Esdras*.

L'épître aux Hébreux, attribuée à Paul, mais insérée fort tard dans le Canon sous le nom de cet apôtre, est pleine d'allusions à la guerre des juifs, à la ruine du temple, à la destruction de la ville, à la cessation du pontificat, etc... Elle ne peut s'expliquer, se comprendre, elle n'a de sens qu'à ce point de vue. La nation de laquelle devait sortir le Messie est dissoute ; le culte de Jéhovah, aboli ; les plus sages des juifs, l'historien Josèphe, par exemple, ne croient plus au Messie, ou n'hésitent point à le reconnaître en la personne de Vespasien ; dans cette situation, quelle doit être la pensée de l'israélite ? Que doit-il croire de la loi de Moïse, de la foi judaïque, des promesses faites à Abraham ? — Telles sont les questions que traite l'auteur, qui, s'il ne peut pas évidemment être Paul, est du moins inspiré de son esprit, tellement plein de ses discours, peut-être muni de ses notes, qu'il n'hésite point à parler en son nom, comme si la lettre eût été minutée quatre ans auparavant.

Comme on le devine, il montre que la loi juive n'a été que la préparation à la foi chrétienne ; le pontificat d'Aaron, le symbole du pontificat de Jésus ; il s'efforce de prouver, par une dissertation savante, appropriée à l'esprit des destinataires, sur la nature et le caractère du Messie, sur son immanence dans la race d'Abraham (cf. 101 av. et 15 ap.), sur la résistance perpétuelle du peuple hébreu à sa vocation, sur

le pontificat mystique de Jésus, qui est venu déchirer le
voile du sanctuaire, et une foule d'arguments purement
juifs, que le Christianisme est la continuation providentielle
du judaïsme, que le devoir de tout israélite est d'embrasser
la loi nouvelle, à moins de se rendre coupable de la même
prévarication que ses pères. Il finit par des consolations, et
recommande la charité, le respect de la famille, et la méfiance des fausses doctrines...

« Mais, dit Orobio, cité par Gibbon, si l'Être éternel avait
eu dessein d'abolir ces rites sacrés qui ont servi à distinguer
son peuple choisi, le second acte de sa volonté aurait été
annoncé d'une manière aussi claire et aussi solennelle que
le premier. La religion de Moïse, au lieu de ces déclarations
fréquentes qui en supposent ou en affirment la perpétuité,
aurait été représentée comme un plan providentiel, destiné
à subsister jusqu'à ce que le Messie fût venu montrer aux
hommes une forme plus parfaite de foi et de culte.

[La théorie de l'épître aux Hébreux est insoutenable,
assurément, mais l'histoire et les événements la faisaient
vraie; elle le devenait d'autant plus qu'on s'éloignait davantage de l'antiquité.]

Cet esprit plein de ménagements, de précautions oratoires,
est plutôt, si on se reporte au temps, un appel qu'une leçon.
Mais il acquiert une haute importance, parce qu'il marque
une tendance toute nouvelle chez les chrétiens, et qu'il
vient donner une apparence d'utilité et d'opportunité à la
théorie de Paul sur la foi. Jusqu'à l'an 70, en effet, le Christianisme se posait antagoniquement au judaïsme : celui-ci
mort, par la destruction de la nationalité, le Christianisme
s'empare de la succession ; il accepte le judaïsme pour père ;
il se fait toute une cosmogonie avec les livres hébreux ; en
un mot, il devient, non plus négateur vis-à-vis de la religion de Jéhovah, mais *continuateur!*

L'*épître de Barnabé* est adressée, comme la précédente,
aux mêmes Hébreux. C'est une reprise des arguments de
Paul, dans laquelle l'écrivain combat les scrupules des
juifs à l'endroit de la circoncision et des cérémonies mo-
saïques, etc. On y remarque un choix de maximes, dans la

manière des livres moraux de l'Ancien Testament; quelques opinions qui ont servi aux modernes orthodoxes pour attaquer l'authenticité de l'épître, comme, par exemple, que le monde doit finir après une évolution de six mille ans; qu'il y a deux voies, celle de la lumière, gardée par les bons anges, et celle des ténèbres, à laquelle président les mauvais, ce qui indiquerait une influence zoroastrienne ou alexandrine, comme si ces idées ne se trouvaient pas alors partout! — Un critique, Ulmann, croit que cette épître est du même auteur que celle aux Hébreux, ce qui importe fort peu à l'intelligence de l'histoire.

La supposition de la *seconde épître de Pierre* est facile à constater par la différence de style, le soin que prend l'auteur d'expliquer pourquoi il écrit de *nouveau* (la première est de l'an 66 ou 67, quelque temps avant la mort de Pierre), pourquoi, après la ruine du temple, le monde ne finit pas; surtout par l'espèce d'absolution qu'il donne aux idées de Paul touchant la foi: idées, dit-il, dont quelques-uns abusaient sans les entendre. Elle n'est pas adressée, comme les deux précédentes, aux Hébreux, mais aux Chrétiens, à qui elle montre, par le châtiment que vient de subir la race juive, combien sont redoutables les jugements de Dieu. C'est sur le compte de l'incrédulité judaïque qu'il met la catastrophe qui abolit le temple et ruina la cité sainte, catastrophe qui, dans les temps où le Christianisme naissant était plein de respect encore pour la ville et le temple de Jéhovah, ne laissait pas de scandaliser fort les disciples.

Le 4e livre d'Esdras, cité dans l'épître de Barnabé, est un recueil d'exhortations, de légendes et de prédictions dont le narrateur et le héros est censé avoir été Zorobabel: le tout, dans le goût des prédictions attribuées à Daniel et de l'Apocalypse, a pour but d'exhorter les juifs à se convertir à la foi chrétienne.

Il importait de saisir dans ses monuments les plus authentiques, sinon quant à la signature des rédacteurs, au moins quant à leur époque, à leur objet et leur esprit, la pensée qui occupait l'Église chrétienne, à l'époque décisive de la lutte entre le Christianisme latin et le messianisme

oriental. Nous saisissons ici, dans le secret de son égoïsme,
l'esprit de secte. A peine la Judée a rendu le dernier soupir,
que l'Église se porte son héritière : *le Christianisme conti-*
nuateur du judaïsme! Qui l'eût cru il y a deux mille ans?... Qu'en
diraient Paul et les Pères du concile de Jérusalem, s'ils reve-
naient?... Qu'en penserait Jésus, qui, s'il eût pu survivre
à sa crucifixion, aurait déjà vu son Évangile subir ces trois
grandes métaphores : 1° *Jésus est le Messie;* 2° *la foi est le*
principe de la justice et des bonnes œuvres; 3° *l'Église est*
l'héritière et la continuation de la Synagogue!...

O Paul! Paul, qui reprochais à Pierre de judaïser, c'es
toi qui as fait judaïser la chrétienté!...

[Ces quatre pièces signalent la première déviation du
Christianisme apostolique, essentiellement constitué à l'imitation de l'ancien prophétisme.

Tout cela révèle une passion sacerdotale, un intérêt de sa-
cristie, qui s'était tenu caché jusqu'alors, mais qui n'attendait que l'occasion de se faire jour.

Ces compositions eurent peu de succès auprès des juifs :
elles étaient plutôt de nature à enflammer leur haine pour
les chrétiens et consommer la scission.

Aucun de ces écrivains n'a la moindre connaissance des
Évangiles canoniques qui, du reste, ne pouvaient être rédigés, puisqu'ils font allusion à la ruine de Jérusalem.

Du reste, après Jérusalem prise, temps de terreur et de
silence dans la chrétienté, comme après la passion de Jésus
(29-35). Époque de ferveur, de piété, etc.]

72. La Comagène suit le sort de la Judée : elle est réduite en province romaine. — Les Alains ravagent la Médie
et l'Arménie. — Silius Italicus, poète.

73. Les philosophes sont de nouveau persécutés sous
Vespasien, prince d'ailleurs intelligent, actif, bon administrateur et d'une honorabilité passable dans sa vie privée.
Parmi les philosophes de ce temps, dont la mission marchait
de front, sinon de pair, avec celle des chrétiens, on remarque : Euphrate, de Tyr, d'abord ami, puis adversaire
d'Apollonius de Tyane, avec qui il avait d'ailleurs plus d'un
rapport; Démétrius le Cynique, Musonius, que Vespasien

laisse à Rome; Damis, Diogène le Jeune, etc. Plusieurs furent battus de verges et décapités. La politique des Césars, à l'égard des sectes, devient de jour en jour plus intolérante, et se révèle dans la sincérité de sa nature, grâce à la force immense qu'elle reçoit de la défaite de la Judée et de la victoire de Titus. — Plus estimable, d'ailleurs, en cela que le Christianisme, obligé de dissimuler son principe et de transiger sans cesse sur ses doctrines!...

— Valérius Flaccus, auteur de l'*Argonautique*.

74-75. L'Achaïe, la Syrie, Rhodes, Byzance, Samos, la Cilicie, qui jusque-là avaient été tantôt libres, tantôt assujetties, sont définitivement érigées en provinces. Rhodes devient la métropole des îles de la Méditerranée. Effet de la réaction césarienne contre le mouvement provincial écrasé en Palestine. Chassés de leur pays, les juifs se réfugient dans la Nubie, l'Espagne, à Cyrène et à Babylone, portant avec eux leurs écritures, leurs traditions, leurs thalmuds, leurs targums et leurs espérances. Une école célèbre s'établit à Jabné ou Jamnia, sous Johanan et Gamaliel, et entretient le feu sacré.

75. Dédicace du temple de la Paix, le plus grand de tous ceux de Rome : l'amphithéâtre et l'arc de Titus sont élevés. — Avec plus de raison encore qu'Auguste, Vespasien peut croire que l'empire est désormais inattaquable, et assis sur une base éternelle. C'est dans le temple de la Paix que sont placées les dépouilles de Jérusalem : là, se réunissaient les littérateurs et les artistes; les malades y viennent demander la guérison de leurs maladies et y envoient leurs *ex-voto*.

En mémoire des mêmes événements, on élève un colosse au Soleil, de 100 pieds de haut, près de Rome, dans la voie Sacrée.

76. Commencement de la composition du *Zohar*, ou livre de la lumière, le deuxième et le plus important monument de la Kabbale. (Cf. FRANK, la *Kabbale*.)

La transformation du judaïsme, commencée par Aristobule le péripatéticien (184), les auteurs des livres de l'*Ecclésiastique* et de la *Sagesse* (131-101 a.) Hillel et Schammaï (37 a.), Philon (15) et le *Sepher Jetzirah* (25), se poursuit par

Simon Ben Jochaï et son école. Qu'a-t-il manqué à ce mouvement pour devenir une religion nouvelle, fille légitime, héritière directe, et continuatrice authentique du mosaïsme? Une seule chose, c'est que le peuple, à qui elle était destinée, conservât une patrie, un territoire. La Kabbale, excluant ainsi le Christianisme, et l'excommuniant; le retranchant de la tradition de Jacob, celui-ci eût été forcé de se tourner de plus en plus vers la gentilité; le progrès et la civilisation y eussent gagné peut-être.

Analyse du Zohar.

Avant tout existe l'être primitif, *le vieux des jours*, concentré en lui-même, roi de lumière, éternel infini, en hébreu *En soph*. Il est *lui*; il n'a pas de nom; on ne saurait le connaître; c'est un œil fermé; c'est *l'absolu*.

L'univers est sa manifestation : elle s'accomplit, cette manifestation; en autres termes, l'univers se crée par l'évolution ou émanation graduelle des attributs de l'En soph, facultés de son être, et réalisation de sa pensée.

L'absolu, infini, En soph, se pose d'abord comme *pensée*, ou *moi ;* ce moi, que les kabbalistes nomment la *couronne*, produit parallèlement suivant les uns, déductivement suivant les autres, la *sagesse*, principe mâle, et l'*intelligence*, principe femelle, dont l'union engendre la science. Il y a là matière à plusieurs sortes de triades, selon la fantaisie du kabbaliste, métaphysicien ou philosophe. Au-dessous de la *couronne*, de la *sagesse* et de l'*intelligence*, vient une série d'attributs de moins en moins élevés en dignité : ce sont la *Miséricorde* ou la *Grandeur*, la *Justice* ou la *Force*, la *Beauté*, le *Triomphe*, la *Gloire*, la *Royauté* et le *Fondement*. La réunion de ces attributs divins, au nombre de dix, pour le chœur des *Séphiroth* (25 av.), tels qu'ils existent en Dieu, avant la création des êtres; ce sont eux qui deviennent les catégories de l'univers. L'ensemble de ces attributs, ou pour mieux dire de ces entités, considérés, non plus dans l'absolu, *En soph*, mais dans leur totalité diversifiée, constitue l'homme céleste ou typique, *Adam Kadmôn*, ou grand monde, à l'image duquel a été fait l'homme terrestre ou petit monde.

[Au-dessous des dix séphiroth, l'émanation se continue, mais en s'affaiblissant et perdant de sa pureté, jusqu'à se perdre dans l'empire des ténèbres, qui ne forme ainsi qu'une chaîne continue, avec la divinité.]

La nature est appelée par les kabbalistes une *bénédiction*. — Ils nient la création du néant; par la même raison ils nient aussi l'anéantissement d'aucune chose. Leur théorie, à cet égard, revient à celle d'Apollonius de Tyane et de Lucrèce : *De nihilo nihil, in nihilum nil posse reverti :* principe qu'on peut regarder comme celui de la chimie moderne. — Toute existence étant l'expression d'une idée divine, les kabbalistes déduisent de ce principe la croyance à un alphabet céleste, et les règles de la physiognomonie. Leur angélologie et leur démonologie sont une contrefaçon de celle des Perses.

Leur théorie de l'âme est plus curieuse : comme l'homme, petit monde, est fait à l'image de l'*Adam Kadmôn*, homme céleste, monde intelligible ou grand monde, et qu'il en reproduit la constitution ternaire et les attributs, les kabbalistes distinguent dans l'âme trois principes : 1° l'*esprit*, siège des idées; 2° l'*âme*, siège des attributs moraux, ou la conscience; 3° une âme grossière, *le fluide vital*, en rapport immédiat avec le corps. Enfin, pour concilier la liberté, la nécessité de l'expiation, etc., les kabbalistes admettent, en l'accommodant à leur style, le dogme pythagorique de la métempsycose. Après un certain nombre de migrations et d'épreuves, l'âme purifiée est réunie au créateur, dans le palais de l'amour.

Le système kabbalistique est donc *un panthéisme ;* ce système, ramené à ses principes logiques, n'est autre qu'une construction de catégories; dans son exposition littérale, il repose sur une interprétation tantôt allégorique, tantôt acrostiche, disparate de l'Écriture. Aux allégories kabbalistiques, aux personnifications d'attributs, aux entités hypostasiées, qu'imposait le langage sémitique, les modernes ont substitué les abstractions que fournissent les idiomes indo-germaniques; et ils ont cru découvrir une philosophie nouvelle. Ce que les anciens racontaient comme une généalogie, on l'a mis en déduction syllogistique pour ne pas dire en algèbre : cela paraît plus sérieux, plus scientifique, mais n'est ni plus profond ni plus réel.

77. Révolte des Parthes (?)...

78. Vespasien rétablit l'ordre dans l'administration et les finances; mais il n'en punit pas moins par l'exil et la mort les réclamations des amis de la liberté.

79. Les historiens font mention pour la première fois des Angles, Varins, Rugiens, Vandales, Bourguignons, Goths, Esthiens.

Une peste qui sévit à Rome enlève dix mille personnes par jour. Ce fait est un de ceux qui témoignent de l'insalubrité, de la misère et de la corruption du peuple-roi.

Fondation des écoles de Tibériade et de Lydda, par les rabbins, chassés de la Palestine.

78. Vespasien meurt, après avoir fait périr Sabinus, son compétiteur à l'empire (78), caché depuis neuf ans, et Éponine, son héroïque épouse. Depuis J. César, la raison d'État impériale ne connaît plus la clémence.

Titus est proclamé Auguste. Aussi féroce de tempérament que Domitien son frère, il parvient à se modérer, et à faire chérir son gouvernement. Après la prise de Jérusalem, Titus ayant refusé la couronne de la victoire, que lui offraient les soldats, Apollonius lui écrivit cette lettre laconique : « Puisque tu refuses d'être applaudi pour une victoire sanglante, je t'envoie la couronne de modération : tu sais maintenant à quelle sorte de mérite sont dues les couronnes. » Il est permis de douter que s'il se fût agi de la destruction du Panthéon, le chef des chrétiens eût montré la tolérance d'Apollonius.

Cette année eut lieu l'éruption du Vésuve, sous laquelle périt Pline, et où furent détruites Herculanum et Pompéi. — Publication de l'*Histoire naturelle*.

Tacite écrit sa *Germanie* et ses *Annales*.

79. Mort de Linus, premier évêque de Rome et successeur de Pierre; il est remplacé, selon les uns, par Clément, selon les autres par Anaclet. Il se pourrait, selon Fleury, que Clé-

ment eût été deux fois évêque, alors que la fonction n'avait
point conquis l'inamovibilité ; ce qui mettrait d'accord toutes
les chronologies et ébranlerait singulièrement l'autorité des
évêques et des papes.

79-85. Expédition d'Agricola, beau-père de Tacite, dans
la Grande-Bretagne. Il pénètre jusqu'en Écosse. L'empire,
victorieux en Orient, veut réprimer les barbares du Nord
et de l'Ouest, et se laisse aller toujours au péril des conquêtes.

80. Nous plaçons sous cette date, avec Lardner, contrai-
rement à l'opinion de Grotius, la 1ʳᵉ *Épître de Jean*. Indépendamment de la doctrine de Pierre, concernant les bonnes
œuvres, qu'elle reproduit et affirme, elle est dirigée spécialement contre les *dokètes* (52), dont les uns niaient que
Jésus fût le Christ, c'est-à-dire le *Logos* lui-même; les
autres que le Christ fût venu *en chair*, et soutenaient en conséquence, ou bien que Jésus n'avait eu qu'une communication du *Christos*, ou bien, s'il était le *Christos*, son existence
corporelle n'avait été qu'apparente. — Cette discussion de
théologie messianique suppose évidemment qu'avant la
prédication de Jésus, avant qu'on se fût avisé de le prendre
lui-même pour Messie, il régnait des opinions très diverses
sur la nature de ce Messie, les uns le faisant identique au
Logos et niant par conséquent son incarnation ; les autres
le prenant pour un homme inspiré du *Logos*; les troisièmes
enfin le considérant comme une allégorie. Lorsque ensuite
les disciples de Jésus eurent pris le parti d'affirmer la messianité de leur maître et de se dire chrétiens, la question
fut parmi eux, plus que jamais : A laquelle de ces notions
du Messie répondait Jésus? — Voici à cet égard la marche
qui semble avoir été suivie depuis Jésus inclusivement jusqu'à Jean, qui va nous donner à son tour son opinion :

1. Le Messie, en tant qu'homme, et probablement en tant
que Dieu, dit Jésus avec Hillel, est une *figure*.

2. Cette figure représente une doctrine, idée, parole;
Logos, Verbum, Evangelium.

3. Cette pensée, parole, qui est le Messie, n'est pas un homme, mais une émanation de la divinité.

4. Cette émanation s'est incorporée en Jésus, mais elle n'est pas Jésus; de la sorte, Jésus est double; il est scindé, *solutus;* l'homme, plus la parole, qui, conçue hypostatiquement, est le Christos ou le Messie.

Que dit là-dessus Jean?

Jean ne comprend absolument rien à toutes ces belles choses: sa lettre est d'un vieillard, de sens très commun, et dans lequel il est impossible de reconnaître l'*aigle* de la théologie. Il dit que Jésus existait très réellement et non point en apparence, à preuve qu'il l'a vu, entendu et touché : *Quod fuit ab initio, quod audivimus, quod vidimus, oculis nostris, quod perspessimus, et manus nostræ contrestaverunt!* En conséquence, il soutient et décide que Jésus est un homme, qu'il n'est pas double, qu'il est *fils de Dieu.* Or qu'entend-il par *fils de Dieu? Quiconque,* dit-il, *a l'amour est fils de Dieu : Omnis qui diligit ex Deo natus est!* (82) Pour le surplus, il déclare que l'antéchrist (Néron ou Vespasien) est arrivé, et il attend la fin du monde. Jean n'est évidemment plus à la hauteur : aussi les messianistes lui ont-ils rendu le service de glisser dans son épître une phrase exprimant le dogme de la Trinité : fraude pieuse et grossière, car l'apôtre Jean ne sut certainement jamais faire un signe de croix.

Quant à la morale, Jean enchérit encore sur la parole de Jacques et de Pierre (59, 66), et il maintient expressément que la foi, c'est la pureté et la charité; que quiconque ne se maintient pas pur et n'aime pas son prochain n'a pas la foi; que manquer à la charité, c'est manquer de foi; que ceux-là sont des antéchrists qui disent le contraire; que l'Évangile n'a en soi rien de nouveau, *non mandatum novum;* qu'il est très ancien; que pour le comprendre et l'interpréter, pas n'est besoin de docteurs; mais que le vrai apostolat, c'est d'aimer comme Jésus et de faire le bien. Pas un mot, du reste, sur les *fables* évangéliques; Jean est l'apôtre de la lumière et de l'amour : voilà tout!

— Un incendie consume le Panthéon, les temples d'Isis et Sérapis, et la bibliothèque d'Auguste.

— Achèvement du Colisée, commencé par Vespasien et médité par Auguste.

81. Titus meurt, non sans soupçon d'empoisonnement de la part de Domitien, son frère, qui prend aussitôt la pourpre, et continue, pendant quelques années, le système de modération de Titus. Il fait venir à Rome la druidesse Gama, qui avait succédé à Velléda.

81. Domitien augmente la paye des troupes d'un quart ; conséquemment celle des prétoriens dut être portée

$$
\begin{array}{r}
\text{à } 730 \\
182\ 1/4 \\
\hline
912
\end{array}
$$

Cf. *suprà* 4-6 ; elle fut portée ensuite à 1250 (*infrà* 213).

L'avènement de Domitien ne rencontra à Rome qu'une protestation, celle de L. Antonius, qui commandait en Germanie : comme Scribonianus (41), il est bientôt abandonné par les soldats.

81. Un faux Néron trouve crédit chez les Parthes, qui se servent de ce nom pour effrayer l'empire : tant il était encore populaire.

82. Avec l'argent de Domitien, les rois des Chérusques et des Semnons ressaisissent l'autorité sur leurs bandes et envoient des prisonniers à l'empereur. Il en prend occasion de se décerner le triomphe. Pourquoi non ?

— Apollonius de Tyane, accusé d'avoir conspiré contre l'empereur et sacrifié un enfant, est conduit devant Domitien. « Pourquoi, demande Domitien, vous appelle-t-on Dieu ? — Parce que, répond Apollonius, tout homme de bien mérite d'être honoré de ce nom. » — C'est précisément la définition que donne Jean (80) du mot *fils de Dieu*. — A qui avez-vous sacrifié cet enfant? (Le sacrifice d'un enfant était le crime banal que les idolâtres imputaient aux chrétiens.) — Si j'ai sacrifié, j'en ai mangé, réplique Apollonius ; que ceux qui l'ont vu disent ce qui en est. — Apollonius répond à la calomnie en prouvant que ce fait qu'on lui impute est impossible : la personne qui sacrifiait devait manger de la chose sacrifiée; or, en qualité de pythagoricien, Apollonius ne mangeait pas de chair; donc il ne sacrifiait pas d'animaux, à plus forte raison des enfants !...

Apollonius, dit la légende, disparut ensuite, passa de nouveau en Grèce, où il visita le temple de Jupiter Olympien, et descendit dans l'antre de Trophone, puis vint demeurer à Éphèse.

83. Troisième expulsion des philosophes : quelques-uns sont battus de verges et décapités; des Romains, suspects de philosophie, périssent du dernier supplice. Parmi les philosophes, quelques-uns quittèrent le manteau, d'autres se retirèrent en Espagne, en Libye et jusque chez les Scythes. Cet acharnement des empereurs contre la libre pensée nous semble venger suffisamment les philosophes des calomnies dirigées contre eux par Paul dans son épître aux Romains. A l'occasion de cette persécution, une dame romaine, Sulpitia, publie une satire contre Domitien. La satire, représentée par Perse et Juvénal, est la vraie littérature de cette société.

La persécution ne cesse de s'appesantir sur les juifs et les chrétiens. Elle était causée surtout par le refus qu'ils faisaient de contribuer à la taxe établie par Vespasien pour la reconstruction du Capitole (69-86). Domitien comme autrefois Hérode, fait rechercher la postérité de David. Suivant Eusèbe, qui cite Hégésippe, deux individus de la race royale sont amenés devant le procurateur de Judée. Ils s'avouent petits-fils de l'apôtre Jude, parent de Jésus et, comme celui-ci, descendants de David. Mais toute leur ambition, disent-ils, est de cultiver l'héritage paternel. On les renvoie avec pitié. Cette histoire ne serait-elle pas renouvelée de celle du jardinier Abdolonyme, descendant des anciens rois de Sidon, et qui, malgré lui, fut rétabli sur le trône de ses pères par Alexandre, au dire du romancier Quinte-Curce? En tout cas, nous y trouvons un témoignage précieux d'antimessianisme, puisé dans la tradition du Galiléen lui-même, et qui va directement contre le système d'Eusèbe et de tous les christicoles.

— Trois vestales, ayant violé leurs vœux, sont enterrées vives. — Que ne se procurait-on pour la garde du feu sacré des vierges chrétiennes ?

84. Défaite du Calédonien Galgacus par Agricola. Le général romain fait avec sa flotte le tour de la Grande-Bretagne et découvre de loin les côtes de Thulé (Islande).

— L'année suivante, Agricola, devenu redoutable à l'empereur, est rappelé.

84-85. Guerre contre les Cattes et les Chérusques : les Sarmates et les Suèves s'avancent jusqu'en Pannonie.

Deux armées romaines sont battues par les Daces et les Gètes.

Stace, poète épique, auteur de la *Thébaïde* et de l'*Achilléide*.

86. Révolte des Nasamones, en Afrique.

Établissement des jeux capitolins, à l'occasion de la dédicace du nouveau temple du Capitole. Il en coûte, seulement pour le dorer, 12,000 talents, environ 65 millions. (Cf. Martial, Plutarque, Suétone.) Établis par Domitien, ces jeux devront être célébrés tous les cinq ans. Cette multitude de fêtes imaginées par les empereurs pour occuper la plèbe faisait le tour du calendrier romain. — Elle était une conséquence de la victoire. Qui pourra croire que l'Église, l'antithèse du Césarisme, n'a su que les conserver en les imitant? Ce serait un travail curieux de comparer le calendrier ecclésiastique d'avant la Révolution avec le calendrier des Césars !...

87. Domitien se fait appeler Dieu de son vivant. Pourquoi non encore ? — Ce n'était qu'une anticipation de l'apothéose. — L'idée d'un Dieu *présent*, comme disait Virgile, parlant d'Auguste, était familière au peuple. Domitien ne faisait que la réaliser.

88. Domitien marche en personne contre les Daces, conclut la paix avec Décébale, roi de ces barbares, et revient à

Rome jouir du triomphe. — Une bonne paix vaut autant qu'une victoire. En principe, l'idée de Domitien pouvait passer pour un progrès. Toute la question était de savoir comment il l'appliquerait.

89. Clément, évêque de Rome, successeur d'Anaclet (selon l'opinion de plusieurs). C'est de lui qu'il est parlé à l'épître aux Philippiens.

Vers cette époque, il y eut du trouble dans l'Église de Corinthe, au sujet de la nomination des évêques. — Les mêmes débats paraissent s'être reproduits à Rome (79) et avoir amené divers changements dans l'épiscopat qui rendent la succession des premiers papes fort incertaine.

L'ambition, l'orgueil, est le premier vice qui se révèle en toute société.

La morale apostolique commence à faiblir. Sans doute, elle ne manque pas de prétexte : il fallait un *ordre*, une *direction* dans les communautés. L'évêque, étant *responsable*, fit valoir sa responsabilité pour augmenter son pouvoir. La durée de ses services lui devint un titre à l'inamovibilité, etc.

Le Christianisme, impuissant à réaliser son objet, se corrompt.

Quel était alors le gouvernement des communautés chrétiennes? « Il n'y en avait pas, » dit ingénument Matter, et la raison en est aussi simple que péremptoire, c'est que le principe de la révolution chrétienne était la communauté. Les temps primitifs de l'Église n'offrent, en effet, aucune trace de hiérarchie, pas plus que de théorie. De même que nous les avons vus généralement protester contre les spéculations théologiques, les fondateurs des Églises n'agitent point de questions gouvernementales et n'établissent aucune règle à cet égard ; les apôtres, eux-mêmes, envoyés pour enseigner, étaient sans la moindre autorité pour gouverner, et s'en défendirent toujours. Entre eux tous, nulle trace de dépendance, de subordination. L'idée même du commandement était réprouvée au nom du maître. Chacun considérait comme *siens* ceux qu'il avait baptisés, et eût trouvé mauvais que d'autres s'introduisissent dans leur troupeau. On peut voir à ce sujet les plaintes amères de Paul dans ses lettres aux Corinthiens.

Cependant comme on se réunissait, qu'on priait, qu'on mangeait en commun, qu'on recevait des aumônes, qu'il y avait une caisse, etc., qu'on entretenait des correspondances, il fallait bien pourvoir à l'administration des affaires de chaque compagnie. Les premiers fonctionnaires établis, et par les apôtres eux-mêmes, qui, de leur côté, s'en défendirent toujours, furent les frères SERVANTS, *diaconi*, dont nous avons fait *diacres*.

C'est par le titre le plus humble que commence en toute démocratie l'autorité ; le mot *dictateur*, au fond, ne signifie primitivement pas autre chose.

La confrérie devenant nombreuse et se composant de personnes de tout âge et de tout sexe, la direction se trouva dévolue, *ipso facto*, aux chefs de famille qui la composaient et qui y étaient entrés depuis le plus de temps : c'est ce que signifie le mot *presbyteri*, anciens, qui ne désigne pas précisément un rapport d'âge, mais d'ancienneté en religion, une sorte de grade corrélatif au *néophyte* et au *catéchiste*.

Aucune réunion d'hommes ne pouvant délibérer, agir, sans un bureau et un président, il y eut enfin un préposé ou surveillant, *episcopus*, essentiellement électif, amovible, et dont la puissance était toute de pourvoyance et d'exécution, le conseil et la direction supérieure restant de droit à la communauté. Saint Jérôme, se plaignant des empiétements de l'épiscopat, rappelle avec vivacité qu'autrefois *le prêtre était le même que l'évêque et que l'Église se gouvernait par la délibération en commun de tous les anciens.* Une autre preuve qui témoigne irréfragablement de cette anarchie, c'est que, pendant longtemps, toutes les fonctions de l'Église furent partagées par les femmes, en ce qui concernait le service du sexe : il y avait des *diaconesses*, ou sœurs servantes ; des *prêtresses*, ou sœurs anciennes ; des *épiscopesses*, ou sœurs surveillantes. Une seule prérogative paraît leur avoir été refusée, celle de porter la parole à l'assemblée ; encore n'est-il pas sûr que cette loi de discipline, établie par Paul, ait été observée dans les Églises fondées par les autres apôtres.

Ainsi, à l'origine du Christianisme, pendant tout le demi-siècle qui suit la mort du fondateur, et, en certains lieux, longtemps encore après, la hiérarchie est aussi nulle que le dogme, le rituel, au niveau de l'un et de l'autre. Tout ce qui s'est établi depuis, sous ce triple point de vue, n'est ni d'institution apostolique, ni de l'enseignement du prophète.

Les sociétés chrétiennes devenant de jour en jour plus considérables, et les fonctions de *diacre*, *prêtre*, *évêque*, plus importantes, le cours naturel des choses devait produire dans l'Église ce qui se voit partout dans la commune et dans l'État, c'est-à-dire que, par une série d'empiétements, la délégation épiscopale deviendrait peu à peu un titre de suprématie inamovible, en même temps que les autres fonctions se subordonnant, une hiérarchie se constituerait. En cela le Christianisme se donnait à lui-même un double démenti :

1° Il faisait voir qu'il n'était qu'une institution humaine, puisqu'il suivait les errements humains ;

2° Il abandonnait un principe d'égalité et de fraternité, hors duquel il n'avait plus de raison d'exister.

Si tel devait être le Christianisme, pensaient les fidèles, à quoi sert l'Évangile? Retournons à César. Nous verrons tout à l'heure ce que répondait à cela l'évêque de Rome, Clément (92).

90. Les Sicambres, depuis nommés les Francs, passent le Rhin et font une première invasion dans la Gaule ! — Les Marcomans remportent une victoire sur les Romains et leur imposent un tribut, exactement payé jusqu'en 98.

Domitien, par sa politique de concession, ne réussit qu'à rendre les barbares de plus en plus insolents (82, 84, 86, 90). Que l'empire avance ou qu'il recule, qu'il achète la paix à prix d'argent ou à prix d'hommes, c'est toujours la même chose !...

90-100. Mouvement général parmi les barbares.

91. Le roi des Daces, Décébale, est reconnu par Domitien.

Pacoras II, roi des Parthes; il embellit et fortifie Ctésiphon.

92. La vestale Maximilla est enterrée vive, pour infraction au vœu de chasteté. La fureur érotique des vestales, et la rage du peuple à les contraindre, forment un trait curieux de la débauche monstrueuse des Romains, et montrent la profondeur du décret apostolique (s'abstenir de *l'idolâtrie et de la fornication* (56). C'était la plaie, la très grande plaie, que tout le monde vivement sentait, mais que personne ne voulait cautériser sur soi-même, et dont on croyait conjurer les ravages par une espèce d'institution expiatoire, le vestalat.

93. Domitien forme le projet de faire arracher une partie des vignes. (Vérifier ce fait, et la cause ?)

— *Épître de Clément, évêque de Rome, aux Corinthiens.* [Ces épîtres entre évêques et Églises, nonobstant leur adresse spéciale était de vraies circulaires.] Elle porte pour suscription : « L'Église de Dieu qui est à Rome, à l'Église de Dieu qui est à Corinthe; » c'est un hommage que Clément rend au principe démocratique. Ni il ne parle pas en son nom, ni il n'invoque d'autorité : ce sont des conseils fraternels que la société chrétienne de Rome envoie à la société chrétienne de Corinthe.

Le rédacteur fait ensuite appel à l'humilité chrétienne ; il déplore l'ambition, l'orgueil, la personnalité, les jalousies qui affligent l'Église de Corinthe. C'est toujours ainsi que débute le despotisme. Après avoir passé en revue toutes les vertus chrétiennes dont il recommande la pratique, il vient à l'objet essentiel de sa communication : c'est un vrai manifeste contre la démocratie.

[Les querelles étaient causées par des individus, *doués du don de prophétie*, et qui contredisaient l'évêque, lequel n'en jouissait pas. L'abus de ce talent, la présomption des prophètes, leur orgueil, leur faux zèle, obligèrent rapidement l'Église primitive ou l'épiscopat à s'en défaire. Chez les Hébreux, le prophétisme avait duré plusieurs siècles, et n'avait fini qu'à la restauration. Chez les chrétiens, il ne durera pas cent ans. (Cf. Montan, 172.)

« Considérons ceux qui portent des armes sous nos princes, avec combien d'ordre et de soumission ils exécutent
leurs commandements.

« Tous ne sont pas préfets ni tribuns, ni centurions : mais
chacun en son rang exécute les ordres de l'empereur ou
des commandants. — Les grands ne peuvent être sans
les petits, ni les petits sans les grands. Il y a un mélange
et un usage en toutes chose. Prenons notre corps; la tête
sans les pieds n'est rien, ni les pieds sans la tête.... Mais
toutes les parties du corps conspirent et sont subordon-
nées à la conservation du tout. Que tout votre corps
se conserve donc en J.-C., et que chacun soit soumis à son
prochain, selon qu'il a été placé par sa grâce... » Suivent
ici de nouvelles recommandations de morale excellentes,
mais qui, entremêlées à la question, n'ont d'autre objet que
de la faire recevoir plus aisément.

Après avoir ainsi pris, dans la société civile et dans la nature, ses termes de comparaison, Clément continue, en s'auto
risant des prescriptions du mosaïsme :

« Le Seigneur, dit-il (le Dieu de Moïse), a ordonné d'accomplir dans les temps les oblations et les offices en des jours
et des heures certains; il a déterminé quand et par qui ce
service doit être fait; il y a des fonctions particulières au
souverain pontife; les sacrificateurs ont leur place réglée,
les lévites sont chargés du service qui leur est propre,
l'homme laïque est astreint aux préceptes qui lui conviennent,
et que chacun rende donc grâce à Dieu, en son rang...»

Ainsi le Christianisme se pose comme *continuateur* du
mosaïsme, son héritier, l'antagonisme ayant cessé par la
ruine de la nation; il n'est plus question d'élever autel
contre autel, rit contre rit (71); il n'y a plus qu'à reprendre
sur nouveaux frais, la tradition! Tout le mobilier liturgique,
hiérarchique, et sacramentaire, laissé par le pontificat d'Aaron, maintenant mort, et qui ne ressuscitera pas, l'épiscopat
chrétien s'en empare avidement : hier, les *anciens* et les *sur-
veillants* de l'Église n'étaient que les tribuns d'une révolution politique et sociale; demain, ils seront les chefs d'une

religion nouvelle, ils marcheront de pair avec les pontifes de
Cybèle et de Jupiter!...

Mais, objectent les Corinthiens, les apôtres ne nous ont
enseigné rien de semblable?... Vous vous trompez, répond
hardiment l'évêque : la hiérarchie existe dans l'Évangile
même.

A qui d'entre vous a parlé l'Être suprême? ne s'est-il pas
servi, pour vous instruire, du ministère de Jésus-Christ?
Jésus-Christ n'a-t-il pas, à son tour, transmis les pouvoirs à
ses apôtres? Et les apôtres, allant de ville en ville, n'ont-ils
pas imposé les mains aux *évêques* et aux *diacres* en leur
communiquant, pour l'instruction des autres fidèles, le Saint-
Esprit? Telle est l'argumentation de Clément, argumentation
suivie depuis par tous les docteurs, et qui, dans la bouche
d'un Bossuet, d'un Fénelon, à 1,600 ans de distance, pouvait
avoir une apparence de raison suffisante, mais qui, le lendemain de la mort des apôtres, adressée à des hommes dont
aucun n'était né dans la foi, et qui tous s'étaient convertis à
l'Évangile, précisément en haine de la hiérarchie sacerdotale et du système césarien, devait paraître un scandale et
une apostasie. Comment, parce que Jésus, reprenant la doctrine des prophètes, et se faisant l'organe de l'humanité
opprimée, le Christ des prolétaires (*ébionites*), avait prêché
au nom de Dieu, l'égalité et la fraternité ; parce qu'il avait
formé des missionnaires d'égalité et de fraternité, lesquels
en avaient formé d'autres à leur tour, on osait dire qu'il
avait institué une hiérarchie! On prenait la *communication*
de la parole pour un COMMANDEMENT, et le ministère révolutionnaire pour un titre à l'autorité!...

L'absurdité était par trop choquante, et toutes les subtilités,
les exemples de Clément ne pouvaient faire que ce qu'il demandait ne fût une nouveauté parmi les fidèles, une chose
sans exemple, sans précédent!... Mais l'avocat de l'autorité
ne s'effraie pas pour si peu : désormais il a le mosaïsme à
son service; et avec le mosaïsme, il ne lui est pas difficile
de convaincre ses contradicteurs.

« Non, dit-il, ce n'a pas été une nouveauté. Il y avait

longtemps que l'Écriture parlait d'évêques et de diacres, puisqu'elle dit quelque part : *J'établirai leurs évêques en justice, et leurs diacres en foi* (Isaïe, L. X, 17, d'après la version des 70)... Puis il recommence l'éloge de la concorde et de la charité ; et finit en les exhortant, par l'exemple des païens qui se sacrifiaient à la chose publique, au dévouement. C'est encore l'habitude de tous les despotes républicains, de réfuter ceux qui protestent contre leur tyrannie, en les accusant d'ambition, d'égoïsme, et de diviser le peuple.

[Clément pour soutenir sa thèse, ne cite pas les *Évangiles ;* c'est qu'alors ils n'étaient point rédigés, sans cela il y eût trouvé des passages décisifs : l'institution de Pierre, *Math.*, XVI, 18 ; et le titre du pasteur qu'il lui donne, Jean, XXI.

Il ne cite comme Évangile que la première aux Corinthiens.

— Sur la divinité de Jésus, la doctrine de Clément tient le large : Photius lui a reproché de n'avoir donné à Jésus que les qualités de *pontife, chef* et *seigneur*, comme a fait l'*Épître aux Hébreux.*]

Le premier fruit que tira l'Église chrétienne de sa succession au judaïsme fut donc de se constituer un sacerdoce à l'imitation de celui des Hébreux et de la centralisation romaine. De ce moment la réforme de Jésus et de ses apôtres commence à devenir un culte ; le Christianisme prit peu à peu une organisation ; il fut un État dans l'État, *imperium in imperio :* en même temps, il dépouilla peu à peu son caractère socialiste et anticésarien ; bien que, relativement au polythéisme, il conservât son caractère révolutionnaire.

Le parti décisif que prit de si bonne heure, l'évêque de Rome Clément, sur la question si grave de la hiérarchie, lui a fait attribuer d'autres écrits, composés dans des siècles postérieurs, tels que les *Récognitions*, les *Clémentines*, la *Constitution apostolique.* Lorque la discussion s'établit sérieusement parmi les chrétiens sur la hiérarchie, Clément fut cité comme une autorité décisive : il avait vu les apôtres, et son témoignage semblait faire loi.

93. Persécution contre les chrétiens et philosophes. Dion, Chrysostome et Épictète fuient.

— Observations astronomiques d'Agrippa. Occultation des Pléiades par la Lune.

94-96. L'apôtre Jean, le dernier survivant des apôtres, est exilé à Patmos. Ainsi que nous l'avons fait observer maintes fois, la même persécution frappe à la fois les mathématiciens, les philosophes, les mages, les druides, les chrétiens et les juifs. De quoi se vante l'Église? Le martyre lui a été commun avec tous ceux qu'elle traite d'hérétiques et d'antéchrist.

95. Domitien fait périr plusieurs personnages consulaires, entre autres Clémens, son cousin, mari de Domitilla, sa nièce. D'après la tradition chrétienne, Clémens et sa femme auraient souffert pour la foi. Suivant Dion, ils étaient accusés d'*athéisme* et de *mœurs judaïques*. Ce qui confirme. On a vu par les exemples des rois juifs, Agrippa, Antiochus, Bérénice, Hélène, reine d'Adiabène, plus tard Zénobie..., etc., la curiosité des grands personnages de cette époque pour les matières de religion. La curiosité théologique, c'est-à-dire la réflexion, s'éveille partout.

96. Domitien, le dernier des douze Césars, est tué, et remplacé par Nerva. On dit qu'au moment où s'accomplissait le tyrannicide, Apollonius de Tyane, qui haranguait le peuple d'Éphèse, s'interrompit tout à coup, les yeux hagards, en criant : *Frappe, Stéphanus, frappe le tyran!*... Ce fut le dernier acte du grand philosophe; il mourut à ce qu'on croit, l'année suivante, âgé de plus de cent ans.

L'empire est à la disposition des prétoriens, qui massacrent les meurtriers du tyran, et portent à l'empire Nerva. Celui-ci diminue les impôts, distribue des terres aux citoyens pauvres, s'efforce de ranimer l'agriculture et l'industrie, mais quoi! le travail est traité en vaincu ; le peuple romain ne veut pas travailler! *Celui qui ne veut pas travailler ne doit pas manger!* crient les chrétiens par la bouche de Paul.

La Chalcide et l'Yémen, conquise par Trajan, sont réunies à l'empire.

96. Hérode Atticus, Athénien, descendant de Cécrops, découvre un trésor immense dans sa maison, et en fait la déclaration à l'empereur, qui lui cède le tout. — C'est trop, dit Hérode, je ne saurais comment en user. — Abuses-en donc, dit Nerva!... C'était comprendre le droit de propriété.

Hérode devint le bienfaiteur de sa patrie et le précepteur de Marc-Aurèle; il fut élevé au consulat en 143.

97. Conspiration de Calpurnius Crassus, contre Nerva; celui-ci fait mieux que de poursuivre les conjurés, il adopte Trajan. Nerva renouvelle les ordonnances contre les sociétés secrètes et confréries, *sodalitia,* ce qui occasionne plusieurs martyres.

Le peuple commence à connaître les chrétiens, et se prononce avec énergie contre eux. Il haïssait autant le communisme relâché des uns que le rigorisme des autres; — il ne pouvait surtout souffrir cet appel au travail et à l'égalité, qui était la négation de Rome et de son empire.

97. Mort de Jean l'Évangéliste, à Éphèse, la même année qu'Apollonius.

Apollonius naît avec le Christ et meurt avec le dernier et le plus chéri de ses disciples. Après sa mort, les habitants de Tyane, sa patrie, lui élèvent un temple : son image est exposée dans une multitude de sanctuaires. Nul doute que les idées de ce philosophe n'aient vivement frappé les empereurs, que nous verrons fréquemment à la suite, s'efforcer de reprendre son œuvre, d'opérer la réforme des mœurs et la fusion des cultes, et de spiritualiser et la religion et le pouvoir.

Pendant longtemps l'influence du sage de Tyane se soutient, agit sur les chrétiens eux-mêmes, auxquels on l'oppose, et qui s'en alarment. (117, 211, 216, 225, 273, 296, etc.)

98. 27 janvier, mort de Nerva, après seize mois de règne. Trajan, Espagnol, le premier empereur d'origine étrangère.

Dès son début, le règne de Trajan s'annonce avec honneur et fermeté. Au nord, il refuse aux Marcomans le tribut qui leur était payé depuis 90, et se dispose à les attaquer. Au midi, les Romains pénètrent dans l'intérieur de l'Afrique, peut-être jusqu'au Niger; à l'orient, ils s'avancent jusqu'à la mer des Indes. Partout ils cherchent une frontière, et partout il ne trouvent que l'espace.

Les Bructères sont défaits par les Angrivariens, et fort affaiblis.

99. *Philosophie morale d'Épictète.* — Il naquit en Phrygie sous le règne de Néron, fut esclave d'Épaphrodite, affranchi de cet empereur. Sous Domitien, il quitta l'Italie avec les autres philosophes, et se retira à Épire. Il jouit depuis de la familiarité d'Adrien, mais resta toujours pauvre. Sa philosophie, empruntée au Portique, est toute morale, peu élevée, mais très pratique. Comme Apollonius, il recommande de s'en tenir à la religion de son pays, et prêche la tolérance. « Dieu est en moi, disait-il : je le porte partout; pourrais-je le souiller par des pensées obscènes, des actions injustes, d'infâmes désirs ? » — C'est la pensée qu'exprimait Paul, quand il disait dans son langage judaïque : « Mon corps est le temple du Christ ; ferais-je donc des membres du Christ les membres d'une prostituée ?... »

— « La mort en soi n'est point un mal, disait encore Épictète ; c'est l'opinion qu'on en a qui la rend affreuse. » Cette maxime, si chère aux stoïciens, nous semble pécher par sa généralité. La mort est un mal quand elle est prématurée ; mais pour l'homme vertueux, qui a su orner sa vie et qui *meurt plein de jours*, la mort n'est point un mal, elle est un bien : *C'est le soir d'un beau jour !* Épictète imitait la façon de vivre de Socrate, Zénon, Diogène ; son disciple Arrien a conservé ses pensées.

100. Les Lombards passent en Italie et forment un premier établissement en Toscane, avec la permission, bien entendu, de l'empereur. Ainsi se trahit la dissolution de la société romaine : elle n'a vaincu que pour se voir lentement mourir. La dépopulation est le fruit de la puissance tournée en débauche, de la grande propriété maintenue et caressée par les Césars, de la corruption de la plèbe et de l'oppression des travailleurs. Cet appel fait à des races neuves, a pour corrélation et symbole, la construction faite cette même année d'un temple à Mithra. On fait la guerre aux barbares, et on leur offre au cœur de l'empire des terres dont prolétaires et prétoriens ne se soucient pas. On proscrit les mages, et l'on invoque Mithra, Jupiter ne suffisant plus à la protection du Capitole.

— Révolution en Suède : Haldan Ier est détrôné par ses sujets, pour crime de despotisme et remplacé par son fils Sivard, qui promet de se mieux conduire. Étrange pays, où l'on détrône les rois, quand ils s'avisent d'être despotes!...

— Mort de Clément, évêque de Rome; Évariste lui succède.

100. Époque moyenne probable de la constitution du gouvernement épiscopal par toute la chrétienté.

Cette constitution consista en ce que l'un des prêtres, chargé des fonctions de président et surveillant, devint fonctionnaire *à vie*.

(Cf. 92) En 92, rien de semblable ; en 107. Ignace prêche l'épiscopat ; l'*Apocalypse*, en 103-117, dépeint des évêques assis sur des *thrônes*.

Au temps de Tertullien et Irénée, c'est une maxime que *nulla dies sine episcopo*. (Cf. *Moshein*, *Leclerc*, etc.)

100. *Fonctions des évêques*. — Dans l'Église primitive (Cf. 92,196,252), elles sont presque exclusivement spirituelles : administration des sacrements et discipline de l'Église, inspection et présidence des cérémonies religieuses ou maître de cérémonies; installation et consécration des employés inférieurs; prononciation des jugements, excommunication. Et au temporel : *administration* ad libitum *des fonds de la communauté, et décision des différends;* exécution de toutes les décisions que Paul conseillait de ne pas porter aux tribuns idolâtres.

L'ÉVÊQUE NE RENDAIT PAS DE COMPTES ! comme c'est édifiant! Entre saints, est-ce qu'on tient des écritures ? Est-ce qu'on rend des comptes? — Aussi le luxe, la volupté, les concussions, les extorsions, etc., ça a été le temps de la plus complète iniquité. (Voir *Constitutions apostoliques*, II, 35.)

Grandes aumônes. A l'exemple des juifs, l'aumône a été

une des vertus chrétiennes : *instrument de propagande, autant que de charité;* principe que réprouvent également la saine économie et les tendances du socialisme.

Jusqu'ici, comme on l'a vu par l'exemple de Clément, qui paraît avoir été dans sa vie deux fois pape, la nomination de l'évêque se faisait par le suffrage libre de la communauté entière, qui choisissait dans son sénat, ou presbytérat, dont tous les membres se regardèrent longtemps encore comme revêtus d'un caractère sacré : *Nonne et laïci sacerdotes sumus?* dit Tertullien. (*Exhort. ad contit.*)

SIÈCLE DES ANTONINS.

L'empire vit sa vie : pas de grands faits, pas de grands mouvements.

La révolution chrétienne s'est tue : le travail s'accomplit dans l'ombre, dans un milieu presque stationnaire. La propagande se poursuit silencieuse et timide, de proche en proche, d'homme à homme. Déjà Rome a préludé à l'organisation épiscopale; les chefs de communautés dûment avertis, excités par l'ambition, *gardent précieusement le dépôt,* comme dit Paul à Timothée, c'est-à-dire vont se faire conservateurs, ennemis de toute discussion, de toute nouveauté, moyen de s'assurer l'élection et la perpétuité épiscopales. La discussion recommencera tout à l'heure; mais trois générations se passeront, avant que l'épiscopat s'y mêle ostensiblement.

101. *Philosophie de Plutarque.*

Il parut à Rome, sur la fin du règne de Domitien, et fut protégé par Trajan.

Après avoir, dans ses *Vies* des hommes fameux, fait la leçon aux philosophes et aux princes, et représenté le calme de l'esprit et la médiocrité de fortune comme les plus sûres garanties de bonheur, il semble incliner au mysticisme, dans ses écrits sur Isis et Osiris, les oracles, le démon de Socrate, la nature de l'âme, etc.

Un siècle plus tard, Plutarque, contemporain d'Origène, entraîné par ses tendances, eût été chrétien. « A cette époque, dit Matter, les philosophes étaient amis du syncrétisme et rivalisaient de crédulité avec le vulgaire. Ils se croyaient d'autant meilleurs philosophes qu'ils réunissaient plus de doctrines, et avaient l'initiation à plus de mystères ! »

— Trajan franchit le Danube, et va combattre les Daces.

102. Trajan venge l'injure de l'empire, et triomphe de Décébale, qui implore la paix.

Trajan abolit le jugement de majesté, rétablit les *formes* de la république et les privilèges patriciens, rend les élections aux comices, la liberté des suffrages au sénat, et une ombre de son ancienne autorité. Par une sage administration, il diminue les impôts, construit des ports de mer, des ponts, des routes, des chaussées, des aqueducs, des écoles, des monuments de toute espèce. Trajan fait tout ce qu'il peut pour être bon prince, libéral, tolérant, économe; il eût mérité les éloges de cette secte pour qui tout est dans les travaux publics, la modération des taxes, l'équilibre du budget, les encouragements à l'agriculture et au commerce. Ni lui cependant, ni ses trois illustres successeurs, ne purent acclimater le despotisme dans l'humanité; les nations y laissèrent la gloire et la vie. Qu'y avait-il donc?... Mieux vaut encore pour la société et la civilisation les luttes de la liberté que la paix du despotisme.

103. *Florus*, historien.

103.— Pline le Jeune, gouverneur de Bithynie, demande à Trajan des instructions au sujet des chrétiens.

Le progrès de la misanthropie chrétienne était tel qu'il sautait aux yeux. C'était la conséquence du refus de participer à ce qu'on appelait l'idolâtrie !

Jusqu'à ce jour, les chrétiens ont subi la loi commune ; tantôt pourchassés comme juifs, magiciens, philosophes, tantôt tolérés comme réunions particulières, *sodalitia licita*. Ils n'ont été l'objet d'aucune mesure spéciale. Enfin, on découvre qu'ils ne sont ni juifs, ni mages, ni philosophes;

de ce moment, on commence à se méfier d'eux, et l'on se prémunit contre leur prétendue *religion*.

Déjà Cicéron avait établi la maxime de droit, *qu'aucun ne pouvait adorer des dieux non publiquement reconnus. Nisi publici adscitos.* (*Cf. De l'Ag.*, lib. II., c. 8.)

Mécène, dans Dion Cassius, dit à Auguste « qu'il faut se défier de ceux qui adoptent de nouvelles religions, puisque par là ils recommandent des lois nouvelles, et deviennent ainsi les auteurs de complots et de machinations peu favorables à la monarchie ».

La politique des empereurs, dit Gibbon, avait la plus profonde répugnance pour toute espèce d'association. Trajan refusa d'établir à Nicomédie une compagnie de 150 pompiers! Pline, II, *Epist.* 42, 43.

N'est-il pas remarquable que toute société qui se sent mourir par une cause qu'elle ne connaît, devient aussitôt conservatrice, et s'accroche à la forme qu'elle a laissée périr?

Tout plein de cet esprit, Pline écrivait à Trajan :

« Je n'ai jamais assisté aux jugements des chrétiens, j'ignore donc ce qu'il y a en eux de punissable. J'étais surtout incertain s'il y avait à faire quelque distinction entre les enfants et les adultes ; si l'on pouvait accorder le pardon au repentir, ou s'il ne servait de rien d'avoir cessé d'être chrétien ; s'il fallait punir pour le seul nom de chrétien, ou seulement quand l'accusé est chargé de crimes. En attendant, voici le mode que j'ai suivi. Je les ai sommés par trois fois de dire s'ils étaient chrétiens ; sur leur réponse affirmative et persévérante, je les ai fait conduire au supplice, car je ne doutais point que l'obstination ne dût être punie...

« Cette superstition, ajoute-t-il, a infecté les villes et la campagne. Mais on peut l'arrêter et la guérir : car il est constant qu'on a recommencé à fréquenter les temples presque abandonnés ; à célébrer les sacrifices solennels, et que l'on vend partout des victimes, au lieu que peu en achetaient!... »

Trajan, sans désavouer son gouverneur, lui répond que le principe de l'empire est la tolérance; que si les chrétiens se contentent de pratiquer leur religion sans ostentation, il ne faut pas les rechercher; que s'ils se montrent trop hardis et se livrent eux-mêmes, il faut les punir. Comme empereur, Trajan prend la défense de la religion et des institutions romaines; comme homme, il repousse les perquisitions et surtout les dénonciations anonymes: *Cela*, dit-il, *n'est pas de notre siècle !* Plus tard les édits d'Adrien et de Marc-Aurèle rejetteront la *clameur du peuple*, comme preuve légale contre les chrétiens. Du reste, la moindre satisfaction à *l'ordre établi*, un grain d'encens jeté sur l'autel, suffisait pour faire renvoyer l'accusé absous.

Il résulte de cette correspondance qu'à cette époque, il n'existait aucune loi spéciale contre les chrétiens, que Pline n'avait aucune idée du délit qu'on leur reprochait, et que dans les diverses circonstances où ils avaient eu à souffrir de l'animadversion impériale, ils avaient été frappés, soit comme juifs ou mages, soit comme philosophes, soit comme perturbateurs. Il s'étaient trouvés mêlés au mouvement général, ils n'avaient pas encore acquis d'importance notable. Maintenant la Judée n'existe plus; et s'il n'est plus possible de les confondre avec les zélateurs (7, 70), du moins on ne peut nier que leur *abstention de toute idolâtrie* (56), impliquant le refus d'hommage à César et à la fortune de Rome, est assimilable au crime de majesté et d'insurrection perpétuelle.

La question se pose donc sérieuse et grave : que décider à l'égard de ces sectaires qui regardent en abomination nos sacrifices, nos libations, notre encens, nos fêtes, l'adoration de nos dieux et le serment civique dû à César, à l'égal de nos cirques, de nos bains, de nos théâtres et de nos courtisanes ? qui sous le nom de frères cachent un communisme effréné; sous prétexte d'un Dieu unique, font la guerre à tous les cultes, et sous le nom d'Église organisent un État dans l'État...

C'est en l'an 103, trois quarts de siècle environ après la mort de Jésus, que le Césarisme rencontre pour la première fois un nouvel adversaire, et le regarde d'un œil douteux !

Le chrétien hait les dieux et César d'une haine judaïque ;
méfie-toi de lui, ô divin empereur. Mais César ne comprend
rien au *Christ*, et il est si fort à cette heure ! Par respect
pour lui-même, il n'oserait abaisser son bras sur ce messie
des malheureux et des esclaves.

La lettre de Trajan, dit Fleury, éteignit les persécutions ;
mais la haine du peuple et le zèle des magistrats la soutinrent ; il y eut partout des victimes. C'est alors que périt
Siméon, cousin germain de Jésus, et successeur de Jacques
(62) dans l'épiscopat de Jérusalem, le dernier témoin du
réformateur de Galilée. C'est à lui et à Jean qu'il est fait
mention dans l'*Apocalypse*, XI, 3, *et dabo duobus testibus
meis (infrà,* 103-117).

104-117. — Le Christianisme fulmine la vengeance
contre Rome et César : il lance, sous le nom d'*Apocalypse*,
son manifeste.

Ce livre, attribué à Jean, et antidaté de Patmos, c'est-à-
dire de dix ans au moins, et vingt ans au plus, a été écrit
sous Trajan, dont le nom est indiqué, C. XIII, dans le
nombre de la bête 666, et qui figure, C. XVII, comme n° 3,
depuis Titus, au 10ᵉ depuis et y compris Claude.

Le Christianisme a conscience de son œuvre, *conscius au-
dacis facti ;* il ne se fait point illusion sur la modération
présente de César ; il sait qu'entre César et lui, la guerre est
à outrance, il n'hésite plus à avouer la contradiction radicale
qu'il y a entre lui et les institutions de Rome. Rome la *bac-
chante,* la *prostituée,* la nouvelle *Babylone ;* ses empereurs,
ses lois, ses dieux, ses fêtes, le droit de cité romaine, tout,
dans ce pamphlet inspiré des furies messianiques, est abo-
minable. Comme socialistes, les chrétiens (*ébionites*) sont
les ennemis irréconciliables des traitants et des riches ;
comme moralistes, ennemis du luxe et des voluptés ; comme
sujets du royaume spirituel, ennemis de la cité romaine,
excommuniée par le Christ, et du monde entier qui va
bientôt finir. — L'antagonisme chrétien succède donc à
l'antagonisme juif comme la hiérarchie épiscopale succède à
la hiérarchie d'Aaron ; la transaction de Jésus: *Mon royaume*

n'est pas de cet ordre, n'est plus de mise; Paul lui-même, avec son titre de citoyen romain, qui lui servait de bouclier devant Néron contre les flèches enflammées des juifs, Paul serait aujourd'hui réprouvé : le droit de cité, *c'est le signe de la bête.*

L'*Apocalypse*, plein de telles menaces, dut circuler avec prudence, et l'interprétation se montrer discrète. (En 367, le concile de Laodicée ne l'admettait pas encore dans les Écritures.) C'est ce secret, joint à la prédication de la fin du monde, qui fait avec la chute de Rome tout le fond de l'*Apocalypse*, qui a amené l'oubli de la signification du livre, et les hallucinations des commentateurs. Au lieu d'une allégorie fanatique, sur les événements qui signalèrent le rôle des Césars, de Claude à Trajan, on a fini par y voir tout ce qu'on a voulu, l'invasion du ve siècle, le mahométisme, la corruption papale, la révolution française, etc.

[Ce qu'il importe de relever dans l'*Apocalypse*, c'est qu'il est le premier écrit qui dénonce l'invasion des mœurs corrompues dans le Christianisme. Ainsi, le Christianisme, impuissant à établir sa morale et à réaliser son objet, retombe dans les orgies et aberrations de l'âge passionnel. Avant lui pas de morale, pas de corruption; à présent la corruption, la désharmonie entre la doctrine et la pratique; *faites ce que je dis*, non ce que je fais; l'hypocrisie invariable.]

[L'auteur de l'*Apocalypse* ne connaît pas les Évangiles. Il cite, XIV, 6, l'*Évangile éternel,* ce qui veut dire, dans sa pensée, le code indéfectible de la morale, d'après la pure tradition de Jésus et des apôtres.]

[Le livre de l'*Apocalypse* met en scène un nouveau personnage, jusqu'ici peu connu dans le Christianisme, c'est le *diable*. (Cf. *Sur le diable,* Minutius Félix, C. VII, et Lactance, *Inst.* II, 14-19. Justin, martyr, *Apolog.*, et Tertullien, *id.*) ans 150, 211, 305, etc.]

A quoi sert le diable dans le système. Les gnostiques nous apprendront bientôt ce mystère, par l'emploi énorme qu'ils feront de ce personnage.

En attendant le *diable* n'est point juif : il est PERSAN. Il est venu en Judée par le pharisaïsme.

C'est lui qui a opéré cette grande mystification du genre humain, dont le Christianisme doit nous délivrer, et qui a nom l'IDOLATRIE.

Le philosophe, le philologue, l'archéologue, qui, comme Apollonius de Tyane, Evhémère, etc., ne voyait dans les dieux et les cultes qu'une symbolique des idées humaines, se prêtait à d'insignifiants usages, et n'en redoutait rien, ni pour sa conscience ni pour ses mœurs. — Mais pour le chré= tien, c'était autre chose. Le diable était auteur de tout cela!... (Cf. an 56.)

Les démons avaient trouvé moyen de détourner l'homme de son créateur, et avaient usurpé la place de celui-ci. Les démons avaient inventé les fêtes et les sacrifices, inventé la mythologie; ils inspiraient les oracles, ils faisaient les pro- diges, ils agitaient les possédés, etc., etc.

Donc la société était l'empire du démon, qu'il fallait dé- truire! — Annonce positive du règne de mille ans, *un sabbat de 10 siècles !* Quelle joie! *un sabbat de la fin du monde :* on y crut longtemps. Cf. Lactance, *Inst.* liv. VII, 15. (L'*Apoca- lypse* est l'ARRÊT DE RÉPROBATION porté contre l'humanité et la civilisation. Les prophéties, auxquelles on s'est attaché ne sont rien : l'essentiel, c'est *la damnation éternelle* de tout ce qui touche de près ou de loin à l'idolâtrie, de tous les héros, philosophes, moralistes, etc. — Les œuvres n'ont servi de rien à *Socrate*, à *Platon*, à *Pythagore*, ils sont damnés. Et cette doctrine est toujours celle des chrétiens!...

Aussi le chrétien attendait avec une joie insultante le jour où il verrait cette société engloutie et perdue!... (Cf. an 204, citation de Tertullien.)

La terreur des chrétiens saisit fréquemment jusqu'aux idolâtres, et fit plus d'une conversion. (Cf. *Théorie sacrée* de Burnet.)

Visions, révélations, prophéties, dons des langues, exor- cismes, etc.

Les apôtres morts, on fut à l'aise pour leur prêter toutes sortes de prestiges ! — bien mieux, pour les imiter.

Les visions furent le grand moyen dont on se servit pour trancher les questions d'administration, de discipline, etc. Là où le raisonnement échouait, le miracle portait coup. Cf. *infrà*, an 142, Hermas, etc.

Les possédés surtout, disaient tout ce qu'on voulait. — Et quel effet sur la masse, quand le diable par la bouche d'un possédé, avouait lui·même, qu'il s'était fait adorer sous le nom de Jupiter, pour tromper les hommes !... Les résurrections de morts n'étaient pas rares, suivant Irénée; qui va jusqu'à dire que le IIe siècle fut encore plus fertile en miracles que le premier !... Ainsi le Christianisme est tombé de bonne heure *en magnétisme:* les Antonins l'avaient écrasé comme secte révolutionnaire; la magie, la nécromancie, etc., le soutinrent. — On oublie trop ces faits, qui autrefois faisaient la gloire et l'édification des fidèles, mais qu'aujourd'hui les écrivains chrétiens jugent à propos de dissimuler. (Cf. *Mosheïm, Dissertationes ad Nist. pertinentes.*)

104-106. Les Daces se révoltent et sont vaincus; leur pays réduit en province romaine. L'empire franchit la frontière du Danube. Pour assurer la communication,· un pont de pierre de 51 arches est construit sur le fleuve, par Apollodore.

— Triomphe de Trajan.

105. Après la mort de Siméon, évêque de Jérusalem (103), Thébutis, un ancien *presbyter* de la communauté, brigua l'épiscopat et se vit repoussé. Il forma alors, avec les siens, une société distincte, dont le membre le plus remarquable, pour ne pas dire l'organe, fut Elxaï.

[Peut-être Thébutis, qu'on accuse d'ambition, ne fut qu'un protestant contre l'épiscopat; peut-être le trouva-t-on trop savant: peut-être à la fois l'un et l'autre.]

Elxaï distingue en Jésus deux personnages : le prophète, qui avait souffert et qui était mort, et le Christ immortel, divin, identique au *Logos*, lequel s'était communiqué au prophète, et avait parlé par sa bouche. Cette opinion, très répandue à la fin du Iᵉʳ et au commencement du IIᵉ siècle, met à découvert le travail des esprits, et la messianité de Jésus. Elle ne saurait convenir aux masses, à cause de sa subtilité théologique, aux masses qui n'aiment point à distinguer, et à qui il sied mieux d'avoir un Christ au complet et à elles, le Christ des prolétaires et des pauvres. Ce fut un moyen décisif pour l'épiscopat, qui d'ailleurs n'avait nulle hâte de dogmatiser, de rejeter l'idée d'Elxaï.

Elxaï prescrivait une formule de serment par le *sel*, l'*eau*, le *pain*, le *ciel*, l'*air* et le *vent*. C'est une ampliation de l'idée de Jean, I *Joan.*, v, 8. « Il y a trois choses qui témoignent sur la terre, l'*esprit*, l'*eau* et le *sang*. »

Au moyen de la distinction que faisaient les elxaïtes entre le *Christ* et *Jésus*, ils croyaient pouvoir en sûreté de conscience satisfaire aux exigences de la police impériale, en déclarant qu'ils ne reconnaissaient pas Jésus pour Christ, ce qui était vrai. Cette équivoque, peu digne, au lieu de leur attirer des partisans, fut une des causes qui les discrédita. Du reste, les elxaïtes admettaient l'angélologie orientale. [Les elxaïtes se joignirent aux osséniens, osséens ou esséens, et aux ébionites ; ils gardèrent la constitution et le sabbat, et durèrent jusqu'au IVᵉ siècle. A cette époque, ils ne connaissaient point les QUATRE Évangiles : rien d'étonnant que plus tard ils les rejetassent.]

106. Toute la Dacie est conquise : une foule de citoyens vont y former des établissements, tandis que la grande propriété laisse l'Italie inculte, l'agriculture romaine va s'établir sur la terre barbare...

En même temps, l'Arabie Pétrée, voisine de la Palestine, jusque-là indomptée, est réduite en province romaine (à quoi bon ?), et Trajan, tranquille sur ses derrières, s'avance contre les Parthes. Ainsi le plan de conservation défensive tracé par Auguste est jugé, après un siècle d'expérience, impraticable ; l'empire est condamné, pour sa propre sûreté, à s'agrandir toujours. Nous verrons si le système opposé réussit mieux.

— Conspiration de Crassus contre Trajan ; elle avorte.

107. A la suite des victoires de Trajan sur les Sarmates,

Colchidiens et autres peuples du Caucase, l'Arménie est réduite en province romaine.

— Cassien et Marcien, chefs des dokètes (52), posent leur doctrine comme étant l'essence même du Christianisme, et soutiennent qu'un Christ souffrant répugne, non seulement à la raison, mais à toutes les traditions.

L'événement de cette année pour les chrétiens, est le martyre d'Ignace, évêque d'Antioche, condamné à mort par Trajan lui-même. L'empereur vit en lui un brouillon (il y avait eu quelques troubles à Antioche ; on l'attribuait aux chrétiens), un mauvais génie, κακοδαιμιον, dont il était nécessaire de faire un exemple. Il l'envoya à Rome, pour servir dans les jeux du cirque. Ce fut un martyre solennel, dont Ignace se fit une tribune, d'où sa voix retentit dans tout l'empire. Pendant son voyage, il ne cessa d'écrire, à l'imitation de Paul, aux fidèles de Smyrne, d'Éphèse, de Magnésie, de Trachée, de Rome, de Philadelphie. Dans cette dernière, il appelle l'Évangile, la *chaire*, *cathedra* de Jésus-Christ (117-160) ; mais rien n'indique qu'il ait (92) reconnu les QUATRE.

Ses lettres sont pleines d'héroïsme, mais dénotent une intelligence médiocre du dogme chrétien et une critique encore plus faible. Il témoigne de l'égalité fondamentale entre les *prêtres* et l'*évêque ;* toutefois, il incline pour la suprématie de celui-ci, et insiste pour l'obéissance.

On voit que le mot d'ordre, donné par Clément, est désormais suivi partout. — Il combat les dokètes au sujet de l'Eucharistie. Les dokètes interprétaient les mots : *Ceci est mon corps*, comme l'apôtre au sens allégorique (50). Ils s'abstenaient de l'Eucharistie, pour ne pas donner lieu de penser qu'ils reconnussent implicitement l'incarnation du Verbe, en mangeant, même symboliquement, sa chair. C'est ce que leur reproche Ignace qui, de son côté, emporté par son opposition, dit que l'Eucharistie est la *chair de Jésus*. [La *Cène*, dit-il, est un *antidote de la mort*, un *remède d'immortalité* (cf. *infra*, 139)]. Du reste, et à part cette sortie contre le dokétisme, Ignace ne dogmatisa point.

108. Trajan fait la paix avec les Parthes, et part aussitôt pour l'Arabie.

Apollodore, célèbre architecte et ingénieur, construit un pont gigantesque sur le Danube.

109. Alexandre Iᵉʳ, pape : — (*quid?*).

110. *Doctrine de Basilide.* — Il reçut les leçons de Ménandre et Cérinthe (45, 55), et enseigna lui-même, à Alexandrie jusque vers l'an 131 ou 133, époque de sa mort. Avec Basilide, les idées gnostiques prennent un essor, qui laisse loin derrière elles, la cathéchèse traînante des évêques, soi-disant successeurs des apôtres, tout occupés en ce moment de fonder leur autorité ecclésiastique.

L'enseignement de Basilide, comme celui de Jésus et des apôtres, est avant tout moral. Il proteste qu'il n'innove absolument en rien ; que sa doctrine est le Christianisme primitif et véritable, qu'il l'a reçue de Glaukias, interprète de Pierre ; que si elle semble différer sur quelques points de certains écrits attribués aux apôtres, c'est que ces écrits ont été ou supposés, ou altérés. Ce témoignage est grave ; et pour le récuser, il ne suffit pas de dire que Basilide a été depuis désavoué par ceux qui, se faisant longtemps après lui un syncrétisme des idées de la gnose, jugèrent à propos de le déclarer hérétique, en même temps qu'ils se décernaient à eux-mêmes le brevet d'orthodoxie.

[Basilide ne connaît point les quatre Évangiles : il ne fait mention que des *Épîtres*.

Par Basilide, le Christianisme, rétrograde déjà en ce qui regarde la hiérarchie épiscopale et la succession au judaïsme, est en progrès quant à la *philosophie de la morale*.]

Basilide reconnaît deux principes éternels : l'un bon, l'autre mauvais (Ormuzd et Ahrimane, Osiris et Typhon, Jéhovah et Satan ; cette dualité est partout).

— Le principe du bien et de la lumière est sans nom. Il crée le monde par le déploiement de ses attributs, qui, engendrés l'un de l'autre, sont : *Noûs, Logos, Phronêsis, Sophia, Pronoïa, Dynamis* et *Dikaïosynê*. Ces sept émanations (heptade) constituent, avec le Dieu infini et sans nom qui leur sert de base, l'OCDOADE, soit Dieu en huit personnes. De la première heptade, ou série septénaire d'émanations divines, il en sort une 2ᵉ, de la 2ᵉ une 3ᵉ, et ainsi de suite jusqu'à la 52ᵉ formant le nombre de 365 (nombre des jours de l'année), lequel embrasse toute la série des émanations, et s'exprime par le mot *Abraxas*. Ce mot, écrit sur une coquille ou une pierre, était une sorte de talisman.

C'est par le débordement d'influence des deux principes l'un sur l'autre que s'est produit le mélange du bien et du mal : le but de la révélation est de ramener toutes choses à la pureté première : le monde est une carrière d'épreuves... — A travers cette théogonie, on découvre nettement l'idée de la perfectibilité humaine, admise aujourd'hui sans réserve comme principe de la civilisation et de la morale elle-même.

La rédemption une fois résolue dans les conseils de la Providence, *Pronoïa*, l'Être suprême envoya son Noûs (intelligence) s'unir à la personne de Jésus, qui devint par là le *serviteur* de l'humanité, conformément à la parole d'Isaïe, L. III (606 a.). Du reste, il est absurde et inconvenant de dire que le Christ a souffert, est mort, ressuscité, etc., en Jésus. Jésus n'est pas le Christ ; il n'est (comme Ignace le disait de lui-même en présence de Trajan) que le porteur du Christ, Θεοφορος.

Basilide, par des idées éloignées de toute exagération, par la beauté de sa morale, se fit de nombreux partisans, que l'on peut regarder comme la fleur de la chrétienté. Il composa des *exégétiques* et des *hymnes*, qui contribuaient singulièrement à répandre sa doctrine. Par lui, comme par Bardesane (145), le Christianisme fut chanté, poétisé, popularisé, dans ce qu'il pouvait avoir de plus idéal et de plus sublime. Après sa mort, des modifications furent apportées à sa doctrine : les basilidiens, raffinant sur les idées du maître, soutinrent, avec les dokètes, que non seulement Jésus n'était pas le Christ, mais qu'il n'avait existé qu'en apparence, le Christ céleste étant incapable de se souiller par le moindre contact avec une chair mortelle. Tant était haute, au premier siècle, l'idée du Messie, et tant elle semblait ravalée par le réalisme des apôtres !...

La secte de Basilide finit par s'effacer à la longue dans la masse des chrétiens vulgaires.

111. Pline le Jeune, si médiocre comme juge en matières de nouveautés religieuses, se mêle aussi de philosopher. Il enseigne que Dieu n'est autre chose que l'univers, infini, éternel, sacré; et il nie la future.

Alors, pouvaient lui dire les chrétiens, affirmez donc la vie présente; donnez aux hommes la liberté, l'égalité, l'amour et la justice. Car votre empire, votre esclavage, votre idolâtrie, c'est la mort!...

— Arrien de Nicomédie, disciple d'Épictète et historien.

Confédération des tribus germaniques entre l'Elbe, le Danube et l'Oder.

112-114. Trajan retourne en Asie combattre les Parthes. Il parcourt l'Orient, et fait reconnaître partout la domination de Rome. « Chaque jour, dit Gibbon, le sénat étonné entendait parler de noms inconnus et de nouveaux peuples qui reconnaissaient la puissance romaine; il ne put apprendre sans la plus grande surprise que les rois du Bosphore, de Colchos, d'Ibérie, d'Albanie, d'Osrhoène, que le souverain des Parthes lui-même, tenaient leurs diadèmes des mains de l'empereur; que les Mèdes et les Carduchiens avaient imploré sa protection, et que les riches contrées de l'Arménie, de la Mésopotamie et de l'Assyrie étaient réduites en provinces. » Labeur sans fin, déplorable illusion! Partout où se montre l'empereur, tout se soumet : dès qu'il s'est retiré, tout se soulève de nouveau. Aucun empereur ne déploya autant d'activité pour assurer la paix et le respect de l'empire; aucun ne lui sacrifia davantage. Trajan y mit tout son cœur, toute son âme; il mérita sans aucun doute le panégyrique que composa pour lui vers cette époque, Pline le Jeune. Hélas! il ne travaillait pas pour l'humanité!...

113-114. Construction de la colonne Trajane : en marbre blanc, creuse, revêtue d'un bas-relief en spirale avec deux mille cinq cents figures hautes de 2 pieds.

L'Arménie est reprise sur les Parthes, qui s'en étaient emparés, et réduite en province romaine (ce sera comme la Dacie!).

115-116. A peine échappé à un tremblement de terre

qui désole Antioche, Trajan est forcé de repartir contre les Parthes : il s'empare de Ctésiphon et de Babylone, et reçoit le nom de *Parthique.*

Ces guerres interminables avec les Parthes, désignés dans les livres hébreux, sous les noms de *Gog* et *Magog,* font espérer aux chrétiens et aux juifs que de là viendront les vengeurs des nations asservies!

C'est ce qui porte les juifs à se soulever sous la conduite d'un nommé André. Dans leur rage contre les Latins et les Grecs, on les voit scier, écorcher leurs victimes, se ceindre de leurs entrailles, s'affubler de leurs peaux, se frotter de leur sang, se gorger de leur chair!...

Dans la Cyrénaïque, où commença la révolte, plus de 220,000 personnes périrent par les mains de ces cannibales.

— *Doctrine de Saturnin.*

115. En même temps que Basilide simplifiait la gnose, élevait haut la morale chrétienne à Alexandrie, Saturnin rendait à la nouvelle religion un service tout semblable à Antioche.

L'Être suprême, tel que le révèlent les codes juifs, ou le Jéhovah, est aux yeux de Saturnin, le même que le Zéruané Akéréné du Zend-Avesta. Il le nomme le *père inconnu* de qui émane une série d'êtres ou génies divins, terminée par les *sept génies sidéraux,* ou *elohims,* créateurs du monde visible et de l'homme; l'homme, toutefois, créé par les *elohims,* n'avait point d'âme : ce fut la puissance supérieure, *Jéhovah* à l'image de laquelle les élohims l'avaient créé, qui l'anima. Cette âme, *pneuma noûs,* qu'il ne faut pas confondre avec la *psyché,* est tout ce que l'homme possède d'immortel, et qui retournera dans le sein de Dieu.

Sur l'origine du mal, Saturnin reconnaît deux courants d'action diverse, l'un bon, l'autre mauvais : on ignore si ces deux courants se rapportent chacun à un principe éternel, ou s'ils sont l'effet d'une division ou chute, comme dans le Zend-Avesta. Les attaques des démons ayant compromis les destinées du genre humain, le *Père inconnu* leur envoya sa puissance suprême, son Christos, être surhumain, sans corps, sans forme réelle, qui vint, par une nouvelle révélation, vainquit le démon et sauva le genre humain. Le Christianisme, par la protection du Christ sauveur, devait donc achever de vaincre tout ce qui est mal; aussi sa morale devait-elle être supérieure à celle des juifs; et il paraît que Saturnin, d'accord en cela avec Paul l'apôtre, mettant la virginité au-dessus du mariage, exhortait ses disciples à hâter le retour de l'humanité en Dieu, par une abstinence complète et volontaire.

[Saturnin ne connaît Dieu le Père, le Verbe, l'Esprit, que parce qu'il en avait appris dans Philon, Simon le Mage, Basilide, le livre de la *Sagesse*, etc. Il ne sait rien des quatre Évangiles; et il est un de ceux contre qui a été dirigé plus tard le quatrième.]

Ainsi, plus on avance, plus on se convainc que le dogme chrétien est né de l'incubation des idées cabbalistiques et gnostiques, persanes, hellénistes et égyptiennes. Ce qui lui est à peu près étranger, c'est ce qu'ont adopté les prêtres avec le plus de zèle; ce qui fait son essence, l'élément social, c'est ce qu'ils ont rejeté.

116. Les Scythes au nord de l'Oxus, secouent le joug des Chinois.

— Les juifs passent de la Cyrénaïque en Chypre, saccagent la ville de Salamine et massacrent plus de 250,000 personnes. Par représailles, les habitants d'Alexandrie font main basse sur tous les juifs qu'ils rencontrent. Par toute l'Égypte, la révolte court semblable à l'incendie : au même instant, comme à un signal donné, les juifs de Mésopotamie et de Syrie se mettent en insurrection, entraînent avec eux les populations de Nisibe, Émèse, Séleucie. Les généraux de Trajan, Turbo, Lucius et Maximus, parviennent à peine à les contenir et en tuent une infinité.

Forcé de revenir sur ses pas, Trajan donne le royaume des Parthes à Parthamaspate : il n'a pas plus tôt tourné le pied que les Parthes se révoltent encore, chassent le nouveau roi, rappellent Chosroès, et forcent Trajan, blessé au siège d'une ville d'Arabie insurgée, de reprendre pour la troisième fois le chemin de la Perse.

[Un écrivain moderne, Reghellini de Scio, accuse les chrétiens d'avoir pris part à ces révoltes : la chose nous semble plausible ; mais le fait n'est pas prouvé. — (A voir?...)

Le supplice d'Ignace, à la suite d'une révolte d'Antioche ; — la publication de l'*Apocalypse*, donnent lieu de croire que les chrétiens n'adoptèrent pas d'abord la *résignation* pour tactique. Mais au lieu de voir dans leur insoumission, en la supposant prouvée, une raison de les identifier avec les juifs et les *zélateurs*, comme a fait Reghellini, et de les accuser de brigandage, nous n'y verrions que l'explosion de l'antipathie générale des peuples contre les Romains.]

117. Trajan, épuisé de fatigues et découragé, meurt à Sélinonte en Cilicie : il a pour successeur Adrien.

Obéissant à la nécessité, Adrien rend aux Parthes l'Arménie et partie de la Mésopotamie, reconnaît Chosroès, et fixe de nouveau la limite de l'empire à l'Euphrate. Puis il retire ses troupes, pacifie la Lycie, la Palestine, l'Égypte, la Mauritanie, la Sarmatie, déjà soulevées, et répare Alexandrie. Adrien marque la rétrogradation de l'empire et des Césars. La presque totalité du continent asiatique, l'Europe au delà du Rhin et du Danube, à l'exception de la Dacie, provisoirement conservée (270), l'Afrique au delà de l'Atlas, sont inaccessibles aux empereurs. L'empire ne se compose en réalité, que du littoral méditerranéen : c'est à l'opposé de la puissance anglaise, un État tout formé de côtes, autour d'un lac intérieur. Militairement, une pareille disposition géographique ne saurait se soutenir : tôt ou tard l'empire se divisera ; puis, une fois divisé, si le despotisme, par une abdication volontaire, ne rend la vigueur aux nations épuisées, les fragments de cet empire deviendront la proie des barbares qui de tous côtés le pressent et le menacent. — Construction à Nîmes d'un palais en l'honneur de Plotine, femme de Trajan.

117-172. Période de fabrication des Évangiles, tant *apocryphes* que *canoniques* et autres Écritures attribuées aux apôtres, disciples, etc.

En donner ici le dénombrement. Renvoyer pour les *quatre Évangiles* à l'an 144.

118. A son retour à Rome, Adrien s'applique à gagner les bonnes grâces du peuple et du sénat. Il fait brûler les registres du fisc et remet ce qui était dû depuis seize ans ; se déclare protecteur de l'ordre, de la bonne administration, aussi bien que des lettres et des arts. Travaux nombreux d'Apollodore.

119. Adrien visite la Mésie et l'Illyrie et conclut la paix avec les Sarmates et les Roxolans. Homme de guerre, il sent que la guerre tue l'empire ; il adopte le système de la paix, on pourrait presque dire, *à tout prix !...*

OEnomaüs, philosophe cynique, écrit un livre sous ce titre : *les Fourbes démasqués.*

120. *Édit perpétuel d'Adrien.*

Qu'est-ce que cela ?...

120-161. Papias, évêque d'Héropolis martyrisé sous Marc-Aurèle, enseigne qu'après le retour du messie Jésus et en attendant le jugement dernier, les chrétiens jouiront sur la terre d'un règne de mille ans. Cette opinion, fondée sur l'Apocalypse, ch. xx, est une conséquence de la théorie messianique enseignée par Paul, à savoir que Jésus est le Christ en personne ; qu'après sa mort, il est monté au ciel ; que de là il doit descendre BIENTÔT pour établir sur la terre son règne messiaque, lequel règne, ajoutait l'Apocalypse, devait durer mille ans, après quoi le monde finirait.

[Papias avait été auditeur de Jean ; — ici l'importance du millénarisme, sorte de prophétie contre l'empire.]

Papias avait composé cinq livres de *l'interprétation des discours du Seigneur.* C'était l'occasion ou jamais de mentionner les QUATRE Évangiles. Or, Papias ne les connaît point, et c'est même parce qu'il ne les connaît point, qu'il a écrit ses cinq livres, afin de guider le jugement des fidèles dans le choix des innombrables rapsodies qui circulaient alors sur Jésus. Il raconte, à cette occasion, qu'il fuyait les discoureurs et dogmatiseurs (selon la recommandation des apôtres), mais s'enquérait soigneusement de leurs propres

paroles et de celles de leur maître. « Que s'il venait, dit-il,
« quelqu'un qui eût suivi les anciens, je l'interrogeais de
« leurs discours. Que disait André, ou Pierre, ou Philippe,
« ou Thomas, ou Jacques, ou Jean, ou Mathieu, ou quel-
« que autre disciple du Seigneur, et ce que disaient Aris-
« tion, ou le prêtre Jean, l'ancien disciple du Seigneur. »
(Ces deux derniers personnages, fort connus du temps de
Papias, ne sont pas même mentionnés dans les Évangiles
canoniques.) Papias jouissait en son temps d'une grande
considération, Ses ouvrages ont été *perdus*, peut-être parce
qu'ils eussent été trop compromettants pour le nouveau canon.

120-132. Adrien visite successivement les provinces de
l'empire, la Gaule, la Germanie, la Grande-Bretagne, l'Espagne, la Mauritanie, l'Égypte, la Syrie, l'Asie mineure, la Sicile, la Grèce, revient à Rome se reposer quelque temps ;
puis recommence ses courses, punissant les prévarications,
accordant des privilèges et immunités aux provinces, rame-
nant partout l'ordre, faisant rebâtir les villes maltraitées
par les tremblements de terre. C'est à cette condition que la
paix peut être maintenue : la victoire toujours, et l'empereur partout. Au milieu de ces soins pénibles, l'empereur ne
néglige point la réforme morale et religieuse : il fait recueillir les lettres d'Apollonius de Tyane, ainsi que son traité
de l'*Oracle de Trophone*, et dépose ces manuscrits précieux
dans son palais d'Antium.

121. Construction d'une muraille de trente milles entre
l'Écosse et la Grande-Bretagne.

Les jeux plébéiens sont célébrés à Rome avec grande
pompe ; en Égypte, on fait la découverte d'un nouveau bœuf
Apis. Rome, reine dans la politique et dans la guerre,
s'efforce de saisir l'empire de la religion, qu'elle sent lui
échapper.

122-123. École de *Carpocrate*. — Contemporain de Basilide et de Saturnin, il enseigne sous Adrien, à Alexandrie,
sa patrie. Son école se distingue des autres par sa manière
large d'entendre la grande cause de la réforme chrétienne.
Carpocrate honorait les images de Zoroastre, de Pythagore,

de Platon, d'Aristote, en même temps que celle de Jésus. Sa bibliothèque sacrée ne se composait pas seulement des codes hébreux et des écrits des chrétiens; il y ajoutait ceux des sages de la Grèce et de l'Orient. Il ne connut aucun des quatre évangélistes, postérieurement reçus, ce qui fut cause, qu'à leur apparition, ses disciples les rejetèrent, n'admettant que la partie historique et morale de celui de Mathieu, et rejetant tout le reste, suivant le précepte de Paul, comme des *fables*. Par suite du même esprit, ils dogmatisent peu, en quoi ils diffèrent sensiblement des autres gnostiques; ils croient à la préexistence des âmes, regardent les idées comme des réminiscences, n'admettent ni chute, ni rédemption, et regardent Jésus comme le fils véritable de Marie et de Joseph. Ils rejetaient toutes les lois comme arbitraires, et n'en reconnaissaient qu'une, la *loi de nature :* conception supérieure, si elle avait été fécondée par la science, et si les carpocratiens en avaient déduit l'objectivité de la morale et de la société. Malheureusement, sous ce nom de *loi de nature*, les carpocratiens n'entendirent autre chose que les sollicitations de l'instinct animal, ce qui les fit bientôt dégénérer en une école d'immoralité. Leurs diverses nuances poussèrent le principe de la *loi de nature* et du communisme jusqu'aux dernières limites (170). A leurs yeux, le martyre, les bonnes œuvres, étaient choses indifférentes.

[— L'école de Carpocrate marque le point où se raisonne le *relâchement* dans la chrétienté et se systématise LA CORRUPTION. (Cf. 170.) L'hypocrisie est si odieuse, que toute âme généreuse la repousse, et préfère un vice hardi qui se justifie sophistiquement à une vertu qui n'a que l'apparence.]

Nous avons déjà eu occasion de remarquer (   ) que cette tendance fatale est essentielle et inhérente au Christianisme lui-même, et à toute doctrine fondée sur la distinction des substances; et si Bossuet, au xviie siècle, eut raison de protester contre le quiétisme, Fénelon n'eut pas moins raison que lui quand il fit voir que le quiétisme avait sa source dans les profondeurs de la religion.

Nous verrons ce chancre, toujours cautérisé, sans cesse faire éruption.

124. *Philosophie de Sextus Empiricus, à Alexandrie.* — A côté de la gnose chrétienne et de la kabbale juive, véritables efflorescences de la philosophie de Platon, fleurit une philosophie supérieure, celle du doute légitime : « Ne croyez « pas, dit Sextus, que le doute philosophique soit la destruc- « tion des sciences et la renonciation à la raison : tout au « contraire, il a pour but de fonder le règne de la philoso- « phie sur les ruines de la superstition et du préjugé. Mais « la nature est pleine de variations et d'incertitude; toutes « choses se présentent sous une double face, toute existence « semble se balancer entre deux contradictions. » (Cf. le manuel de Tenneman, ou le livre de J. Simon, ou autres?...)

Cette philosophie est au fond celle de tous les esprits su- périeurs et la croyance finale de l'humanité. Elle a inspiré à un philosophe cette belle épitaphe : *Dubius, sed non impius vixi : ens entium, miserere mei;* et à un prêtre, le bénédictin D. Calmet, cette autre, qui n'en est que la paraphrase : *Hic jacet, qui multum legit, scripsit, oravit : utinam bene.....*

— En 124, Adrien passe à Alexandrie, enrichit le musée et continue l'œuvre des Ptolémées. (Cf. l'ÉGYPTE, par Champollion, et citer la lettre de cet empereur sur les sectes égyptiennes.)

125. Adrien se fait recevoir aux mystères d'Éleusis. Ne dirait-on pas un disciple de Sextus Empiricus continuant la mission d'Apollonius de Tyane?... — Publication d'une cosmogonie phénicienne, attribuée à Sanchoniathon et traduite en grec par Philon de Byblos. — On a soupçonné le prétendu traducteur d'avoir fabriqué lui-même le livre de Sanchoniathon. — *Quid?...*

— *Quadratus,* évêque d'Athènes, présente à l'empereur une apologie des chrétiens. Il soutient que les miracles de Jésus sont vrais, à la différence de ceux de Simon et d'Apollonius, qui n'étaient que des prestiges; et il se fonde pour le prouver sur ce que les personnes guéries ou ressuscitées par Jésus demeurèrent guéries ou ressuscitées, tandis que les guérisons d'Apollonius ne duraient qu'un instant! Cet argument de Quadratus a été reproduit après lui par Justin et autres; mais son apologie a disparu, comme les livres de Papias (120), ce qui est regrettable.

126. Adrien bâtit un temple à Vénus et un autre à la Fortune. Le hasard et la volupté sont les seuls dieux du monde : telle est, sur la religion, la conclusion d'un empereur, qui a vu tour à tour les druides, les prêtres de Jupiter et de Sérapis, les gnostiques, les chrétiens, les juifs et les mages!...

Plus doux encore que son prédécesseur Trajan, il domine tous ces religionnaires de son tolérant scepticisme; ce qui n'empêche pas les chrétiens de forger, en haine du César, la fable atroce d'une sainte Symphorose et de sept fils, martyrisés à l'exemple de la fameuse mère des Macchabées et de ses sept fils, immolés par Antiochus!...

Cf. la lettre d'Adrien à Minutius Fundamus au sujet des chrétiens (Fleury, t. I, p. 338). — Dans cette lettre, Adrien défend positivement d'exercer aucune poursuite pour cause de religion, à moins que la religion ne soit elle-même un principe de désordre et de crime.

126. Le proconsul d'Asie, Sérinius Granianus, avait représenté à l'empereur qu'il était injuste d'accorder aux cris de la populace le sang de tant d'innocents et de les condamner sur le seul nom de secte. — Suivant Gibbon, c'étaient les juifs qui excitaient la populace contre les chrétiens.

Lettre d'Adrien, rapportée par Eusèbe : — « Je ne suis pas d'avis de laisser la chose sans examen, afin qu'il n'y ait point de troubles et que l'on ne donne point occasion aux calomnies. Si donc les provinciaux veulent soutenir leurs plaintes contre les chrétiens jusqu'à répondre devant tout tribunal, qu'ils prennent cette seule voie, non par des plaintes vagues et des clameurs. Si donc quelqu'un les accuse et prouve qu'ils font *quelque chose contre les lois*, il faut les punir ; si l'accusation est intentée par calomnie, punir le calomniateur. »

Antonin le Pieux suit la même conduite et défend de les

persécuter, *à moins qu'ils n'entreprennent quelque chose contre l'État.*

NE RIEN FAIRE CONTRE LES LOIS, NE POINT ATTAQUER LA SO-CIÉTÉ ET L'ÉTAT, c'était là le *hic.* C'était impossible aux chrétiens (Cf. ans 105-117).

127-128-129-130. Adrien se laisse bâtir un temple par les Athéniens. — Autant moi qu'un autre, se dit-il!...

[Il fait périr l'ingénieur Apollodore qui s'était permis de trouver mauvais le dessin d'un temple qu'Adrien voulait construire. Peut-être s'agissait-il de celui-là.]

A cette époque, la théurgie est en vogue; Adrien eut la curiosité de s'en enquérir. Il essaya de la divination et de la magie. Cette fantaisie passa après lui à Marc-Aurèle, Caracalla, etc. Cette prétendue théurgie, à laquelle étaient fort adonnés tous les esprits forts du temps, ne pouvait manquer de fournir aux *Quadratus,* aux Aristidès et autres apologistes du Christianisme des arguments dont le principe était alors irréfutable : mais, dans une société à qui la physique, la chimie, l'astronomie et toute la philosophie naturelle ont appris à les rejeter, que deviennent ces apologies? que devient l'Évangile lui-même?...

Adrien fait rebâtir Jérusalem et lui donne le nom d'*Ælia Capitolina.* La ville sainte est profanée par le culte des dieux; l'empereur défend de pratiquer le sabbat et la circoncision; ces mesures exaspèrent les juifs et les poussent à la révolte.

— Jérusalem rebâtie prend le nom d'*Ælia Capitolina;* un temple est élevé à Jupiter à la place de celui de Jéhovah, une chapelle à Vénus sur le tombeau de Jésus-Christ. Ce rapprochement semble indiquer que les païens n'auraient vu en Jésus qu'un pseudonyme d'Adonis.]

131. *Édit perpétuel* d'Adrien, rédigé par le jurisconsulte Salvius Julianus, pour fixer l'administration des provinces; au lieu de l'édit du préteur, qui variait pour chaque province et chaque année.

Il n'y a pas de doute que l'édit du préteur était, quant à la variabilité, plus dans la vérité naturelle et historique. Mais il fallait écarter l'arbitraire, et, jusqu'à présent, on n'a connu d'autre moyen pour cela que des lois communes et immuables.

— Les esclaves commencent à être protégés par les lois et rendus justiciables des tribunaux : ils échappent ainsi à la tyrannie des maîtres. Le Christianisme n'a pas dit un mot cependant, et déjà les empereurs font sa besogne.

132-133. Adrien passe par la Syrie : sa présence contient un instant les juifs. — Apothéose d'Antinoüs, mignon d'Adrien, noyé dans le Nil. Gibbon remarque que les quinze premiers Césars se signalèrent tous, à l'exception de Claude, par des amours contre nature. La pédérastie était pour ainsi dire un attribut impérial. Jules César donne l'exemple de toutes les impudicités : polygamie, adultère, inceste, pédérastie, tour à tour mignon du roi Nicomède et amant de son neveu Auguste.

134. Travaux de Ptolémée, géographe et astronome : première explication scientifique du système du monde. La théorie de Ptolémée, *l'Almageste*, a été reconnue fausse ; mais elle n'infirme nullement ses découvertes, et elle était nécessaire pour arriver à la théorie véritable ; et le nom de son inventeur vivra autant que la vérité qu'il a contribué plus qu'aucun autre à découvrir.

134-135. Un nommé Bar-Coziba, se disant le Messie et proclamé tel par un célèbre rabbin, Akiba, profite de l'absence des légions romaines pour rassembler des troupes, s'emparer de Jérusalem et d'un grand nombre de places fortes. La guerre recommence contre les juifs ; Jérusalem est reprise ; Bar-Coziba, enfermé dans Bilhar, est enlevé d'assaut avec les dieux et massacré. 580,000 juifs périrent dans cette guerre, qui fit essuyer aux Romains des pertes immenses. La Judée fut rendue veuve d'habitants : pendant longtemps, les juifs ne purent entrer qu'une fois l'an, et à prix d'argent, dans leur funeste cité. On leur défendit la circoncision et de faire des prosélytes. La plupart de ces interdictions rigoureuses furent abolies sous le règne suivant.

— Le système de succession du Christianisme au judaïsme se poursuit avec une ardeur qu'encouragent les défaites successives des juifs (115-116).

Après les *quatre Évangiles* et l'*Apocalypse*, inspirés de l'Ancien Testament, les chrétiens éprouvent le besoin de s'assurer par eux-mêmes de la signification des Écritures. Aquila, tout à tour païen, chrétien et juif, employé par Adrien à la reconstruction de Jérusalem, fait une version de l'Ancien Testament. — Maquignon d'écritures et de religion ! (Cf. 185 et 195).

135. *École de Valentin, à Alexandrie.*— La gnose fleurit en Égypte et en Syrie; elle se propage jusqu'à Rome : c'est le moment de sa plus grande faveur. Tous ses docteurs se disent franchement chrétiens et le sont en effet : mais l'expérience leur prouve aujourd'hui que si une théologie dogmatique et morale est sans valeur, lorsqu'elle reste en dehors des croyances populaires ; d'un autre côté, un mouvement social et religieux, si populaire qu'il soit, ne peut se soutenir sans doctrine et sans science. C'est à quoi n'ont pas assez réfléchi les apôtres, uniquement préoccupés de la *pratique* et de *l'union* et qui craignaient par-dessus tout de voir la charité, la pureté et la justice périr dans les disputes et les vaines recherches. Maintenant, le conseil apostolique, trop bien suivi, fait péricliter le Christianisme. Comme il n'y a pas de doctrine authentique, chacun fait la sienne, et déjà les masses, livrées à leurs instincts, s'affaissent dans les hontes de la promiscuité et du quiétisme. Il faut donc, pour relever l'esprit chrétien, lui formuler une doctrine: c'est cette doctrine que Valentin et, en général, tous les gnostiques s'efforcent de créer.

Valentin fut le plus profond de tous ces théosophes et celui dont l'enseignement eut le plus d'éclat. Agrandissant encore la donnée de Platon, que tous les êtres ont leurs archétypes dans l'entendement divin et que le monde sensible a pour corrélatif un monde intelligible, qui est la raison même de Dieu, Valentin pose en principe que tout ce qui s'accomplit sur la terre, parmi les hommes, dans la sphère de la religion et de la société, s'accomplit également dans le ciel, dans le monde des intelligences supérieures. C'est ainsi qu'après avoir exposé sa théogonie, dont nous dirons un mot tout à l'heure, après avoir dit la génération des génies, émations du Dieu suprême, il raconte la chute de ces génies, dit comment ensuite ils se sont relevés par l'expiation; en un mot comment les *éons*, avant les hommes, ont eu leur Christ et leur rédemption.

La théogonie de Valentin satisfait à toutes les combinaisons sériaires des nombres : elle a des dyades, des triades et des tétrades; une ogdoade, une décade et une dodécade. Il fait l'énumération de tous ces *éons*, ou personnes dans lesquelles se partage l'être insondable, l'abîme, *Bythos*, comme il l'appelle ; il donne leurs noms, leurs attributions, leurs mariages. On y trouve les noms de Dieu, les vertus du chrétien, les essences de l'humanité, les causes et les fins. On dirait parfois une allégorie morale : mais on se convainc bientôt que Valentin fait plus que d'allégoriser ; il affirme la réalité et la personnalité des fictions, il y croit.

L'Être suprême est *Bythos*.

De sa pensée, *Ennoïa*, qui est aussi grâce, *Charis*, jointe à *Sigê*, le silence il engendre *Noûs*, l'entendement, son fils unique, le premier des éons, et sa compagne *Alêthéia*, la vérité : deux couples, 1re tétrade.

Noûs et *Alêthéia* produisent *Logos* et *Zoé*, le verbe et la vie, qui se révèlent à leur tour dans *Anthrôpos* et *Ecclesia*, l'homme et la société. Voilà l'ogdoade de Valentin, répondant à celle des Égyptiens...

De *Logos* et *Zoé* naît ensuite une série de cinq couples, pentade et décade ; d'*Anthrôpos* et *Ecclesia*, une série de six couples, double triade, ou hescade, et dodécade. Tous ces noms sont des noms de vertus, de facultés ou d'attributs; on y remarque la Foi, l'Espérance, la Charité, etc. Le dernier de tous est *Sophia*, la sagesse, qui, brûlant du désir de connaître, se trouble, met le désordre parmi les éons et les entraîne dans sa chute. Alors, pour rétablir l'harmonie, *Noûs* produit *Christos* et *Pneuma*, le sauveur et le consolateur, dernier couple. En actions de grâces de leur délivrance, les éons forment l'âme de Jésus, sorte de Pandore gnostique, qui devient le Christos de l'humanité, à l'instar du Christos céleste, expiateur des éons.

L'homme et la création, en effet, étaient l'œuvre du *Démiurge*, éon imparfait né de la *Sophia Achamoth*, et qui, formé de principes contraires, ne pouvait produire que des œuvres imparfaites, mêlées de bien et de mal. Le réparateur était donc un postulé de la création.

L'homme est composé de trois principes : le principe *hylique*, le principe *psychique* et le principe *pneumatique*, la matière, l'âme, l'esprit. Suivant que l'un de ces principes prédomine dans la constitution de chaque individu, l'homme et les nations se classent en trois catégories. On reconnaît ici la division saint-simonienne de Pierre Leroux, sensation, sentiment, connaissance, ou industrie, art, science. Nous l'avons adoptée nous-même dans la distribution générale de l'histoire : période bestiale, période passionnelle et période morale ou spirituelle. Suivant Valentin, les païens appartenaient à l'empire de la matière et ne pouvaient arriver à l'immortalité ; les juifs étaient les psychiques, susceptibles de spiritualisation, et les chrétiens les pneumatiques. Le Christianisme, en effet, est la révélation de la morale et de la société.

Valentin expliquait ensuite la mission de Jésus. Son corps, disait-il, avait été formé divinement et n'avait qu'une apparence matérielle ; il avait traversé le corps de Marie, comme l'eau passe dans un canal : proposition que ne peuvent récuser les orthodoxes, enseignant d'une part que le corps de Jésus ne pouvait se corrompre ; qu'après la résurrection, il traversait les murailles et disparaissait subitement ; de l'autre, que Marie, après l'enfantement, conservait intacte la virginité corporelle. Au moment de son baptême, le Christ supérieur s'était uni à Jésus et l'avait quitté au moment de la passion. Du reste, Jésus ne pouvait souffrir : il est le rédempteur des psychiques ; quant aux pneumatiques, ils ne peuvent être rédimés que par le Christ supérieur. Ce qui signifie que Jésus est le réformateur qui marque la transition de l'humanité, de la vie passionnelle à la vie morale.

Ce système nous semble bizarre : au fond, il est tout aussi logique, aussi positif que ceux de Kant et Hegel. Le premier, dans ses catégories, le second, dans ses ternaires, reproduisent les séries de Valentin et des gnostiques : pour transformer tous ces systèmes les uns dans les autres, il suffirait le plus souvent de substituer une abstraction à une hypostase, quelquefois même d'écrire le mot avec une majuscule ou une minuscule. Cette identité fondamentale des conceptions philosophiques atteste donc dans la philosophie un côté réel en même temps que rationnel : quelle est cette réalité ?

C'est, ainsi que nous l'avons fait observer au commencement de cette deuxième section (71), la nécessité d'asseoir la morale humaine sur une doctrine, non pas à la manière de Paul, qui, l'appuyant sur la *foi,* lui donnait pour base un surnaturalisme arbitraire, étranger à la morale même; mais en faisant de la morale une science positive, ayant ses principes, ses causes, son objet, son but et ses lois dans l'humanité même. Toute la gnose de Valentin n'était autre chose qu'une science ou systématisation de la morale : cela se devine à la seule inspection de ses *éons* : l'*Église*, la *Foi*, la *Charité*, la *Sagesse*, l'*Espérance*, la *Vérité*, la *Pureté*, la *Vie*, etc.

Le système de Valentin marque l'apogée de la *théorie morale* dans le Christianisme. Après lui, la morale redevient purement pratique, et au lieu de chercher sa théorie propre, elle s'appuie sur le dogme.

Doué d'une éloquence égale à son génie, c'est surtout dans l'éthique proprement dite que Valentin paraît avoir excellé; aussi son succès fut immense. Partout, il fit des disciples enthousiastes, qui réchauffèrent de sa parole de vie le Christianisme grossier et languissant. « Notre âme, leur disait-il est comme saturée d'esprits impurs qui se sont joints à elle. Mais il est un être bon qui s'est manifesté spontanément par le Fils. C'est par lui que le cœur s'épure, qu'il bannit tout esprit malin. Tant que ces esprits occupent le cœur, il ne peut se sanctifier; chacun d'eux se livre à ses œuvres, et ils les corrompent par d'indignes passions. Un tel cœur est comme une hôtellerie que souillent et profanent des hommes qui n'ont aucun soin de ce qui ne leur appartient pas. Mais dès que celui qui seul est bon a visité le cœur et l'a sanctifié, il brille d'une pure lumière, et celui qui la possède verra Dieu...

« Vous êtes immortels dès le commencement; vous êtes les enfants de la vie éternelle; vous vous êtes partagé la mort pour la vaincre, pour la consumer, pour l'éteindre en vous et par vous; et si vous dissolvez le monde de la matière sans vous laisser dissoudre par elle, vous êtes les maîtres de la création, et vous dominez sur tout ce qui n'est fait que pour périr!... »

Quelques lignes comme celles-là répondent à toutes les injures des orthodoxes et vengent suffisamment ces âmes sublimes, que l'épiscopat a méconnues et calomniées, tandis qu'il leur devait la gloire et la vitalité de l'Église, et qui seules, de spéculation en spéculation, pouvaient conduire le Christianisme à la solution de son propre problème, l'émancipation morale, politique et industrielle de l'humanité par la science. Les livres des gnostiques formeraient aujourd'hui les monuments les plus précieux et les plus sublimes du Christianisme; l'épiscopat est parvenu à les détruire : la postérité doit lui tenir compte de cette œuvre méritoire.

Valentin niait la résurrection des corps; il faisait voir, d'après Paul et par la discussion des textes, que ce mot de *résurrection* était une image matérielle pour désigner une chose spirituelle et morale; en quoi il fut combattu par Tertullien (208-210).

136-137. — L'époque où Valentin se signale par l'éclat de son enseignement est regardée comme le point de départ de la fabrication ou composition définive des *quatre Évangiles*, des *Actes des apôtres*.

Les évêques, en même temps qu'ils sentent la nécessité de se prononcer, comprennent aussi qu'ils ne le peuvent faire par voie de dialectique, mais seulement par *autorité*. Cette autorité, ils vont la chercher dans une supposition d'écritures et un triage. (Cf. 144.)

L'entraînement des esprits menaçant de ruiner l'autorité épiscopale, alors naissante, il fallut se décider à prendre parti sur les questions qui s'agitaient et que l'on ne pouvait plus se dispenser d'aborder.

La première de ces publications épiscopales paraît avoir été l'*Épître canonique* attribuée à Judas, l'apôtre, et qui fut écrite par Judas, quinzième évêque de Jérusalem, lequel vivait sous Adrien, en 137. Ce Judas, ne voulant pas commettre un faux, tout en se permettant une fraude pieuse, signe sa lettre en ces termes : *Judas, serviteur de Jésus-Christ et frère* (c'est-à-dire collègue en épiscopat) *de Jacques, à tous les amis de Dieu !...*

Comme dans tous les écrits de cette espèce, la supposition se décèle ici par l'anachronisme : l'auteur cite un ouvrage apocryphe, attribué à l'antédiluvien Hénoch, composé dans le deuxième siècle, et qui était tenu en grande estime parmi les Pères.

Quel est le but de l'évêque de Jérusalem ? C'est de protester de nouveau contre les spéculations gnostiques, et en même temps contre les mœurs de certaines sociétés (Cf. 123-170) (la corruption allait loin déjà !...), et que Judas attribue à l'esprit de recherche et de discussion. Au nom des apôtres, il affirme de nouveau la charité, la pureté, les bonnes œuvres comme le tout du Christianisme ; il compare les gnostiques aux habitants de *Sodome* et *Gomorrhe* et annonce de nouveau que le Christ viendra bientôt sur les nuées. La venue du Christ est, depuis les apôtres, une fin de non-recevoir contre toute théorie. A quoi bon tant philosopher, pensaient-ils ! le Seigneur va venir, le monde finir et le règne de mille ans commencer ! Tenons-nous prêts, et veillons !... mais voilà plus d'un siècle que dure cette veille !...

Du reste, l'évêque Judas n'a aucune connaissance des *quatre Évangiles*.

137. Tous les évêques de Jérusalem (suivant Mosheim,

De rebus Christ : ante Constant) avaient été circoncis ; leur Église unissait Moïse et Jésus dans le même culte. Fleury l'avoue : le premier qui fut choisi des incirconcis fut Marcus, successeur de Judas et le seizième de tous. Alors, la défection parmi les nazaréens fut complète, et ce que n'avait pu faire la discussion, la rigueur d'Adrien le produisit.

— Un temple de Jupiter est élevé à Jérusalem sur l'emplacement même du temple à Jéhovah.

137. Adrien fait César Ælias Vérus : cette promotion lui coûte *ter milliis*. H. S., c'est-à-dire 56 millions (Gibbon), soit 100 millions environ de francs. — On voit à quelles conditions les empereurs se rendent héréditaires.

138. Adrien meurt à Baïes, après un règne pacifique, glorieux et fécond. Souffrant d'une hydropisie et ne recevant aucun soulagement de leur art, il précipite sa fin, comme Frédéric II, par des excès gastronomiques. Antonin le Pieux lui succède, surnommé le *Père du genre humain*. A son avènement, il soumet les Maures révoltés et donne des rois aux Arméniens et aux Quades.

Antonin suit en tout la politique d'Adrien, qui était celle prescrite par Auguste ! Aucune guerre ne troubla son règne. Il fut le Salomon du siècle et de l'empire. Il sut, sans combattre, inspirer autant de crainte que d'admiration. Les vingt-deux années de paix d'Antonin permettent à l'empire de réparer ses pertes et de se préparer à de nouvelles et inévitables luttes.

139 (?). Construction d'un temple du Soleil à Héliopolis (Baalbek), en Syrie. Les ruines de ce temple sont les plus belles connues.

140. Cerdon vient à Rome exposer ses doctrines. Ce fut encore un de ces hommes d'élite qui, à cette époque d'affadissement et de torpeur dans l'Église, cherchèrent à mettre un peu de mouvement et de philosophie dans la religion, et qui furent récompensés de leur zèle par la calomnie et la proscription. Cerdon, chrétien d'une vertu sévère, désirait des réformes, mais craignait de faire secte ; il ne visait point au rôle de prédicant, ne s'adressait point au vulgaire, se

joignait aux exercices des églises et proposait modestement
ses idées aux chefs, comme pouvant aider au progrès et au
développement de la foi. L'épiscopat romain, auquel, du
fond de la Syrie, il était venu s'adresser, le repoussa bruta-
lement : il fut excommunié. Quelle était donc, à cette époque,
la théologie de cette Église, gardienne si jalouse de la pure
foi? Que pensait-elle du Verbe, de la Création, de l'Origine
du mal, etc., etc.? Elle n'avait point de doctrine; elle vivait
uniquement du fonds que lui avaient légué Pierre et Paul, ses
deux apôtres, et s'efforçait de constituer sur le plan de Clément (92) sa hiérarchie!... Le Christianisme, devenu assez
fort pour donner de l'importance à ses chefs, pourrissait
dans le *statu quo*. Les évêques trouvaient que tout était bien :
alors, comme toujours, l'ennemi de l'enseigneur officiel,
c'est l'enseigneur libre; l'antagoniste du curé, c'est le missionnaire.

Le voyage de Cerdon prouve que les Églises d'Alexandrie
et de Rome (et les autres pareillement) n'entretenaient entre
elles aucune correspondance, ce qui n'empêchait point de
reconnaître à celle-ci une certaine considération. Le gouvernement des sociétés chrétiennes est purement fédératif;
mais dans chaque société, le principe démocratique commence à faiblir; l'influence de l'évêque devient de jour en
jour prépondérante.

— Les Alains quittent l'Hyrcanie et passent en Occident.

Les limites de l'empire dans la Grande-Bretagne (121) sont
reculées jusqu'aux golfes de la Clyde et de Fortis.— Trenmor,
roi de Morven, bisaïeul de Fingal, détruit les druides et per-
sécute la religion d'Odin; il ne souffre que les bardes,
chantres de ses propres exploits. Ne serait-ce point quelque
plagiat de la persécution des Césars?...

141. Marcion, de Sinope, vient à Rome prêcher sa doctrine et se joint à Cerdon. Le même zèle de la foi animait ces
deux hommes : repoussés par l'ignorance romaine, ils
s'unirent dans la même école. Le père de Marcion était
évêque et connu pour la sainteté de sa vie. Son fils Marcion
était déjà parvenu à un haut degré de vertu, lorsque son

exaltation mystique le rendit suspect d'une liaison coupable
avec une vierge qui partageait sur les matières de piété ses
sentiments. L'histoire de Marcion n'est autre que celle de
Fénelon, dont Bossuet, avec ses clameurs et une condamnation arrachée au pape, n'a pu altérer la pureté.

Marcion, d'un cœur plein d'amour et d'un œil pénétrant,
avait découvert la profondeur de la rénovation chrétienne,
telle que l'avait prêchée Jésus, au point de vue de la société
et de la morale. Rien de pareil pour lui, rien même d'appro-
chant, ni chez les philosophes, ni dans les religions antiques, même chez les juifs, ne s'était manifesté. Interpré-
tant les livres juifs dans leur sens naturel, il montrait combien les idées de ce peuple sur la divinité étaient imparfaites : s'il eût été cru, le Christianisme, bien loin de se
poser en continuateur du judaïsme et d'admettre ce rapport
de filiation, adopté depuis un demi-siècle (71), eût rejeté les
traditions des Hébreux, leurs livres et leurs codes. Il soutenait et avec raison (51, 56, 57, etc.), que les apôtres, n'ayant
pu jamais se séparer entièrement de leur religion maternelle,
avaient altéré la pensée du maître; il citait, entre autres,
leurs idées millénaires et leurs affirmations constantes d'un
retour prochain de Jésus. En conséquence, il réprouvait tous
les prétendus écrits évangéliques, farcis de fables et de légendes, qui circulaient entre les mains des fidèles, et s'était
fait à lui-même une sorte de spicilège, que ses adversaires
nommèrent malicieusement *Évangile de Marcion*.

Ainsi Marcion est le premier qui, d'un côté introduisit la
critique dans l'appréciation des livres chrétiens, et de l'autre
proteste contre l'idée, postérieure aux apôtres, de faire du
Christianisme une continuation du judaïsme. Sur cette
double base, il proposait de réformer — déjà ! — la doctrine,
la morale et les écritures!... Son système, dit Matter, consistait en une grande *antithèse* entre l'ancien ordre des choses,
dont la plus haute expression était Moïse, les prophètes, les
juifs, avec leur dieu Jéhovah, et le nouvel ordre, qui avait
pour expression l'Être suprême et le Christ, révélés l'un et
l'autre par Jésus. On retrouve ici le fond des idées gnos-

tiques. La morale de Marcion était austère : son école peut être regardée comme le Portique des chrétiens.

[Noter ceci : c'est à des *hérétiques* que l'Église a dû l'abandon successif de toutes les erreurs et superstitions qu'elle a plus tard condamnées, comme l'affirmation de tous les dogmes qu'elle a professés !...]

[Condamnation générale des mœurs juives, de leurs fables et de leurs lois.

Quid, la polygamie des patriarches, les galanteries de David, le sérail de Salomon ?...

Quid, le massacre des habitants de Canaan, le vol des vases égyptiens, la perfidie, la cruauté, etc. ?

Quid, Samuel ? *Quid*, Élie ?...

Quid, toutes ces puérilités de la loi ?

Quid, le serpent ? *Quid*, le fruit défendu et la côte d'Adam et le déluge, etc.?...

Quid, Jéhovah, *capricieux*, etc.?

Il est clair que les gnostiques ne comprenaient plus l'antiquité dont ils étaient si proches.]

Marcion, comme Valentin, se fit d'innombrables disciples, qui se répandirent sous différents chefs · Marcus, Lucain, Potilus, Appellès, Synéros, en Italie, en Palestine, en Arabie, en Perse, en Chypre et en Syrie. Une pareille propagande atteste certainement un besoin énorme d'idées et de réformes, en même temps qu'elle accuse les tendances ambitieuses de l'épiscopat. Le fait seul de ces prétendues *hérésies*, bien comprises, suffit pour convaincre le parti épiscopal, qui a fini par triompher, d'ignorance, de calomnie, de corruption et d'imposture...

La vie de Marcion fut un acte perpétuel de modestie et de tolérance. En butte à des excommunications acharnées, il ne voulut jamais faire acte de séparatisme et mourut dans la communion de l'Église. Il pensait que les chrétiens de son temps n'étaient point encore assez avancés pour le comprendre, assez mûrs pour leur propre religion. Il resta, comme Jésus, avec les siens jusqu'au dernier soupir.

141. Mort de l'impératrice Faustine. Elle est canonisée suivant le rit impérial et honorée comme déesse. (Cf. *infrà* 176.)

— Aulu-Gelle, *Nuits attiques*. — Maxime de Tyr, philosophe. (*Quid* de l'un et de l'autre ?...)

142. Hermas, père de l'évêque de Rome, Pius, écrivain chrétien, compose son livre du *Pasteur*. On croit que cet Hermas est le même que celui dont le nom est cité dans l'*Épître aux Romains* (56-57). Ce qu'il importe de noter, au sujet de ce vulgarisateur, c'est qu'il ne tint pas à lui qu'on ne le regardât comme inspiré et que son livre ne fût reçu parmi les Écritures canoniques, et lu comme tel dans l'Église. Tout ce qu'on a pu faire pour le justifier du reproche d'imposture et de fraude pieuse a été de dire qu'il n'avait point entendu écrire une prophétie, mais une allégorie. Quoi qu'il en soit, le livre d'Hermas est un roman moral de peu d'importance pour l'histoire du dogme et de la hiérarchie, mais qui a sa valeur comme monument de la réforme morale inaugurée par Jésus, et qui, à cette époque, formait presque tout le fonds du Christianisme. Le *Pasteur* dut être lu avec faveur à une époque où l'humanité s'éveillait, pour ainsi dire, à la conscience morale et à la vie spirituelle; l'esprit oriental et zoroastrien, touchant les bons et mauvais anges, qui respire dans le livre, était un attrait de plus pour les lecteurs.

L'ouvrage d'Hermas est un ouvrage d'édification, *ad usum uventutis*. — Il est tout moral, mais il y règne une certaine *tendresse* qui a été réprimandée par l'auteur lui-même.

Hermas ne cite rien des Évangiles, et son livre ne laisse point supposer qu'il les ait connus.

143. Conspiration de Tatien et Priscien à Rome : l'empereur leur fait grâce.

144. Époque *moyenne* de la composition des quatre Évangiles actuels : provoquée par les doctrines de Basilide, Saturnin, Valentin, par la critique de Marcion, par la confusion des monuments écrits, le manque d'autorité dans l'Église, l'insuffisance des épîtres apostoliques et le besoin, chaque

jour croissant où était l'épiscopat de justifier ses tendances,
ses jugements et ses exclusions.

Une fois en posssession de ces *Évangiles*, prétendus
authentiques, l'épiscopat sera en mesure de répondre à
tout...

144. Le mot *Évangile* est grec, Ευαγγελιον, et signifie
bonne nouvelle. C'était une sorte de mot d'ordre, impatiem-
ment attendu, et qui dans l'origine s'appliquait à l'annonce
qui serait faite partout du Messie, lorsqu'il viendrait à paraître. Une *nouvelle* comme celle-là, nouvelle d'un événement qui existe à l'état de mythe dans la conscience d'un
peuple, ne pouvait manquer tôt ou tard d'être proclamée :
aussi les *évangéliseurs* de même que les MESSIES ne man-
quèrent pas en Judée au 1er siècle de notre ère. Jean-Baptiste fut l'un des plus connus : son *Évangile*, c'est-à-dire son
manifeste messianique, fut porté par ses disciples dans les
contrées à l'orient du Jourdain (27-28) et dans l'Asie mineure (57-58) longtemps avant celui de Jésus lui-même. Après
l'Évangile de Jean, celui de Jésus a effacé tous les autres :
mais comme Jésus n'écrivit point, ses discours, conservés
dans la tradition orale, devinrent le fonds commun de toutes
les relations postérieurement faites de sa doctrine et de sa
vie, sous le nom générique d'*Évangile de Jésus-Christ d'a-
près un tel*.

Jésus, d'après la décision prise à Antioche (51), étant devenu Messie lui-même, ses apôtres se trouvèrent être, *ipso
facto*, ses annonciateurs : c'est ce qu'on voit par les Épîtres,
notamment celle aux Galates, II. — Ils conviennent d'abord
entre eux d'un Évangile : *contuli cum illis Evangelium;* puis
ils ont chacun le leur, l'un destiné aux circoncis, l'autre, aux
incirconcis. *Mon Évangile*, ce mot revient plusieurs fois
dans la bouche de Paul. Annoncer l'Évangile, ou annoncer
le Messie, c'est la même chose. L'Évangile, ou l'annonce,
est donc l'œuvre de l'évangéliste; c'est son témoignage, tant
sur la personnalité que sur les actes et les paroles du
Messie.

On conçoit, d'après cela, de quelle importance dut être la

prédication évangélique, et quel soin les apôtres, annoncia-
eurs posthumes du Messie, durent y apporter.

« Dès le temps des apôtres, dit Matter, il s'était formé, en
dehors des *presbyteri* et *diaconi*, des enseigneurs, auxquels
les apôtres eux-mêmes donnèrent les noms distingués de
prophètes, *maîtres*, *pasteurs* et *évangélistes*. Ces derniers
avaient pour mission de raconter les événements de l'histoire chrétienne : tous ces fonctionnaires disparurent peu de
temps après les temps apostoliques. C'est sur les récits de
ces *évangélistes*, qui tous n'étaient pas de la création des
apôtres, que Mathieu, Marc, Luc, Jean, c'est-à-dire les écrivains inconnus qui prirent ces noms, rédigèrent nos Évangiles. »

Quiconque avait pu recueillir de deuxième ou troisième main
les paroles de quelque témoin oculaire écrivait donc un Évangile : c'est ainsi qu'après les Évangiles de Paul, Pierre, etc., il
y eut un Évangile de Cérinthe, un de la Vierge, un des Hébreux, un des nazaréens ou ébionites, un de Thomas, un de
l'enfance, etc. Les érudits en comptent jusqu'à trente-neuf,
dont il reste des fragments. Ce qui distingue toutes ces produc-
tions, c'est leur caractère apologétique. Dans le chaos d'idées
tourbillonnantes où l'Église primitive est plongée ; dans la
pleine indépendance où les apôtres et les sociétés étaient les
uns et les autres (66, 89) ; dans cette anarchie qui faisait l'essence de la chrétienté, chaque Évangile, rédigé au point de
vue d'une idée spéciale, d'un intérêt de localité ou d'école, pré-
sentait la vie et la doctrine de Jésus sous un jour différent ;
autant de théories ou de prétentions, autant d'Évangiles. Les
premiers de ces écrits en appelèrent d'autres destinés à les
réfuter et à rétablir la vraie foi, la vraie vérité évangélique. Ce
caractère apologétique, qui accuse avec tant de force la pos-
tériorité des compositions, est surtout sensible dans les QUATRE
que l'Église dite orthodoxe a admis à l'exclusion des autres,
et dont l'autorité a fini par prévaloir.

Qu'ont voulu prouver les auteurs de ces récits ?

1° Que Jésus était le Messie. — Les gnostiques, pour expliquer les problèmes de la création, de l'origine du mal, de la

chute, de la rédemption, etc., admettaient divers principes et opérations, qu'ils nommaient αρχη, λογος, μονογενης, ζωη, φως et πνευμα. Jean, entre autres, leur montre que Jésus est le λογος, qui a existé εν αρχη, qu'il est μονογενης, qu'il est ζωη et φως, et que c'est lui qui répand le πνευμα ;

2° Que le Messie était homme réel et fils de Dieu; le quatrième ajoute et *Logos* ou *Verbe*.

3° Qu'il avait dû souffrir et avait *réellement* souffert;

4° Que, conformément aux prophéties, il était de la race de David, né d'une Vierge, etc., etc., etc.;

5° Que le Christianisme était le continuateur, le successeur et l'héritier du judaïsme, qui n'avait lui-même existé que comme ombre et figure de la nouvelle religion.

L'Église orthodoxe a remarqué elle-même que les quatre Évangiles avaient eu une *intention* spéciale :

L'Évangile de Mathieu, dit-elle, établit sa filiation davidique et la réalité humaine.

Celui de Jean, sa qualité de *Verbe*.

Celui de Luc montre la succession du sacerdoce chrétien au sacerdoce juif.

Celui de Marc le présente comme le réalisateur de la prédication de Jean-Baptiste.

Tous quatre le font Messie : chose qui n'était pas nouvelle depuis les apôtres.

C'est le cas de dire: *Mentita est sibi !*

6° Enfin, que le nouveau sacerdoce (92) prêché par Clément, appuyé par Ignace, etc., était d'institution de Jésus même.

Mais l'Évangile même n'a pas tout prévu; la Trinité ne s'y trouve pas.

Toutefois, les Évangiles, par la manière dont ils posent les questions de morale politique, sont un progrès.

En deux mots, le thème, au IIe siècle, n'est déjà plus le même que celui de Pierre et Paul; il est plus riche, plus varié, plus anecdotique : il est visible que l'Église est tombée malgré elle dans les *fables*, les *généalogies* et les *antithèses* de la *gnose*, que les apôtres avaient tant recommandé d'éviter; et, ce qui est pis, qu'elle s'assimile le judaïsme, tout en paraissant le nier.

Toutes ces choses, que n'avaient connues ni conçues ni les apôtres ni Jésus lui-même, il s'agissait de les faire passer pour authentiques, c'est-à-dire pour la vraie pensée du Galiléen et de ses disciples : le moyen, dans ce siècle de fraudes pieuses et de suppositions d'écritures (71), était tout trouvé; c'était de faire dire à Jésus lui-même tout ce qu'on voulait maintenant enseigner de lui et de placer ses discours sous la garantie même de ses compagnons. Tel est le mystère de la rédaction des Évangiles.

Mais il s'était conservé dans la tradition orale et l'on avait consigné par écrit un certain nombre de renseignements positifs que l'on ne pouvait ni infirmer, ni contredire, et avec lesquels il fallait faire concorder les nouveautés que l'on se proposait de consacrer comme autant de dogmes sortis de la bouche du maître. Là était la difficulté; or, cette difficulté fut si peu vaincue, si faiblement attaquée, qu'il est possible de marquer, chapitre par chapitre, verset par verset, dans les Évangiles, ce qui est du maître et ce qui est de ses maladroits *évangélistes :* nous n'en citerons qu'une preuve.

Jésus, ainsi que nous l'avons fait voir (28--29), ne s'était donné lui-même que comme l'interprète du messianisme, annonciateur de la délivrance; c'était, en un mot, dans la classification littérale du mot, un *évangéliste.* Eh bien! que font les rédacteurs pseudonymes de nos quatre relations? Ils oublient, ainsi que l'avaient si bien compris Pierre et Paul, de faire disparaître cette qualité de leur héros; ils ne songent pas que le Messie étant l'objet de l'Évangile, il est absurde de le faire auteur de l'Évangile, c'est-à-dire annonciateur de lui-même. Ils intitulent naïvement leurs écrits : *Évangiles de Jésus-Christ d'*après *Mathieu, Marc, Luc* ou *Jean Sanctum Jesu Christi evangelium secundum Mattheum.* Ce qui signifie doctrine de Jésus touchant le Messie, d'après le témoignage de Mathieu. Mieux encore, ils font dire à Jésus lui-même, en propres termes, qu'il est évangéliste ou prédicateur messianique. Partout où cet Évangile sera prêché dans le monde, dit-il, Math. XXVI, 13; *Allez et prêchez l'Évangile à toute créature*, Marc, VI, 15. — Jean, XX, 31. *Ceci est écrit pour vous convaincre que Jésus est le Messie, fils de Dieu*, etc. — Il est surprenant que .les critiques n'aient jamais relevé cette contradiction, qui témoigne si manifestement du vrai caractère de Jésus, du rôle qu'il s'attribue, de la transfiguration que lui firent subir, vingt-deux ans après sa mort, ses partisans et de la rédaction apocryphe faite un siècle plus tard de *son Évangile*.

Tout le reste est à l'avenant. Auteur d'un certain nombre de préceptes, maximes, paraboles, de répliques, d'invectives, de questions, qui reviennent, dans les trois premiers évangélistes, mot pour mot, sauf quelques variantes, et qui, par cette uniformité même, attestent une originalité supérieure, chaque écrivain a groupé, avec plus ou moins d'indiscrétion et de maladresse, les anecdotes qui devaient remplir le but particulier qu'il se proposait, sans se préoccuper, ni des contradictions où il tombait relativement aux discours authentiques de Jésus, ni de celles où il s'exposait relativement aux narrations des autres évangéliseurs, ni des anachronismes, ni des fausses interprétations d'écritures, etc. La lecture de l'Ancien Testament a fait les frais de la plupart de ces additions, dont le motif le plus déterminant fut de souder le Christianisme au judaïsme défunt, d'après les idées de l'*Épître aux Hébreux*, de celle de Barnabé, et du quatrième livre d'Esdras (71-72).

Il n'y eut, dans tout cela, aucune formation mythique ni légendaire, comme a pris la peine de l'exposer si longuement le docteur Strauss : la multitude nazaréenne, ébionite, chrétienne, moitié juive, moitié idolâtre, dispersée en Judée, en Samarie, en Égypte, par toute l'Asie et la Grèce, n'était pas dans les conditions nécessaires pour une telle formation. Il n'y eut pas autre chose que le bon plaisir de juifs mal convertis, saturés de la lecture de Philon, infatués de la théosophie gnostique, et qui, lisant les écritures des juifs dans les Septante, n'étaient plus à même de les comprendre..... [A développer davantage.]

Aucun des Pères du second siècle, jusque vers 160 ou 167, ne paraît avoir connu les Évangiles admis depuis comme canoniques dans l'Église. Les citations que l'on trouve dans leurs écrits de textes évangéliques, ou portent sur ce fonds commun de discours de Jésus, que la tradition orale conserva avec une précision presque inviolable, et qui se retrouve le même dans les Évangiles non canoniques, ce qui ne prouve rien ; ou bien ils diffèrent des textes actuels, ce qui établit l'ignorance où l'écrivain était de ces Évanglies.

Maintenant l'Église a une théologie telle quelle et un critérium. Elle peut attendre de pied ferme et défier les novateurs. Son dogme est posé : quiconque s'en écartera sera hérétique ; quiconque l'admettra sera fidèle.

Mais ces Évangiles passeront-ils sans contestation ?... C'est ce qu'on verra.

FIN DU TOME PREMIER

TABLE DES MATIÈRES

DU PREMIER VOLUME

PARIS. — IMP. C. MARPON ET E. FLAMMARION, RUE RACINE, 26.

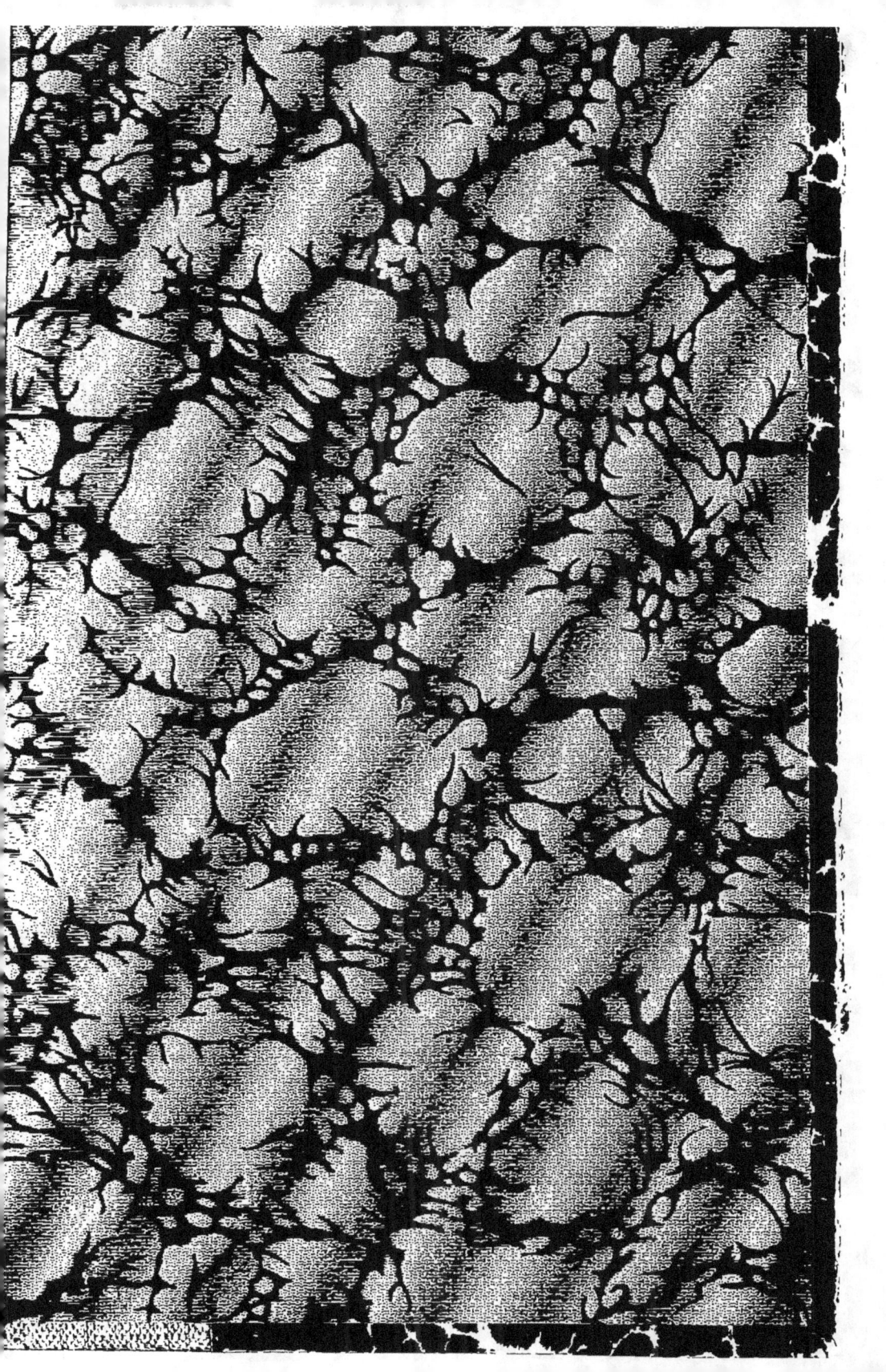

www.ingramcontent.com/pod-product-compliance
Lightning Source LLC
Chambersburg PA
CBHW050507270326
41927CB00009B/1934